Panorama des médiations du monde

Groupement européen des magistrats pour la médiation (GEMME)

Gemme a été créé le 19 décembre 2003, sous la présidence de Guy Canivet, alors premier président de la Cour de cassation française.

Interlocuteur auprès des institutions européennes, Gemme a le statut d'observateur auprès du Conseil de l'Europe.

Gemme a pour vocation d'être présent dans les pays de l'Union Européenne et de l'AELE.

Gemme regroupe juges de carrière et du parquet et juges élus, en matière civile, commerciale, prud'homale, pénale et administrative. Des « membres associés » peuvent être admis : avocats, universitaires, médiateurs...

Les membres sont regroupés en sections nationales.

Gemme œuvre pour le développement et la qualité de la médiation et de la conciliation (colloques, inventaires et sélection des bonnes pratiques, échanges d'expériences, formations).

Siège social : Cour de Cassation,
5, quai de l'Horloge, 75001 Paris
www.gemme.eu

Sous la direction de Béatrice Brenneur

Président de chambre honoraire, fondatrice et vice-présidente du GEMME,
co-présidente et fondatrice de la CIMJ

Panorama des médiations du monde

La médiation, langage universel de règlement des conflits

Premières assises internationales
de la médiation judiciaire
Paris, 16 et 17 octobre 2009
(actes du colloque)

Sous le haut patronage de Madame le ministre d'État,
Garde des Sceaux, ministre de la Justice et des Libertés

Publié avec le concours financier de la Commission Européenne

GEMME

L'HARMATTAN

Les textes ont été traduits de l'anglais par :

Michel Brenneur
Julie Duthil
Claudette Picard

5-7, rue de l'École-Polytechnique ; 75005 Paris

http://www.librairieharmattan.com
diffusion.harmattan@wanadoo.fr
harmattan1@wanadoo.fr

ISBN : 978-2-296-12154-6
EAN : 9782296121546

Avertissement au lecteur

Cet ouvrage s'appuie sur les principales communications et les débats des premières Assises internationales de la médiation judiciaire qui se sont tenues, à l'initiative du GEMME, les 16 et 17 octobre 2009 au Palais du Luxembourg.

Coordination : Béatrice Brenneur, Florence Fauchon, Louise Otis.

Présidence des tables rondes :

- Fernando Paulino-Peirera, responsable de la coordination judiciaire dans les matières civiles et commerciales, de e-justice et de e-law au secrétariat général du Conseil de l'union européenne.
- Jean-Claude Javillier, professeur émérite à l'université de Paris II.

Animation des tables rondes :

- Pierre Rancé, chroniqueur judiciaire d'Europe I, auteur de *L'Europe de la justice* (Plon).
- Peter Humi, ancien chef de bureau de CNN à Paris, Press TV's correspondent in Paris.
- Francette Rosamont, présidente des éditions Inter-entreprises, spécialiste du développement économique et de l'Outre-Mer.
- Laurence Neuer, journaliste au *Point*.

Comité international :

Nabil ANTAKI, Amady BA, Eric BATTISTONI, Lee Jay BERMAN, Béatrice BRENNEUR, Jaime CARDONA FERREIRA, Dragos CALIN, James COBEN, Suzanne COURTEAU, Marli FERREIRA, Xiao Lin FU-BOURGNE, Evgeni GEORGIEV, Johanna HAWARI, Hélène de KOVACHICH, Marie-Christine LABERGE, Louise LALONDE, Corinne LAWSON, Gavin LIGHTMAN, Marcello MARINARI, Louis MARQUIS, Ruben MURDANAIGUM, Jean MIRIMANOFF, Marta NAGY, Conceiçao OLIVEIRA, Louise OTIS, Pascual ORTUNO MUNOZ, Machteld PEL, Zane PETERSONE, Lala RANAIVOSOA, Peter ROBINSON, Michel ROBERT, Claudine ROY, Avi SCHNEEBALG, Isabel TOMAS GARCIA, Nel TWIST, Ivan VEROUGSTRAETE, Marc de WEVER, Alexander H. WILLIAMS III, Warren WINKLER, Maria Cristina ZUCCHI.

Comité scientifique :

Michel BENICHOU (Fédération des Barreaux d'Europe), Pierre-Jean BLARD (Yvelines Médiation), Alessandro BRUNI (International Academy of Sciences of Peace, Rome), Pompeu CASANOVA (IDT/UAB), Michel DEALBERTI (Fédération Nationale des Centres de Médiation), Daniel DESSARD (Cabinet d'avocats DESSARD), Giovana DI BARTOLO, Gilles DUVERGER-NEDELLEC (Institut d'Expertise et d'Arbitrage et de Médiation), Lorraine FILLION (Centre des Jeunesses de Montréal), Jacques FLOCH (ancien secrétaire d'État, membre honoraire du Parlement), Dominique de la GARANDERIE (ancien bâtonnier du Barreau de Paris), M. GERON (NAM Bulgarie), Martine GIRAUDY (REGES FORUM), Johanna HAWARI (Institut St Joseph, Centre Professionnel de Médiation de Beyrouth), Jean-Louis LASCOUX (CPNM), Roger LECONTE (FENAMEF), Philippe LE MOULT (Médiation-net), Marie-Françoise LE TALLEC (Forum des Droits sur l'Internet), Gilles LOPEZ (UDA), Jean-Pierre MANDEVILLE (ENACT), Ruben MURDANAIGUM (RUBENS solicitor Écosse), Henri-Jacques NOUGEIN (Centre d'Arbitrage et de Médiation Rhône-Alpes), Maria Conceiçao OLIVEIRA (IMAP), Gabrielle PLANES (ANM), Lala RAVAINASOA (Centre de médiation de l'École Nationale d'Administration Malgache ENAM), Silvestre TANDEAU DE MARSAC (AME), Audrey RINGOT (APMF), Mercédès TARRAZON (Dispute Management), Lee Jay BERMAN, Mediator, Mediation Alliance Inc, Institute for Mediation Studies, Los Angeles, Californie, M. WICKERT.

Comité scientifique des membres des juridictions et des universités :

Normand AMYOT, Juge à la Cour du Québec, Nabil ANTAKI, Directeur associé, Université de Montréal, Stephen BENSIMON (IFOMENE), Suzanne COURTEAU, Juge à la Cour supérieure du Québec, Bruno DEFFAINS, Sciences Politiques de Paris, Stephen GOLDBERG, Université de Chicago, Béatrice GORCHS Université de Chambéry, Michèle GUILLAUME-HOFNUNG, Université de Paris II, Jean-Claude JAVILLIER (BIT), Hélène de KOVACHICH, Présidente du Tribunal administratif Montréal, Québec, Marie-Christine LABERGE, Juge à la Cour supérieure du Québec, Louise LALONDE, Professeur, Université de Sherbrooke, Québec, Jean-Claude MAGENDIE, Premier président de la Cour d'appel de Paris, Patricia MALBOSC Commission médiation Cour d'appel de Paris, Louis MARQUIS, Vice-recteur aux relations institutionnelles et secrétariat général, Université de Sherbrooke, Claudine ROY, Juge à la Cour supérieure du Québec, Jacques SALZER (CNAM), Fabrice VERT, Secrétaire général première présidence Cour d'appel de Paris, Marc de WEVER, Juge à la Cour supérieure du Québec, Alexander H. WILLIAMS III, Judge of the Superior Court, Los Angeles, Californie.

Préface

« Pour imposer la médiation…
il faut triompher de la justice morte. »[1]
Guy Canivet

La médiation, parce qu'elle s'adresse à l'être humain avec le respect qui lui est dû, est un langage universel qui dépasse les frontières, outrepasse les systèmes judiciaires, surpasse les différences dues à la culture et à l'histoire.

« L'autre » n'est plus l'étranger qui fait peur parce qu'il est différent, qu'il faut supprimer parce qu'il pense autrement, qu'il faut exclure parce qu'on ne le comprend pas.

Alors, le conflit devient sacré : il est révélateur d'un déséquilibre dans l'échange, d'un désaccord dans la relation, dans ce lien invisible qui relie l'homme, à travers ses proches, à l'univers tout entier.

La médiation est le creuset où nos différences, acceptées et comprises, se métamorphosent en richesse d'expérience de vie. L'alchimie a lieu qui permet de transmuter la discorde en union, le déséquilibre en harmonie, l'adversaire en partenaire.

Ce langage universel de respect et d'écoute de l'autre est nouveau en justice ; il a pour corollaire humilité, tact et délicatesse. Il aspire à restaurer l'harmonie dans la relation, à rétablir la dignité, à renouer le lien. Dans tous les pays du monde, au-delà de la langue, du sexe, de la race, de la religion, de la nationalité, de l'âge, des systèmes de valeurs, du clivage des générations, ce langage du cœur est compris. C'est celui de la médiation ; c'est un langage universel de règlement des conflits.

Mais pour qu'elle puisse s'implanter, comme le dit si bien Guy Canivet, « il faut triompher de la justice morte » : vaste programme qu'un juge ne peut faire seul. C'est dans le rassemblement de ceux qui partagent cette même conviction pour créer une dynamique collective que la victoire sera au rendez-vous.

Lorsque, en 2003, j'ai voulu créer le Groupement Européen des Magistrats pour la Médiation (Gemme), j'ai rencontré Guy Canivet, alors premier président de la Cour de cassation. Il m'a parlé de créer des liens, des lieux de rencontre, de partage d'expérience, d'élaboration de savoir-faire, de création

[1] In *Stress et souffrance au travail*, préface, Béatrice Brenneur, Harmattan, 2010.

d'une doctrine et d'une éthique, de mobiliser les instances de formation des juges.

Ainsi est né, sous sa présidence, le Groupement européen des magistrats pour la médiation (Gemme), structuré en sections nationales, qui a vocation à s'implanter dans tous les pays d'Europe. Le Gemme comprend aujourd'hui 350 magistrats, répartis dans 20 pays de l'Union Européenne. On en attend 500 dans les années à venir.

À l'heure de la mondialisation, on comprend que ce rassemblement ne peut être ni régional, ni national, ni même européen : il doit être mondial.

Relayé par la politique européenne de mise en œuvre de la directive sur la médiation, du 21 mai 2008, le mouvement prend un essor mondial, cristallisé par les assises internationales de la Médiation judiciaire qui se sont tenues à Paris au mois d'octobre 2009, pérennisé par la création de la Conférence internationale de la médiation pour la justice (Cimj). Les cinq continents étaient réunis et 350 personnalités du monde entier représentaient plus de trente pays.

Désormais, le mouvement est lancé, il est considérable. Avec la médiation, l'humain a fait son entrée dans la justice.

Les siècles passés ont déclaré les droits de l'homme. À l'aube du troisième millénaire, on assiste à la mise en place de leur avènement.

Béatrice Brenneur

Sommaire

Liste des auteurs

Hassan ALAMI, *président exécutif du Centre euro-méditerranéen de médiation et d'arbitrage (Maroc)*

Anu AMMER, *Juge à la Viru County Court*

Ionna ANASTASSOPOULOU, *Attorney-at-law, médiateur (Grèce)*

Amady BA, *chef de la Section de coopération internationale au bureau du procureur de la Cour Pénale Internationale à La Haye (Sénégal)*

Jacques BARROT, *ancien ministre, vice-président de la Commission Européenne en charge de la Justice et des affaires intérieures (UE)*

Éric BATTISTONI, *juge du travail à Verviers, co-fondateur de GEMME (Belgique)*

Michel BENICHOU, *avocat au barreau de GRENOBLE, président de la Fédération des barreaux d'Europe*

Stephen BENSIMON, *directeur de l'Institut de formation à la médiation et à la négociation (IFOMENE), ICP (France)*

Béatrice BRENNEUR, *président de chambre honoraire, fondatrice et vice-président de GEMME, présidente fondatrice de la CIM (France)*

Alessandro BRUNI, *avocat, médiateur et formateur, fondateur de Concilia (Italie)*

Jaime CARDONA FERREIRA, *premier président honoraire de la Cour suprême du Portugal (Portugal)*

Rafal CEBULA, *juge à la cour du district de Reymonta (Pologne)*

Bruno DEFFAINS, *professeur agrégé de sciences économiques à l'université de Paris Ouest Nanterre La Défense (France)*

Abou El MAHASSINE FASSI-FIHRI, *ancien directeur de la recherche pour un terrain commun - SFCG (Maroc)*

Marie-Françoise LE TALLEC, *secrétaire générale du Forum des droits sur l'internet (France)*

Xia Li FU-BOURGNE, *avocate à Paris et médiatrice France Chine (Chine)*

Danièle GANANCIA, *vice-présidente au tribunal de grande instance de Paris (France)*

Evgeni GEORGIEV, *juge à la Sofia Trial Court (Bulgarie)*

Johanna HAWARI-BOURGELY, *directrice du Centre professionnel de médiation de l'université Saint-Joseph de Beyrouth (Liban)*

Sophie HENRY, *secrétaire général du CMAP (France)*

Elena Inés HIGHTON, *vice-président de la Cour Suprême d'Argentine (Argentine)*

Shusuke KAKIUCHI, *faculté de droit, université de Tokyo (Japon)*

Yann KAYSER, *Avocat (Luxembourg)*

Belal JOY, *Barrister-at-Law, Supreme Court of Bangladesh & Chairperson, Bangladesh Institute of Legal Advancements (Bangladesh)*

Elena LAUROBA LACASA, *directrice générale de droit et des entités juridiques, département de Justice de la Catalogne (Espagne)*

Corinne LAWSON, *médiatrice (Togo)*
Philippe LE MOULT, *directeur de Médiation-net (France)*
Robert LEVY, *juge du Eastern District de New York et professeur de droit à l'université de Columbia (USA)*
Gavin LIGHTMAN, *juge honoraire, médiateur, président de GEMME (UK)*
Jean-Claude MAGENDIE, premier président de la cour d'appel de Paris (France)
Sanda Helena LUNGA, *juge à la cour d'appel de Cracovie, section commerciale (Roumanie)*
Mekki MESSAHEL, *médiateur judiciaire, cour de Blida, membre de la délégation officielle du ministère de la Justice algérienne (Algérie)*
Jean MIRIMANOFF, *médiateur, juge honoraire (Suisse)*
Ruben MUDANAIGUM, *Principal Solicitor, médiateur (Royaume-Uni)*
Marta NAGY, *vice-présidente du Tribunal Municipal de Szeged (Hongrie)*
Sébastien ONDOUO, *procureur général adjoint près la Cour de cassation, ancien conseiller technique de ministre de la Justice, directeur général des services judiciaires (Gabon)*
Louise OTIS, *juge honoraire à la cour d'appel du Québec, présidente fondatrice de la CIMJ (Canada)*
Felicitas PALLER, *juge au tribunal de commerce de Vienne (Autriche)*
Fernando PAULINO PEREIRA, *responsable de la coopération judiciaire dans les matières civiles et commerciales, de e-justice et e-law au secrétariat général de l'Union Européenne (UE).*
Marchteld PEL, *directrice du bureau national de la médiation judiciaire, vice-présidente de la cour d'appel de Arnhem (Pays-Bas)*
Andrea PESLOVA, *juge au tribunal de district de Prague et Lubomir PTACEK, président de la cour régionale à Liberec (République tchèque)*
Zane PETTERSONE, *juge à la Court of Kurzeme District of Riga*
Sharon PRESS, *directeur de Dispute Resolution Institute de l'université d'Hamline (USA)*
Lala RANAIVOSOA, *avocat à Antananarivo (Madagascar)*
Michel ROBERT, *juge en chef de la cour d'appel du Québec (Canada)*
Peter ROBINSON, *directeur de Strauss Institute of Dispute Resolution, université de Pepperdine (USA)*
Srdjan SIMAC, *juge à la cour commerciale de Zagreb (Croatie)*
Oyvind SMUKKESTADT, *ancien président du tribunal de Trondheim (Norvège)*
Christoph STRECKER, *magistrat honoraire, médiateur (Allemagne)*
Jeremy TAGG, *Head of ADR Policy, Her Majesty's Courts Service (Royaume-Uni)*
Neil TWIST, *directeur, ADR, département de Justice, État de Victoria (Australie)*
Warren WINCKLER, *juge en chef de l'Ontario (Canada)*
Mark YOUNG, *consultant, formateur et écrivain (Afrique du Sud)*
Ales ZALAR, *ministre de la Justice de Slovénie (Slovénie)*
Maria Cristina ZUCCHI, *juge au tribunal de justice (cour d'appel) de São Paulo (Brésil)*

Introduction

LES PERSPECTIVES EUROPÉENNES DE LA MÉDIATION

Jacques BARROT,
ancien ministre, vice-président de la Commission Européenne en charge de la Justice et des affaires intérieures

Mesdames et Messieurs,

C'est avec grand plaisir que je m'adresse à vous aujourd'hui dans le cadre de ces premières assises internationales de la médiation judiciaire, qui rassemblent des acteurs et promoteurs de la médiation judiciaire venus de tous horizons.

Je tiens tout d'abord à remercier le GEMME et le ministère de la Justice et des Libertés pour cette initiative, qui a d'emblée reçu tout mon soutien.

Et je suis heureux que ces assises aient pu bénéficier du soutien financier de la Commission Européenne, grâce à notre programme « Justice civile ».

Cet événement vient à point nommé. La médiation judiciaire s'affirme chaque jour davantage comme un outil essentiel au service de l'efficacité de la justice, y compris au niveau transnational. Et l'Union Européenne, comme vous le savez tous, a adopté en 2008 une directive sur la médiation en matière civile et commerciale. Plusieurs États membres ont commencé à travailler activement à traduction dans leur droit national et vous aurez eu l'occasion, ce matin, de dresser un état des lieux de la situation.

Nous le savons tous, la judiciarisation des rapports économiques et sociaux suscite des attentes d'une justice qui soit à la fois de qualité, accessible et rapide. Cet objectif passe par le développement de modes alternatifs et efficaces de résolution des litiges. Le besoin de justice est en effet souvent, aussi, un besoin de médiation : résoudre un conflit, ce n'est pas nécessairement se résoudre à la décision d'un tribunal, si la situation peut être équitablement réglée d'une autre manière.

Le recours à la médiation peut être envisagé dans de très nombreux domaines, notamment dans des situations juridiquement complexes, ou douloureuses au plan humain : je pense en particulier aux déplacements parentaux internationaux d'enfants, où le recours à la médiation est expressément prévu par le règlement dit « Bruxelles II bis », qui est l'instrument clé de l'Union Européenne en droit de la famille.

Ce règlement prévoit que les autorités centrales chargées de son application dans les États membres doivent faciliter la conclusion d'accords entre les titulaires de la responsabilité parentale. Dans ses travaux normatifs, comme lors des réunions avec ces autorités centrales, la Commission Européenne s'est toujours déclarée en faveur de l'utilisation de la médiation comme possible voie alternative de résolution des conflits familiaux.

Notre récente directive sur la médiation poursuit, quant à elle, le double objectif de faciliter l'accès aux procédures de résolution des litiges transfrontaliers en matière civile et commerciale et de favoriser le règlement amiable des litiges. À cette fin, elle encourage le recours à la médiation et assure une articulation efficace entre la médiation et les procédures judiciaires. En renforçant les garanties juridiques attachées à la médiation, la directive devrait contribuer de manière décisive à son développement dans l'Union Européenne.

Quelles perspectives la directive ouvre-t-elle à moyen terme ?

Vous le savez, les États membres ont jusqu'en mai 2011 pour la transposer dans leur droit national. Ils doivent, par ailleurs, encourager la recherche de la qualité de la médiation par tous les moyens qu'ils jugent appropriés. En outre, les États membres doivent informer le public, notamment via Internet, des possibilités offertes par la médiation et par les médiateurs.

Nous allons voir au cours des prochains mois comment en pratique cela se traduit sur le terrain, s'agissant notamment des points clés que sont l'interaction de la médiation et des procédures judiciaires, les effets de la médiation sur les délais de prescription, ou encore la reconnaissance et l'exécution des accords de médiation.

La qualité des services de médiation doit aussi être une priorité absolue, car dans ce domaine également, la confiance est essentielle. Ce n'est que parce qu'ils auront l'assurance de pouvoir compter sur de véritables experts, bien formés à cet exercice difficile, que les juges acquerront ce réflexe essentiel de proposer aux justiciables la médiation dès qu'elle ouvre un espoir de résolution amiable d'un litige, et dont l'immense mérite est souvent de préserver le futur des relations entre les parties. Le professionnalisme des praticiens est la meilleure garantie du développement de cet instrument.

Et puisqu'il s'agit ici d'esquisser quelques perspectives – sans préjuger naturellement des orientations de la prochaine Commission – je dirai que l'identification d'une expertise internationale en matière de médiation, dans des affaires rendues souvent extrêmement complexes par leur aspect transfrontalier et les difficultés culturelles qu'elles soulèvent, est probablement un des sujets que nous devons creuser à l'avenir.

En matière familiale, par exemple, il existe un besoin très net de spécialistes capables de désamorcer des conflits lourds dont les enfants sont les premières victimes. Mais où les trouver ? Le médiateur européen créé par le

Parlement européen en 1987 fait un gros travail en la matière, et j'ai eu souvent l'occasion de m'en entretenir avec Madame Gebhardt. Mais ses ressources sont limitées cela ne peut suffire.

Il faut donc peut être s'interroger sur la meilleure façon d'identifier et de mobiliser à très brefs délais, dans les affaires les plus douloureuses, des médiateurs internationaux formés à ce genre de problématiques.

Dans le même registre « prospectif », je crois qu'il faut également que l'on réfléchisse très sérieusement à la manière dont les nouvelles technologies peuvent nous aider à extraire tout le potentiel de la médiation. Nous misons beaucoup sur l' « e-justice » et l'accès renforcé à la justice qu'elle permet. Elle doit nécessairement inclure l' « e-médiation ». Je signale d'ailleurs que le grand portail « e-Justice européenne », que nous allons bientôt lancer, contiendra une section dédiée à la médiation. Celle-ci devra aussi bénéficier des travaux en cours sur l'utilisation de la vidéoconférence dans les affaires transfrontalières. Car cette technique peut aider au développement de la médiation internationale, pour autant que les questions linguistiques (interprétariat, traduction des documents), légales (respect de la confidentialité, par exemple) et techniques soient résolues. Mais je sais que ce sujet sera abordé demain, et je compte sur vous pour m'informer de ce qui ressortira des débats.

Pour conclure, je voudrais encore vous dire que j'attends beaucoup de ces assises. Je compte sur vous pour m'informer de ses conclusions, en particulier s'agissant de la création de la Conférence internationale de médiation pour la justice et des contributions futures de cette structure permanente au règlement amiable des litiges internationaux.

Je vous remercie de votre attention.

Première partie

PANORAMA DE LA MÉDIATION JUDICIAIRE EN EUROPE

Chapitre I

MÉDIATION ET CONCILIATION JUDICIAIRES EN EUROPE

1. Médiation et conciliation en Europe

Les normes européennes

Éric BATTISTONI,
juge au tribunal du travail de Verviers (Belgique)[2]

CONSEIL DE L'EUROPE

Depuis 1980, le Conseil de l'Europe s'est intéressé de près aux modes alternatifs de justice :

1) **La Recommandation n° R (81) 7** du Comité des ministres sur l'accès à la justice, propose d'encourager les procédés simplifiant cet accès, parmi lesquels « *la conciliation des parties et le règlement amiable des différends, avant toute procédure judiciaire ou au cours d'une procédure engagée* ».

2) **La Recommandation n° R (86) 12** du comité des ministres sur l'allégement de la charge des tribunaux, préconise « *le règlement amiable des différends, soit en dehors de l'ordre judiciaire, soit avant ou pendant la procédure judiciaire* ».

3) **La Recommandation n° R (93) 1** du comité des ministres sur l'accès effectif au droit et à la justice, pour les personnes en situation de grande

---

[2] Document rédigé le 1er octobre 2009 avec l'aide des ressources suivantes :
1) RÉSEAU JUDICIAIRE EUROPÉEN EN MATIÈRE CIVILE ET COMMERCIALE (http://ec.europa.eu/civiljustice/adr/adr_ec_fr.htm).
2) CONSEIL DE L'EUROPE - Commission Européenne pour l'Efficacité de la Justice (CEPEJ) (http://www.coe.int/t/dghl/cooperation/cepej/mediation/default_fr.asp).
3) CMAP (Centre de Médiation et Arbitrage de Paris) (http://www.mediationetarbitrage.com/interne.php?page=58&niveau=1).
4) RAPPORT D'INFORMATION sur la médiation en Europe (COM [2004] 718 final/n° E 2844). (http://www.assemblee-nationale.fr/12/pdf/europe/rap-info/i3696.pdf). Ce rapport fut déposé par la DÉLÉGATION DE L'ASSEMBLÉE NATIONALE FRANCAISE POUR L'UNION EUROPÉENNE, et enregistré à la Présidence de l'Assemblée nationale le 13 février 2007 puis présenté par le député Jacques FLOCH.
5) Jayne Singer, *The EU Mediation Atlas, Practice and Regulation*, CEDR, CMS, LexisNexis, Clochester (UK) 2004.
6) Les réponses des membres et des sections nationales de l'association GEMME, à un questionnaire relatif aux règles et aux pratiques de médiation dans leur pays.

pauvreté, suggère l'accès effectif de celles-ci, « *aux modes parajudiciaires de solution des conflits..., tels que la médiation et la conciliation... en étendant le bénéfice de l'aide judiciaire ou tout autre forme d'assistance à ces modes de solutions des conflits* ».

4) **La Recommandation n° R (94) 12** sur l'indépendance, l'efficacité et le rôle des juges, consacre comme une véritable obligation judiciaire : « *l'encouragement des parties à obtenir un règlement amiable* » (voir Principe V-3, e).

5) **La Recommandation n° R (95) 5**, sur l'amélioration du fonctionnement des systèmes et procédure de recours en matière civile et commerciale, enjoint au juge de veiller à « *l'encouragement au règlement amiable* » (voir article 6 g).

6) **La Recommandation n° R (98) 1**, conforte le recours à la médiation familiale.

7) **La Recommandation n° R (99) 19**, stimule la médiation pénale.

8) **La Recommandation n° R (2001) 9**, soutient les « *modes alternatifs de règlements des litiges entre les autorités administratives et les personnes privées* »

9) **La Recommandation R (2002) 10**, encourage la médiation en matière civile (adoptée par le Comité des ministres le 18 septembre 2002)

10) **Les Propositions CEPEJ (2007) 14 du 7 décembre 2007**, intitulées « *Lignes directrices visant à améliorer la mise en œuvre des recommandations existantes* ».

La CEPEJ (*COMMISSION EUROPÉENNE POUR L'EFFICACITÉ DE LA JUSTICE*) a mené une étude dans les États européens, sur l'impact des quatre dernières recommandations concernant la médiation. Grâce à cette étude, la CEPEJ a élaboré des lignes directrices et elle propose des mesures spécifiques visant à assurer une meilleure application effective des recommandations suivantes :

- la *Recommandation (98) 1* sur la médiation familiale
- la *Recommandation (2002) 10* sur la médiation en matière civile
- la *Recommandation (99) 19* sur la médiation en matière pénale
- la *Recommandation (2001)9* sur les modes alternatifs de règlements des litiges entre les autorités administratives et les personnes privées.

UNION EUROPÉENNE

1) Généralités : les réalisations de l'Union Européenne. L'initiative pour l'U.E. fut prise par le Conseil Européen, réuni à TAMPERE, les 15 et 16 octobre 1999. L'ambition de ce Conseil des ministres visait un espace de liberté, de sécurité et de justice, couvrant toute l'Europe. Parmi plusieurs mesures présentées, il invitait les États membres et la Commission Européenne à stimuler, à instaurer, ou à organiser des procédures A.D.R. ou *Modes Alternatifs de Règlement des Conflits*. Dans l'optique du Conseil européen, un meilleur accès à

la justice en Europe, devrait découler d'une multiplication des accords transactionnels mettant fin aux conflits.

Le Conseil Européen vise deux objectifs : d'une part, **les accords nés d'une médiation** seraient mieux susceptibles d'être exécutés volontairement, et d'autre part, **les relations personnelles ou commerciales** pourraient ainsi durablement être préservées entre les parties.

Pour préparer cette évolution de la Justice dans l'U.E., la Commission Européenne a présenté, en 2002, un Livre Vert sur les A.D.R. en Europe. La Commission voulait engager une vaste consultation des États membres et de toutes les personnes concernées par l'encouragement de recourir à la médiation.

Le but de la Commission était clairement de préparer une législation-cadre européenne. La Commission estimait cette législation nécessaire pour que les parties qui recourent à la médiation puissent se fonder sur un environnement juridique prévisible : dans cet esprit, la Commission n'a pas hésité à aborder certaines questions particulièrement délicates, comme la relation harmonieuse des ADR avec les procédures judiciaires ou comme l'équilibre entre le besoin transactionnel de flexibilité et la garantie d'une bonne qualité des résultats en termes de Justice.

D'une part, cette législation-cadre est à présent concrétisée par **la Directive 2008/52/CE** du Parlement européen et du Conseil du 21 mai 2008, « *sur certains aspects de la médiation en matière civile et commerciale* ».

D'autre part, un « **code de bonne conduite du médiateur** » fut rendu public, le 4 juillet 2004, par la Commission Européenne ; y ont déjà adhéré de nombreuses associations de médiateurs, d'avocats, d'industriels, de commerçants ou de consommateurs, qui proposent des médiations.

Il convient, maintenant, d'expliciter brièvement la portée de cette directive et du code de bonne conduite, et, ensuite, d'observer quelques initiatives intéressantes prises par la Commission Européenne pour stimuler la médiation.

2) La **Directive 2008/52/CE** du Parlement européen et du Conseil du 21 mai 2008, *sur certains aspects de la médiation en matière civile et commerciale*, veut garantir une Justice plus efficace et mieux adéquate, en améliorant l'accès aux modes de résolution des litiges, notamment en favorisant l'offre des services de médiation, tant judiciaires qu'extrajudiciaires.

- À cette fin, la directive trace plusieurs **normes procédurales,** destinées à générer des processus mieux adaptés aux besoins des parties, qui aboutiront à des accords mieux respectés volontairement et qui préserveront une relation amiable et durable entre les parties. Dans l'esprit du législateur européen, les parties elles-mêmes sont responsables du processus : elles peuvent l'organiser comme elles l'entendent et y mettre un terme à tout moment. Néanmoins, le droit national devrait prévoir la possibilité que les juridictions limitent le processus de médiation dans le temps. Inversement, les juridictions devraient pouvoir attirer l'attention des parties sur la possibilité d'une médiation chaque fois qu'elle paraît mieux appropriée.

• La « ***médiation*** » est définie très vaguement, comme un **processus structuré**, *quelle que soit la manière dont il est nommé ou visé, dans lequel deux ou plusieurs parties à un litige tentent par elles-mêmes, volontairement, de parvenir à un accord sur la résolution de leur litige avec l'aide d'un médiateur.*

Pour la directive, le « ***médiateur*** » sera tout tiers sollicité pour mener une médiation avec efficacité, impartialité et compétence, quelle que soit l'appellation ou la profession de ce tiers dans l'État membre concerné et quelle que soit la façon dont il a été nommé pour mener ladite médiation, ou dont il a été chargé de la mener.

• Sur l'articulation délicate entre ces processus transactionnels et la procédure judiciaire, le législateur européen envisage, **en amont,** trois hypothèses :

- si le droit national permet au juge d'agir en qualité de médiateur, la directive devrait alors s'appliquer au processus de médiation que mène le juge, mais à la condition que ce dernier ne soit en charge d'aucune procédure judiciaire ayant trait à l'objet du litige ;
- en revanche, la directive ne concerne pas les tentatives faites par la juridiction ou le juge saisi pour résoudre un litige au cours de la procédure judiciaire relative à ce litige ;
- enfin, la directive ne concerne pas non plus les cas dans lesquels le juge saisi *demande l'assistance ou les conseils d'une personne compétente* (par exemple, une conciliation en cours d'expertise).

Le législateur européen encourage explicitement les juges nationaux à suggérer aux parties en procès de recourir à la médiation lorsque celle-ci semble une bonne solution. Si les parties acceptent de tenter une négociation, il les incite à ordonner la suspension du procès judiciaire et le démarrage d'une procédure de médiation.

En aval, la connexion entre transactions et juridictions s'articule autour de la délivrance du titre exécutoire solidifiant les accords issus de la négociation : pour la directive européenne, « *les parties, ou l'une d'entre elles avec le consentement exprès des autres, puissent demander que le contenu d'un accord écrit issu d'une médiation soit rendu exécutoire. Le contenu d'un tel accord doit être rendu exécutoire, sauf si, dans le cas de l'espèce, soit ce contenu est contraire au droit de l'État membre dans lequel la demande est formulée, soit le droit de cet État membre ne prévoit pas la possibilité de le rendre exécutoire.* »

• En toute hypothèse, la directive ne régit pas les accords relatifs aux droits et obligations relevant de l'ordre public (à savoir : dont les parties ne peuvent disposer par elles-mêmes en vertu de la législation).

Le législateur européen observe que de tels droits et obligations sont particulièrement fréquents en droit de la famille et en droit du travail.

Le tendon d'Achille de cette directive devrait se situer au niveau de son champ d'application, *ratione personae*. En effet, les dispositions de la directive s'appliquent exclusivement aux médiations des litiges transfrontaliers.

Cette expression « *litiges transfrontaliers* » recouvre, dès lors, **uniquement des situations conflictuelles comportant des éléments transfrontaliers**. Pareille restriction écarte du champ d'application de la directive la majorité des litiges : la plupart se trouvent circonscrits à l'intérieur d'une frontière nationale.

Toutefois, « *l'économie de la loi* » est clairement expliquée dans le préambule de cette directive, car le législateur européen y explicite expressément son souhait que les États membres appliquent aussi les principes de la directive aux processus de médiation, purement internes.

Il est prévu que la médiation devra être menée de manière à préserver la confidentialité. C'est pourquoi, sauf accord contraire des parties, le médiateur ou les personnes participant à l'administration du processus de médiation ne seront jamais tenus de produire des informations résultant d'un processus de médiation ou en relation avec celui-ci, à titre de preuve lors d'une procédure judiciaire civile ou commerciale, ni lors d'un arbitrage. Par exception, la garantie de confidentialité pourrait céder dans les cas suivants :

- lorsque cela est nécessaire pour des raisons impérieuses d'ordre public dans l'État membre concerné, notamment pour assurer la protection des intérêts primordiaux des enfants ou empêcher toute atteinte à l'intégrité physique ou psychologique d'une personne ;
- lorsque la divulgation du contenu de l'accord issu de la médiation est nécessaire pour mettre en œuvre ou pour exécuter ledit accord.

La directive envisage également certains effets contigus à la médiation :

- les *délais de prescription* : ainsi, les États membres doivent veiller à ce que les parties qui choisissent la médiation pour tenter de résoudre un litige, ne soient pas empêchées par la suite d'entamer une procédure judiciaire ou une procédure d'arbitrage concernant ce litige du fait de l'expiration des délais de prescription pendant le processus de médiation.
- la *qualité des médiations* que les États membres doivent encourager, par tout moyen qu'ils jugent approprié, comme la formation initiale et continue de médiateurs ou comme l'élaboration de codes volontaires de bonne conduite et l'adhésion à ces codes, par les médiateurs et les organismes fournissant des services de médiation, ou comme encore

tous autres mécanismes efficaces de contrôle de la qualité relatifs à la fourniture de services de médiation.

- Enfin, la directive suggère encore le recours aux techniques modernes de communication dans le cadre des processus de médiation.
- Toutes les prescriptions de cette directive devront être transposées, très rapidement, dans chacune des législations nationales, c'est-à-dire, avant la date extrême du 21 mai 2011.

3) En son « **Code de bonne conduite du médiateur** » du 4 juillet 2004, la Commission Européenne émet différents vœux dans l'espoir de préserver l'environnement de la médiation :

Les médiateurs doivent être compétents et bien connaître la procédure de médiation. Ils doivent posséder une bonne formation de départ et se recycler constamment sur le plan théorique et pratique, en fonction notamment des normes ou systèmes d'accréditation en vigueur dans leur État membre.

Le médiateur s'assure qu'il possède la formation et les **compétences** nécessaires pour mener la médiation avant d'accepter sa désignation et, sur demande, donne aux parties des informations relatives à sa formation et à son expérience. Les médiateurs peuvent faire de la publicité pour leurs services, de manière professionnelle, honnête et digne.

L'action du médiateur doit, en permanence, être **impartiale** et elle doit être vue comme telle.

Le médiateur doit s'engager à servir toutes les parties d'une manière équitable dans le cadre de la médiation.

Avant d'entamer ou de poursuivre sa médiation, le médiateur doit divulguer toutes les circonstances qui sont de nature à affecter son **indépendance** ou entraîner un conflit d'intérêts ou qui sont susceptibles d'être considérées comme telles. Cette obligation subsiste tout au long de la procédure. Ces circonstances sont :

- toute relation d'ordre privé ou professionnel avec une des parties,
- tout intérêt financier ou autre, direct ou indirect, dans l'issue de la médiation,
- le fait que le médiateur, ou un membre de son cabinet, a agi en une qualité autre que celle de médiateur pour une des parties.

Dans des cas semblables, le médiateur ne peut accepter ou poursuivre la médiation que s'il est certain de pouvoir la mener en toute indépendance et en toute neutralité afin de garantir une impartialité totale, mais après que les parties auront donné leur consentement exprès.

Le médiateur doit s'assurer que les parties à la médiation **comprennent** les caractéristiques de la procédure de médiation et le rôle du médiateur et des parties dans cette procédure. Le médiateur doit s'assurer notamment, avant le début de la médiation, que les parties ont compris et accepté expressément les conditions générales de l'accord de médiation, notamment toutes les dispositions relatives aux obligations de confidentialité qui incombent au médiateur et aux parties.

À la demande des parties, l'accord de médiation peut revêtir la forme écrite. Le médiateur peut, à la demande des parties et dans les limites de sa compétence, informer les parties sur la manière dont elles peuvent officialiser le règlement et sur les possibilités de le rendre exécutoire.

Les parties sont libres de convenir avec le médiateur, par référence à une réglementation ou non, de la manière dont la médiation doit être conduite.

S'il le juge utile, le médiateur peut entendre les parties séparément.

Le médiateur doit s'assurer que toutes les parties ont la possibilité de participer effectivement à la procédure. Le cas échéant, le médiateur doit informer les parties, et peut mettre fin à la médiation :

- si le règlement en voie de conclusion lui semble inapplicable ou illégal, au regard des circonstances de l'espèce ou parce qu'il ne s'estime pas compétent pour conclure un tel règlement,
- s'il considère que la poursuite de la médiation a peu de chances d'aboutir à un règlement.

Le médiateur doit assurer la bonne conduite de la procédure en tenant compte des circonstances de l'espèce, y compris des éventuels **déséquilibres des rapports de force** et de la législation, ainsi que de tous les souhaits exprimés par les parties et de la nécessité d'un règlement rapide du litige.

Le médiateur prend toutes les mesures nécessaires pour s'assurer que toutes les parties donnent leur consentement au règlement en parfaite connaissance de cause et qu'elles en comprennent les dispositions.

Les parties peuvent à tout moment se retirer de la médiation sans devoir motiver leur décision.

Le médiateur doit communiquer aux parties des informations complètes relatives au mode de rémunération qu'il a l'intention d'appliquer. Il ne doit pas accepter de médiation avant que toutes les parties concernées aient donné leur accord sur le mode de calcul de cette rémunération.

Sauf obligation légale ou d'ordre public, le médiateur est tenu au secret professionnel en ce qui concerne toutes les informations découlant de la médiation ou relatives à celle-ci, y compris le fait que la médiation doit avoir lieu ou a eu lieu. Sauf obligation légale, aucune information divulguée par une des parties au médiateur à titre confidentiel ne peut être communiquée aux autres parties sans autorisation.

4) Autres initiatives notables, prises par la Commission européenne :

Plusieurs démarches intéressantes ont été menées par la commission européenne. Pour de plus amples précisions, consulter : http://europa.eu.int/comm/justice_home/ejn/adr/adr_gen_fr.htm.

Il convient de relever plus particulièrement les actes suivants à portée normative ou quasi-normative :

- Règlement (CE) n° 2201/2003 du Conseil du 27 novembre 2003 relatif à la compétence, la reconnaissance et l'exécution des décisions en matière matrimoniale et en matière de responsabilité parentale abrogeant le règlement (CE) n° 1347/2000.
- Directive 2003/8/CE du Conseil du 27 janvier 2003 visant à améliorer l'accès à la justice dans les affaires transfrontalières par l'établissement de règles minimales communes relatives à l'aide judiciaire accordée dans le cadre de telles affaires.
- Directive 2000/31/CE du Parlement européen et du Conseil du 8 juin 2000 relative à certains aspects juridiques des services de la société de l'information, et notamment du commerce électronique, dans le marché intérieur (« directive sur le commerce électronique »)
- Déclaration conjointe du Conseil et de la Commission sur la compétence judiciaire, la reconnaissance et l'exécution des décisions en matière civile et commerciale.
- Directive 98/10/CE du Parlement européen et du Conseil du 26 février 1998 concernant l'application de la fourniture d'un réseau ouvert (ONP) à la téléphonie vocale et l'établissement d'un service universel des télécommunications dans un environnement concurrentiel concernant l'application de la fourniture d'un réseau ouvert à la téléphonie vocale et l'établissement d'un service universel des télécommunications.
- Directive 2002/21/CE du Parlement européen et du Conseil du 7 mars 2002 relative à un cadre réglementaire commun pour les réseaux et services de communications électroniques (directive "cadre").
- Communication de la Commission au Conseil et au Parlement Européen - Achèvement du marché intérieur de l'énergie.
- Recommandation de la Commission du 4 avril 2001 relative aux principes applicables aux organes extrajudiciaires chargés de la résolution consensuelle des litiges de consommation (J.O. L 109 du 19.04.2001, p. 56). La recommandation énonce quatre principes : l'impartialité, la transparence, l'efficacité et l'équité.

- Recommandation de la Commission du 30 mars 1998 concernant les principes applicables aux organes responsables pour la résolution extrajudiciaire des litiges de consommation.
- Enfin, la Commission est à l'origine de la création de **deux réseaux européens d'organes judiciaires** dont l'objectif commun est de faciliter l'accès des consommateurs aux procédures extrajudiciaires pour la résolution des litiges transfrontaliers lorsque le professionnel est établi dans un État membre autre que celui où le consommateur réside :
  - Le réseau extrajudiciaire européen « ECC-Net » constitue une structure d'assistance et d'information des consommateurs, composée de points de contact nationaux, établis dans chaque État membre, ainsi qu'en Norvège et en Islande. Chacun des points de contact sert de relais d'information pour les 400 organes responsables de la résolution extrajudiciaire des litiges de consommation.
  - Le réseau pour la résolution extrajudiciaire des litiges dans le secteur des services financiers « FIN-NET » relie la trentaine d'organes nationaux compétents dans le cadre de la résolution extrajudiciaire des conflits. « FIN-NET » permet aux consommateurs confrontés à un problème dans le secteur des services financiers (banques, assurances, investissements) d'accéder directement à un moyen de résolution extrajudiciaire des litiges.
  - Parallèlement à toute cette activité quasi législative, l'Union européenne apporte un soutien financier à certaines initiatives, en particulier dans le domaine de la résolution des litiges de consommation en ligne. La Commission a participé financièrement au lancement du projet « ECODIR » (Electronic COnsumer DIspute Resolution), plate-forme de résolution électronique des conflits.

Médiation et Europe

Michel BENICHOU,
avocat au barreau de Grenoble,
président de la Fédération des barreaux d'Europe

Le développement de la médiation procède, comme l'économie ou la bourse, par cycles. On connaît parfois des accélérations spectaculaires avec des législations suggérant ou imposant l'utilisation de la médiation ou des courants d'opinion qui amènent l'ensemble des acteurs du domaine à avancer propositions et actions.

Puis, soudainement, la médiation semble connaître une pause et parfois une régression. De nouvelles étapes sont préparées par la réflexion, l'élaboration de rapports, les études diverses.

Néanmoins, on peut penser que l'Europe aura, dans le processus de médiation et de conciliation, un rôle considérable. Comme souvent, les initiatives européennes sont reprises et amplifiées par les pays membres de l'Union Européenne.

Ainsi, la directive 2008/52/C.E. du Parlement Européen et du Conseil en date du 21 mai 2008 sur certains aspects de la médiation en matière civile et commerciale sera, nécessairement, complétée par d'autres textes ou d'autres idées. Les pays de l'Union, de leur côté, avaient soit anticipé, soit ont adapté la directive et parfois ajouté certains aspects complémentaires.

1°) Sur la directive du 21 mai 2008 consacrée à la médiation et les autres initiatives

Cette directive a été précédée par un long travail de réflexion et plusieurs initiatives. En effet, dès 1999, lors du Conseil Européen réuni à Tampere, les États membres ont été invités à créer des procédures de substitutions extrajudiciaires. Puis, en mai 2000, le Conseil Européen a adopté des conclusions sur les modes alternatifs de règlement des conflits relevant du droit civil et commercial et a estimé que les États membres devaient établir les principes fondamentaux dans ce domaine aux fins de permettre le développement et le fonctionnement de ces procédures extrajudiciaires.

Enfin, selon le processus classique de la Commission, celle-ci a présenté, en avril 2002, un livre vert sur les modes alternatifs de résolution des conflits relevant du droit civil et commercial. L'objectif était de dresser un bilan de la situation actuelle et d'engager une consultation entre les États membres aux fins de trouver les processus utiles à l'amélioration du recours à la médiation.

C'est dans ces conditions, après ces différentes étapes, que la directive est intervenue. Elle n'a pour objectif que de s'appliquer au processus dans lesquelles deux parties ou plus à un litige transfrontalier tentent, avec l'aide d'un médiateur, de parvenir à la résolution amiable de leur litige.

Néanmoins, compte tenu des principes qu'elle pose, elle influence l'ensemble des États dans tous les domaines de la médiation, à l'exception du pénal.

C'est ainsi que cette directive, après les définitions d'usage, a entendu encourager l'élaboration de codes volontaires de bonne conduite et l'adhésion à ces codes par les médiateurs et les organismes fournissant le service de médiation ainsi que la création d'autres mécanismes efficaces du contrôle de la qualité relative à la fourniture de services de médiation.

Sur ce point, on pourrait s'interroger quant à l'efficacité de cette proposition. Certes, de nombreux organismes, dans les pays de l'Union Européenne, ont élaboré des codes de bonne conduite. Ces codes sont-ils suffisants ? Leurs disparités n'entraînent-t-elles pas une absence de connaissance réelle par les éventuels « consommateurs » de médiation de ces guides ? Sont-ils connus des professionnels qui interviennent dans le domaine ? Enfin, sont-ils réellement appliqués ?

Par ailleurs, ces organismes de contrôle de la qualité relative à la fourniture de services de médiation ne semblent pas avoir été mise en place. Or, aujourd'hui, la notion de qualité semble primer et la mise en place d'une telle évaluation permettrait d'avancer en rassurant les citoyens.

La directive, outre les questions liées au recours à la médiation et au caractère exécutoire des accords à la confidentialité, a entendu, par un article spécifique, évoquer les effets de la médiation sur les délais de prescription.

L'article 8 prévoit :

« Les États membres veillent à ce que les parties qui choisissent la médiation pour tenter de résoudre un litige ne soient pas empêchées par la suite d'entamer une procédure judiciaire ou une procédure d'arbitrage concernant ce litige du fait de l'expiration des délais de prescription pendant le processus de médiation. »

Cette question est fondamentale. Les professionnels du droit n'entendent pas mettre en cause leur éventuelle responsabilité en préconisant une médiation qui pourrait entraîner, du fait de sa longueur, l'expiration des délais de prescription et l'impossibilité d'accéder à la Justice.

Or, cette question n'a pas été abordée par de nombreux États membres. Il s'agit d'un vaste chantier qui pourtant est simple à résoudre. Un simple article législatif permettrait de faire valoir que la décision conjointe des parties ou la décision judiciaire de mettre en place un processus de médiation interrompt le délai de prescription pour une période à déterminer.

Ainsi, cette directive ouvre encore des pistes.

L'article 11 prévoit que 8 ans après la date d'adoption de la directive, la Commission présentera au Parlement européen, au Conseil et au Comité économique et social européen un rapport relatif à son application. Ce rapport examinera l'évolution de la médiation dans l'ensemble de l'Union européenne et l'incidence de la directive dans les États membres. Il sera accompagné, si nécessaire, de propositions visant à adapter la directive.

Il conviendra, le moment venu, de se mobiliser aux fins d'aider les différentes institutions européennes à établir ce rapport en leur adressant des propositions. Cela est d'autant plus important que le programme de Stockholm qui prévoit la politique des institutions européennes dans les 5 prochaines années fait référence à la médiation à deux occasions.

Ainsi, en matière d'enlèvement d'enfants par leurs parents, le programme préconise – outre la mise en œuvre efficace des instruments juridiques dans ce domaine – d'étudier la possibilité de recourir à la médiation familiale au niveau international.

Enfin, le grand projet qui sera développé dans les 5 prochaines années concerne l'e-justice. La Commission européenne entend mettre en place nombre d'instruments qui seront facilement consultables par les citoyens européens.

Or, le programme de Stockholm prévoit que :

« certaines procédures européennes et certaines procédures nationales transfrontières (par exemple l'injonction de payer européenne, la procédure européenne de règlement des petits litiges et la médiation) pourraient à moyen terme s'effectuer en ligne ».

Le travail ne manque donc pas. Mais il convient, d'ores et déjà, de regarder la situation dans les différents pays européens.

2°) Sur de nouvelles initiatives nationales

Il est impossible de reprendre la synthèse des procédures et expérimentations en Europe. Celle-ci a, à plusieurs reprises, été faite par le Groupement Européen des Magistrats pour la Médiation (Gemme) ou par diverses institutions.

Il semble toujours que certains pays aient véritablement intégré ce processus et soient les bons élèves européens. Il en est ainsi de la Grande-Bretagne et du Portugal qui développent une culture de la médiation. On pourrait également évoquer le rôle de l'Autriche avec une véritable structuration de la médiation et des médiateurs, disposant d'une formation importante.

D'autres pays, comme la France ou la Belgique, développent – maintenant – une culture et une législation favorisant la médiation. Les formations sont nombreuses et de qualité.

Madame le Ministre de la Justice s'est récemment exprimée aux fins d'envisager que la médiation familiale soit obligatoire.

Le projet de loi relatif à la répartition des contentieux et à l'allègement de certaines procédures juridictionnelles présenté par le Premier Ministre et la ministre d'État, Garde des Sceaux, prévoit un article 15 dans lequel il est question des modifications et révisions des décisions et modalités de l'exercice de l'autorité parentale ou de la contribution à l'entretien et l'éducation de l'enfant.

Or, le troisième alinéa indique :

« toutefois, à peine d'irrecevabilité que le juge peut soulever d'office, la saisine du Juge par le ou les parents doit être précédée d'une tentative de médiation familiale sauf :

si les parents sollicitent conjointement l'homologation d'une convention selon les modalités fixées à l'article 313-2-7 du code civil,

si l'absence de recours à la médiation est justifiée par un motif légitime. »

C'est une position importante et nouvelle puisque, jusqu'à présent, la notion de « médiation obligatoire » était considérée comme un oxymore.

Il ne s'agit, en l'espèce, que de prévoir la possibilité pour le Juge de soulever un cas supplémentaire d'irrecevabilité de la demande en l'absence de cette tentative de médiation familiale.

D'autres pays qui paraissaient plus en retard quant au développement de la médiation brûlent les étapes. Ainsi, en Espagne, de nombreux centres de médiation ont vu le jour et on développe les avantages de la médiation dans toutes les procédures de séparation et de divorce.

Enfin, l'Italie vient d'adopter un décret législatif du 4 mars 2010 consacré à la médiation. Celui-ci réglemente de façon importante ce processus en instaurant des définitions, en réglementant la durée, en prévoyant les devoirs du médiateur (réserve, secret professionnel...) et en instaurant une formation et un registre d'inscription.

La disposition qui semble la plus novatrice concerne l'obligation faite aux avocats d'indiquer à leurs clients la possibilité de recourir à la médiation. L'information doit être donnée clairement et par écrit. En cas de violation de cette obligation d'information, le contrat conclu entre l'avocat et son client peut être annulé.

En contrepartie, la place de l'avocat dans la médiation est garantie.

Le décret va également prévoir les domaines dans lesquels la médiation a vocation à s'appliquer et dans lesquels le processus de médiation doit s'appliquer de façon préliminaire à tout procès.

Ainsi, dans certains Etats membres, l'une des voies choisies aux fins d'accélérer le développement de la médiation consiste à rendre obligatoire la tentative. Il faut toutefois noter que cela s'accompagne d'une restriction, quant aux domaines, de la garantie de la place de l'avocat qui est le meilleur prescripteur de la médiation, des obligations précises imposées aux médiateurs.

Il est évident que cela ne pourra se développer sans un contrôle de la qualité du processus. Aucun chemin semé de fleurs n'a jamais conduit à la gloire. Ceux qui, dès l'origine, ont cru à la médiation savent que la route est encore longue, semée d'embûches, mais que leurs utopies s'imposeront.

2. Comment les gouvernements peuvent-ils développer la médiation ?

Alès ZALAR,
ministre de la Justice de Slovénie

I. INTRODUCTION

De nos jours, dans beaucoup de pays du monde entier, la médiation joue un rôle important dans la résolution alternative des conflits. Ce sujet a été considéré comme l'un des plus importants par l'Union Européenne et le Conseil de l'Europe. Les pays ont des approches différentes pour le développement de la médiation, cependant, on peut dire qu'en général les gouvernements peuvent avoir un rôle extrêmement important dans son développement. L'impact de l'attitude des autorités envers la médiation peut-être vu clairement à travers l'exemple de la Slovénie.

II. LA MÉDIATION DANS LES TRIBUNAUX SLOVÈNES

En 2001, le tribunal de district de Ljubljana, que je présidais à l'époque, introduisit un programme de médiation annexé au tribunal. La médiation fut tout d'abord proposée dans les conflits civils classiques. Depuis 2002, il propose ce programme en matière familiale et, depuis le début de 2003, dans les affaires commerciales. Ce programme a tout d'abord été expérimental. Il a été présenté comme un programme destiné à rattraper le retard du tribunal. Depuis, il est devenu une procédure normale du tribunal.

Plusieurs autres tribunaux slovènes ont récemment suivi ce modèle. Aujourd'hui, quatre tribunaux de district, une cour d'appel et trois tribunaux du travail proposent des programmes de médiation.

Au même moment, la médiation extra judiciaire commence à se développer. Le livre blanc sur la médiation, préparé en 2008 par l'Association Slovène des Médiateurs expose le développement de la médiation dans des domaines variés.

III. BASES LÉGALES DE LA MÉDIATION

L'Acte de procédure civile (CPA) prévoit différents articles sur la possibilité de l'homologation par les tribunaux. Cependant, il n'y a pas d'article spécifique sur la médiation dans le CPA.

Jusqu'en 2008, il n'y avait pas de loi sur la médiation. En mai 2008, l'Acte sur la médiation en matières civiles et commerciales a été adopté. Le but de cette loi est de promouvoir l'usage de la médiation, mais pas d'en définir la procédure. Cet acte a transposé la directive (européenne) sur certains aspects de la médiation en matières civiles et commerciales dans la loi slovène. Il ne contient que des principes de base sur les procédures de médiation ; le reste est laissé aux mécanismes d'autorégulation.

IV. Le tribunal de district de Ljubljana et la procédure annexe du programme de médiation

Le tribunal de district de Ljubljana est le plus grand des onze tribunaux de district de Slovénie. C'est dans le droit de la famille que la médiation a le plus de succès, on y obtient 66% d'accords pour les cas traités par la médiation. Pour les affaires commerciales, la moitié des cas traités par la médiation arrivent à un accord, et dans les affaires civiles 33% y parviennent (ce sont les statistiques de 2008). Les statistiques montrent que le nombre de cas où les deux parties acceptent la médiation est en constante augmentation. Dans la plupart des cas l'accord est obtenu à la première ou à la deuxième séance de médiation.

En 2005, le programme de médiation du tribunal de district de Ljubljana a été évalué et revu par des experts hollandais qui participaient au « projet phare ». La même année, ce tribunal a pris part à la compétition pour le prix « balance de cristal de la justice », organisée par le Conseil de l'Europe et la Commission Européenne. 22 projets ont été retenus et 7 ont reçu un prix. Le projet slovène a fait partie des finalistes et a été montré en exemple.

V. Que fait le gouvernement slovène pour promouvoir la médiation ?

Autrefois, il n'y avait aucune loi pour imposer l'introduction de programmes de médiation dans les tribunaux. Cette introduction dépendait des présidents des tribunaux et de leur attitude face à la médiation. Les autorités ne s'étaient pas impliquées dans le développement de la médiation judiciaire. Ce développement n'était ni aidé ni freiné par les autorités. Maintenant, le développement et la promotion des MARC sont une des priorités du ministère de la Justice slovène.

En mars 2009, le conseil consultatif a été créé. Il a pour mission de donner son avis sur la politique de développement et de promotion des MARC au ministre de la Justice. Il comprend 16 experts.

S'appuyant sur l'expérience du tribunal de district de Ljubljana et d'autres tribunaux slovènes, le ministère a préparé une nouvelle loi concernant les MARC : elle oblige tous les tribunaux de première instance et les cours d'appel à proposer au moins un type de MARC aux parties dans les matières civiles, familiales, commerciales et dans les relations du travail.

Les caractéristiques de base de cette nouvelle loi sont les suivantes :

1) Tous les tribunaux de première instance et les cours d'appel devront proposer la médiation aux parties dans les matières civiles, familiales, commerciales et dans les relations du travail. Les tribunaux de première

instance auront 6 mois pour créer leurs procédures, et les cours d'appel 30 mois pour préparer les leurs. Les tribunaux de première instance peuvent s'appuyer sur l'expérience du tribunal de district de Ljubljana qui propose la médiation depuis presque 9 ans. La première cour d'appel cependant n'a mis en place les règles de procédures qu'en septembre 2009.

2) Les tribunaux peuvent proposer d'autres types de MARC aux parties.

3) Les tribunaux décident de leurs procédures : ils peuvent avoir soir des procédures de médiation judiciaire organisées par le tribunal, soit choisir des formules s'appuyant sur des intervenants extérieurs.

4) Il y aura des incitations et aussi des sanctions pour renforcer l'usage de la médiation. Par exemple, les tribunaux auront le droit de demander aux parties d'assister à une séance d'information sur la médiation. La séance d'information est explicitement mentionnée dans la directive sur certains aspects de la médiation en matières civiles et commerciales. En Slovénie, ces séances n'existaient pas jusqu'alors. Les tribunaux auront maintenant une base légale pour demander aux parties d'assister à ces séances. La médiation sera gratuite pour les parties en matière familiale et dans certains conflits du travail. Dans les autres conflits, sauf dans les affaires commerciales, les trois premières heures de médiation seront gratuites pour les parties. Les parties qui, sans motif valable, refusent de recourir à la médiation pourront supporter les dépens de la procédure civile quel que soit le résultat du procès.

5) Envoi en médiation : les affaires seront envoyées en médiation si les parties le proposent ou si le tribunal le décide après la tenue de la séance d'information ; les parties auront le droit de s'opposer à cette décision, ce qui annulera automatiquement la décision d'envoi en médiation.

6) La République de Slovénie en tant que partie à un conflit sera en principe tenue d'accepter la médiation.

7) Les parties qui profitent de la gratuité sont dès maintenant tenues de participer de bonne foi à la médiation si l'autre partie accepte la médiation.

Cette nouvelle loi sur les MARC dans les tribunaux, qui a été votée le 19 novembre 2009, apportera de grands changements dans le domaine des MARC en Slovénie.

3. Transposition de la Directive Européenne du 21 mai 2008

EN GRÈCE

Ioanna ANASTASSOPOULOU,
avocat, docteur d'État en droit, médiatrice agréée par CEDR

I. La médiation n'existe en tant que telle en Grèce que depuis très peu de temps. Toutefois, le code de procédure civile prévoit déjà dans ses articles 208, 209, 210 le rôle du juge conciliateur qui est le juge de paix. Le juge de paix est autorisé à intervenir en tant que conciliateur soit à son initiative soit à la demande des parties. Dans l'exercice de ses fonctions de conciliateur, le juge de paix n'est pas tenu par les règles de procédure ou la loi applicable, ce qui signifie que le juge de paix dans son rôle de conciliateur a une compétence générale indépendamment du montant du litige. Aucune sanction n'est prévue au cas où les parties intéressées ou le juge omettraient de se servir de cette possibilité de conciliation.

Par ailleurs la disposition de l'article 233 § 2 du code de procédure civile prévoit qu'à tout moment de la procédure, les juges de première instance, de grande instance et de la cour d'appel peuvent concilier toute affaire qui vient devant eux pour jugement. Aucune sanction n'est pourtant prévue si le juge omet d'agir ainsi.

En matière du droit social, selon l'article 667 du code de procédure civile, le juge est obligé d'essayer d'aider les parties à trouver une solution amiable au litige. Aucune sanction n'étant prévue, l'article reste rarement appliqué. Des règles dans le même sens s'appliquent aux affaires d'assurance de voiture pour les dégâts matériels (681 du code de procédure civile) et les litiges portant sur les attaques à la personnalité par publication dans la Presse, à la TV ou à la radio. Ces règles sont rarement appliquées.

L'intervention conciliatrice du juge en matière de responsabilité parentale et de communication avec les enfants, prévue à l'article 681c para 2, connaît beaucoup plus de succès, la raison étant sans doute que la non-application de cette règle produit une fin de non-recevoir.

II. Un cap important vers la médiation proprement dite a été franchi lors de l'introduction de l'article 214A du code de procédure civile qui a été mis en application à partir du 16 septembre 2000.

Cet article prévoit l'obligation pour les parties à tout litige de droit privé relevant de la compétence du tribunal de grande instance, d'un montant d'au moins 80.000 euros, de tenter la conciliation. En effet, ces litiges ne pourront être appelés à l'audience que si une tentative de conciliation a été réalisée. Cette conciliation est en principe mise en œuvre directement par les avocats des parties. Toutefois à la demande des parties un tiers peut être nommé pour les aider à trouver une solution au litige. La loi ne fait pas référence à ce tiers comme étant un médiateur. Ce tiers ne pourra être obligé d'attester en tant que témoin ou expert dans le cas où ce même litige est porté pour jugement devant les tribunaux. Si la conciliation se concrétise par un accord, un procès-verbal le constatant sera signé par les parties et le juge.

La loi reste silencieuse quant au déroulement de la médiation, laissant un maximum de souplesse aux parties et à leurs conseils. La seule exigence dans ce domaine est la présence obligatoire des conseils légaux.

La médiation doit avoir lieu dans les 10 jours suivant l'assignation et au moins 20 jours avant la date prévue de l'audience. Une partie a le droit de demander à la Cour de reporter la date d'audience si aucun accord n'a été trouvé durant le délai prévu ; la Cour doit toujours autoriser cet ajournement.

La loi ne dit rien des qualifications requises pour agir comme médiateur, ni du rôle que les avocats doivent jouer dans le processus amiable.

III. Enfin un projet de loi existe pas encore soumis au ministre de la Justice, portant application en Grèce de la Directive médiation.

Ce projet est novateur sur le plan européen étant donné qu'il prévoit la possibilité aux parties de rendre le contrat issu de la médiation exécutoire par simple insertion à un registre spécial tenu par le secrétariat du Tribunal de Grande Instance. Dans ce cas la présence des avocats-conseils des parties est obligatoire et le médiateur doit être non seulement agréé comme tel, mais également avocat inscrit au Barreau.

Au Portugal

Jaime OCTAVIO CARDONA FERREIRA,
ancien président de la Cour Suprême du Portugal

- La médiation n'a pas une fonction simplement privée, elle n'est non plus une simple technique pour réaliser des accords. Elle a une portée sociale, car elle tend à l'obtention de la paix pour les intéressés.

Aujourd'hui, la Justice repose sur le système judiciaire qui fait intervenir des juges, le parquet, des avocats, des fonctionnaires. Il repose sur l'impérium du juge, l'intérêt public. Il dépend de la compétence de l'État et répond au droit fondamental des citoyens d'avoir accès à la Justice (art. 20 de la Constitution de la République portugaise).

Or je pense que la Justice peut être rendue non seulement par l'institution judiciaire, mais aussi par d'autres moyens qui tendent à sa réalisation.

Tous ces systèmes doivent, non seulement coexister, mais, bien plus, se compléter en s'harmonisant. Aucun ne peut fonctionner pour lui – même, sans être rattaché au service des citoyens.

– La Proposition de Directive de l'Union Européenne sur la médiation, depuis 2004, a créé un grand espoir. Elle avait, en effet, une vision assez globale, comme il convenait et, à mon avis, cela pouvait être possible à la lumière du Droit Communautaire.

Néanmoins, l'analyse exégétique des textes l'a réduite aux litiges transfrontaliers.

Mais L'Union Européenne a eu le bon sens de souligner, notamment, que la Directive avait pour objectif de garantir un meilleur accès à la Justice et que rien ne devait empêcher les États membres de l'Union Européenne d'appliquer les dispositions de la Directive aux processus de médiation internes : ce sont les numéros cinq et huit de l'exposé des motifs. C'est la ligne d'orientation qui a prévalu au Portugal, et que nous défendons.

Sans attendre le 21 mai 2011, la transposition pour le Droit national portugais à été faite par la Loi vingt neuf/deux mille neuf, du 29 juin, en donnant au processus de médiation, une portée générale, notamment dans ses rapports avec l'institution judiciaire, même dans des cas sans portée transfrontalière. Quatre articles, d'une extrême importance, ont été ajoutés au Code de Procédure Civile, dans la définition des principes, et dans des termes pratiques.

- La loi a distingué deux situations possibles : avant le début d'un procès devant le Tribunal ; et pendant le procès.
- Avant, les intéressés peuvent faire appel à des systèmes de médiation ; le recours à la médiation suspend les délais de caducité et de prescription ; si un accord est obtenu, les intéressés peuvent demander l'homologation par un juge quel que soit le Tribunal compétent en raison de la matière ; l'homologation judiciaire a un caractère urgent. Le principe de la confidentialité de la médiation est accentué sauf en cas de circonstances exceptionnelles, notamment quand il s'agit de la protection de l'intégrité physique ou psychique de toute personne.
- Si le procès est en cours, à tout moment de la procédure, le juge peut décider d'envoyer l'affaire en médiation, en suspendant l'instance, sauf s'il y a opposition d'une des parties ;
- Par ailleurs, les parties elles-mêmes peuvent, conjointement, opter pour la médiation. Elles peuvent ensemble décider de suspendre l'instance pendant six mois, sans nécessité de recourir à une ordonnance judiciaire, en communiquant leur accord au Tribunal.
- Il faut encore noter que le code de procédure civile est applicable à toutes les causes « civiles », englobant le civil proprement dit, le commercial, le familial, la consommation, etc. La révision du Code de procédure du travail est en cours et l'on espère que les modifications faites dans le code de procédure civile pour la transposition de la Directive se retrouveront dans le Code du travail. D'ailleurs, les changements du code de procédure civile dus à la transposition de la Directive finissent par être, déjà, applicables devant les tribunaux du travail, parce qu'elles sont parfaitement compatibles avec la nature de la procédure du travail.
- Ainsi et en application des dispositions de la Constitution et de la législation ordinaire, qui donnent aux clients le droit d'être assistés par un avocat pendant les réunions de médiation, on pourra mettre en place les conditions qui – je l'espère ! - permettront, pour le bien des citoyens et de la Justice, un « mariage » heureux entre médiation et institution judiciaire, qui sera accepté par tous : magistrats, avocats et médiateurs.

4. L'institutionnalisation de la médiation judiciaire

FRANCE

La Cour d'appel de Paris

Jean-Claude MAGENDIE,
Premier président de la cour d'appel de Paris

Dans une société où le lien social est de plus en plus distendu, où l'on a de plus en plus recours à la justice, la médiation apparaît de manière de plus en plus prégnante dans le débat public.

Ainsi, vient d'être adoptée et publiée le 21 mai 2008 la directive 2008/52/CE du Parlement Européen et du Conseil sur certains aspects de la médiation en matière civile et commerciale. Son objectif est de faciliter l'accès à des procédures alternatives de résolution des litiges et de favoriser leur règlement amiable en encourageant le recours à la médiation et en garantissant une articulation satisfaisante entre la médiation et les procédures judiciaires. Il appartiendra donc à la France, en application de l'article 12 de cette directive, de la transposer avant le 21 mai 2011.

Déjà, la loi du 17 juin 2008 a modifié l'article 2238 du Code civil, disposant que la prescription, après la survenance d'un litige, est suspendue lorsque les parties conviennent de recourir à la médiation, et ce, à compter du jour de la première réunion de médiation.

Plus récemment encore, le 30 juin 2008 Monsieur le recteur Serge Guinchard, président du groupe de travail sur la répartition des contentieux civils des juridictions a remis pour le ministre de la Justice le rapport « l'ambition raisonnée d'une justice apaisée ». Ce rapport se réfère entre autres à la médiation en formant des préconisations pour en assurer « la montée en puissance ». Dans son allocution du même jour, le ministre de la Justice a déclaré « partager totalement la proposition de développer la médiation, notamment en matière familiale ».

Parallèlement, Monsieur Jean-Michel Darrois, avocat au barreau de Paris, s'est vu confier, par le président de la République, la présidence d'une commission de réflexion "tendant à réformer la profession d'avocat avec, comme objectif, la création d'une grande profession du droit", la lettre de mission exposant notamment que "le recours aux modes alternatifs de règlement des différends en matière commerciale ou familiale s'impose peu à peu comme un mode pacifié des règlements des litiges dans lequel l'assistance d'un conseil conduit à redéfinir ses missions".

Enfin, dans le cadre de la Révision générale des politiques publiques (RGPP), le Président de la République, a annoncé le 11 juin 2008 différentes mesures parmi lesquelles le développement de la médiation en cas de litige.

Il existe ainsi une véritable volonté politique de donner une impulsion significative au développement de la médiation.

Mais déjà, Monsieur Jacques Chirac, alors Président de la République, lors d'un colloque en février 1998 à la Sorbonne appelait de ses vœux le développement de la médiation, notamment judiciaire, qui a été instituée par la loi du 8 février 1995.

D'ores et déjà, de nombreuses initiatives individuelles et en particulier de responsables de juridictions ont été prises pour rendre effective la médiation judiciaire, tentant de convaincre les juges de recourir à ce mode alternatif de règlement des conflits en les sensibilisant à cette technique particulière, et pour organiser la constitution d'une liste de médiateurs présentant des qualités adéquates.

De nombreux barreaux, comme celui de Paris, des universités, des organismes professionnels se sont investis pour promouvoir ou rendre effective la médiation.

Ainsi, dès 1998 le barreau de Paris, en concertation avec les magistrats, a mis en place une formation à la médiation, s'adressant essentiellement aux avocats en partenariat avec l'Institut Catholique : création de l'IFOMENE (institution de formation à la médiation et à la négociation).

La Chambre de commerce et d'industrie de Paris et son centre de médiation et d'arbitrage de Paris (CMAP), le centre d'études de modes alternatifs de règlement de l'Université de Paris 2 (CEMARC), le centre de formation permanente de Paris 2 dispensent également des formations à la médiation.

A un niveau national, le Conseil national des barreaux (CNB) veille au développement de la médiation de manière harmonieuse sur toute la France.

Avec ces mêmes partenaires, et pour garantir aux prescripteurs des médiations judiciaires et conventionnelles la sécurité du processus de médiation et la fiabilité des accords, l'ordre des avocats de Paris a créé une structure d'encadrement de ses médiateurs qui s'appelle l'Association des médiateurs européens (AME).

Des magistrats ont également pris l'initiative de créer le Groupement européen des magistrats pour la médiation (GEMME) qui offre aux magistrats des formations soit pour leur mission de conciliation, soit pour leur mission de prescripteur de médiation contribuant à la qualité de la formation des médiateurs tant sur le plan déontologique que méthodique tout en veillant à l'harmonisation des pratiques.

Par ailleurs, un arrêté conjoint du garde des sceaux et de la ministre chargée de la famille du 6 novembre 2001 a institué pour trois ans un conseil national consultatif de la médiation familiale qui a notamment donné une définition de la médiation familiale.

Ainsi, plus de 300 services de médiation familiale adhèrent aujourd'hui à la Fédération nationale de la Médiation familiale (FENAMEF). L'Association pour la médiation familiale (APMF) créée en 1988 représente quant à elle plus de 600 médiateurs familiaux. De son côté, l'Association nationale des médiateurs (ANM) regroupe des médiateurs issus des divers horizons.

De ces différentes expériences, il ressort un certain nombre d'acquis en matière de médiation.

Chacun a en effet désormais conscience de l'importance d'une rigueur terminologique, de la nécessité d'une définition claire et précise de la médiation : "bien nommer, c'est bien faire". La médiation est un processus et non une procédure. Elle suppose une véritable liberté des parties pour nouer ou renouer un lien entre elles avec l'aide d'un tiers neutre, impartial, ne dépendant d'aucune autorité et sans pouvoir de décision.

En effet, certaines personnes qui se proclament médiateurs, ce terme étant particulièrement valorisant, participent en réalité à des expériences de conciliation ou de défense des droits de certaines catégories de la population, ce qui est d'ailleurs tout aussi honorable. En outre, la médiation, selon les domaines, se voit conférer une définition différente.

Tout ceci a pour conséquence de créer une confusion entre les notions d'arbitrage, de conciliation, de négociation, qui pour certains pionniers de la médiation expliquerait l'absence de développement de cette dernière dans les pratiques judiciaires.

Lors du séminaire européen « médiation sociale et nouveaux modes de résolution des conflits de la vie quotidienne » organisé à Créteil en septembre 2000 dans le cadre d'une présidence française de l'Union Européenne, la médiation a été définie comme un processus de création et de réparation du lien social et de règlement des conflits de la vie quotidienne dans lequel un tiers impartial et indépendant tente à travers l'organisation d'échanges entre les personnes ou les institutions de les aider à améliorer une relation ou à régler un conflit qui les oppose.

La médiation judiciaire, selon la définition du GEMME, consiste à confier à un tiers impartial, qualifié et sans pouvoir de décision sur le fond, "le médiateur", la mission d'entendre les parties en conflit et de confronter leurs points de vue au cours d'entretiens, contradictoires ou non, afin de les aider à rétablir une communication et à trouver elles-mêmes des accords mutuellement acceptables.

Sa réussite suppose également une prise de conscience de l'unité fondamentale de la médiation qui est issue de la société civile. Ne pas couper la médiation judiciaire de la médiation civile conventionnelle est un impératif.

Ont également émergé l'exigence de principes déontologiques et la nécessité d'une formation des médiateurs.

S'il apparaît nécessaire pour assurer le développement de la médiation de la structurer a minima : les initiatives individuelles ayant trouvé leurs limites ; en revanche, il serait contre-productif de la rigidifier et de l'enfermer dans une codification. Ce mode alternatif de règlement des litiges, où l'équité a toute sa place, ne peut être assimilé à une procédure dès lors que l'aspect informel de la médiation doit être préservé pour en sauvegarder sa spécificité : à savoir la souplesse et l'adaptabilité de cette mesure.

Le respect de ces acquis est le gage de réussite de la médiation et c'est sur ce socle que le groupe de travail pluridisciplinaire que j'ai créé en février 2008, et dont le rapport a été présenté le 15 octobre 2008 (accessible sur le site internet de la cour d'appel), s'est appuyé pour former ses propositions en vue de la structurer tout en respectant son essence de liberté.

Dans ce contexte, le groupe de travail a orienté ses travaux comme suit :

Tout d'abord, il a été dressé un état des lieux aussi bien des textes que de la pratique, suivi d'un bilan, l'objectif étant de comprendre les raisons de l'échec relatif de la médiation judiciaire.

Il a semblé de bonne méthode de procéder à une observation de l'existant avant de faire des propositions.

Ensuite il a été convenu d'examiner plus particulièrement un champ de la médiation (la médiation familiale) qui a semblé un terrain d'observation plus privilégié s'agissant d'un domaine où les pratiques judiciaires sont les plus avancées ; et d'en tirer les enseignements.

Puis une séance a été consacrée au médiateur, abordant les questions sensibles de sa formation, de sa déontologie, des conditions de sa désignation ; les réponses à ces questions conditionnant la confiance qu'il doit inspirer aux parties, gage de réussite de la médiation.

Sur la base de ces constats, le groupe de travail s'est attaché à formuler des préconisations en matière de formation, de désignation, de déontologie, d'organisation, de processus et de structure.

Les principales préconisations sont les suivantes :

- Une clarification terminologique de la médiation et de la conciliation.
- La généralisation du pouvoir du juge d'enjoindre aux parties de s'informer sur la médiation (avec pour sanction en cas de refus de

s'informer de ne pouvoir prétendre au bénéfice de l'article 700 du ncpc) avec en parallèle des permanences de médiateurs dans les juridictions.

- promouvoir l'élaboration de protocoles et de contrats d'objectifs au niveau des juridictions avec les instances ordinales concernées,
- développer les sessions de sensibilisation et de formation à la médiation des magistrats, avocats et greffes,
- inciter financièrement les parties et les avocats à recourir à la médiation par :
  - l'octroi d'unités de valeur supplémentaires en matière d'aide juridictionnelle,
  - le renforcement des dépens,
  - la possibilité de souscrire des assurances défense recours prenant en compte la médiation,
  - une TVA réduite à 5, 50 % sur les honoraires et émoluments des conseils et sur la rémunération des médiateurs,
- institutionnaliser les structures de médiation dans les juridictions (outre, la participation des magistrats honoraires), et dans les instances ordinales (avocats et avoués référents), créer un véritable service de médiation figurant dans l'ordonnance de roulement (désignation de chambres pilotes, de magistrats référents fixations de conférences ou d'audiences spéciales),
- prévoir un suivi statistique des médiations, y compris au niveau national,
- assurer une évaluation qualitative les médiations,
- Création d'une commission pluridisciplinaire de médiation de la cour d'appel avec pour fonctions notamment d'établir une liste des médiateurs par ressort de Cour d'appel, à diffusion nationale, et de promouvoir et superviser la pratique de la médiation dans le ressort de la cour.

Par ailleurs, le groupe de travail a élaboré une charte des médiateurs posant les principes garants de la médiation judiciaire ainsi que les règles du processus de médiation.

La médiation est un enjeu majeur de notre société dans la mesure où elle peut être source d'harmonie et de paix sociale dans un monde de plus en plus individualiste et conflictuel.

Mais elle présente également un risque ; elle ne doit pas devenir l'instrument d'une justice communautariste renversant nos valeurs essentielles.

Dans une société démocratique, le juge doit conserver son rôle essentiel de garant des libertés individuelles et des règles d'ordre public.

Le risque est réel si l'on retient les propos attribués au président de la Haute Cour d'Angleterre et du Pays de Galles, Lord Phillips of Worth Matravers :

« il n'y a pas de raisons pour lesquelles les principes de la charia, ou de tout autre code religieux, ne pourraient pas être le fondement d'une médiation ou d'autres formes alternatives de résolution des conflits » (le Figaro- 4 juillet 2008).

Un autre risque mis en évidence par Monsieur Ivan Zakine (président de chambre honoraire de la Cour de cassation et conseiller du CMAP), est de la présenter comme un moyen de lutter contre les lenteurs et l'encombrement de la justice, avec pour réaction une réticence des juges, alors que la plus grande vertu de la médiation est de contribuer à l'apaisement des tensions, en un mot d'être facteur de paix sociale.

La médiation ne doit pas être considérée comme une déjudiciarisation ou une volonté masquée de se débarrasser d'une partie du contentieux. C'est un mode alternatif et non un substitutif. Elle répond à un besoin de diversification des modes d'intervention du juge et du règlement des conflits dans le cadre d'une justice apaisée, plus douce, mais à elle seule, elle ne saurait en aucun cas répondre à tous les défis actuels posés par la justice et notamment être considérée comme la solution idéale à la défaillance de la justice dans son adaptation à la complexification des échanges sociaux.

L'ampleur de ces enjeux et le foisonnement des initiatives tant en médiation conventionnelle qu'en médiation judiciaire posent la question de l'opportunité de réactiver la proposition de Monsieur Jacques Floch, ancien secrétaire d'État et ancien député, de créer un observatoire national de la médiation.

FRANCE

La médiation dans les conflits individuels du travail devant la cour d'appel de Grenoble

Béatrice BRENNEUR,
président de chambre honoraire,
fondatrice et vice-présidente
du Groupement européen des magistrats pour la médiation (GEMME)

Peu d'expériences de médiation ont été menées par les juges en matière prud'homale. La pratique de la chambre sociale de Grenoble entre 1996 et 2005 est la plus significative. Elle a ordonné plus de 1000 médiations avec un taux d'accords de plus de 75%. 8% du contentieux total de la chambre a été ainsi définitivement réglé.

La médiation s'effectue sous le contrôle du juge qui n'est pas dessaisi de l'affaire.

1) Le juge trie le contentieux relevant de la médiation

A Grenoble, les dossiers ont été triés et la médiation a été proposée dans environ 20 % du contentieux. C'est dire que dans 80 % des cas, les juges ont estimé qu'il n'y avait pas lieu de recourir à cette mesure. La médiation n'est donc pas la panacée.

Une <u>cellule de tri des dossiers</u> a été mise en place et les dossiers sont examinés dès leur arrivée dans le service pour ne pas perdre de temps.

Les affaires choisies pour aller en médiation doivent répondre à certains <u>critères</u> :

- L'ancienneté du salarié : Le licenciement n'a pas le même impact pour celui qui a 30 ans dans l'entreprise ou celui qui n'a que 6 mois d'ancienneté.
- Les conflits familiaux : Le licenciement d'un frère ou d'une sœur ou d'un enfant a un impact affectif très fort et le litige n'est quasiment jamais circonscrit au conflit du travail. Il doit donc être examiné de manière plus globale.
- Liens à préserver (contrat de travail en cours ou salarié porteur de parts de la société).

2) Le juge informe sur ce qu'est la médiation

L'information peut être faite systématiquement ou individuellement à tout moment. Elle peut être faite plus particulièrement pendant la phase d'instruction du dossier, soit :

1 – par une lettre ou note d'information envoyée aux parties. La pratique démontre que les parties n'y répondent pas.

2 - un questionnaire pour faire réfléchir à l'intérêt d'une médiation.

3) Le juge propose la médiation

Lors des audiences spécifiques « de proposition de médiation » organisées par la chambre sociale de Grenoble, 40 dossiers étaient enrôlés par audience. Les parties y étaient convoquées en personne avec leurs avocats. La lettre de convocation indiquait expressément que leur présence était indispensable. Des médiateurs assistaient à l'audience à côté du juge.

Le juge expliquait aux parties ce qu'est la médiation et pourquoi cette mesure leur était proposée. Lorsque les parties hésitaient ou souhaitaient plus d'explications, les médiateurs présents se retiraient avec ceux qui en faisaient la demande, dans des pièces prévues à cet effet, pour leur donner toutes les informations.

La mesure est acceptée dans environ 50 % des cas.

4) Le juge homologue l'accord

À l'issue de la médiation, si celle-ci n'a pas débouché sur un accord, le juge est tenu de juger l'affaire.

Si la médiation a débouché sur un accord, l'affaire revient en tout état de cause devant le juge pour qu'il constate le désistement d'instance.

Les parties peuvent également, si elles le souhaitent, faire homologuer leur accord (article 131-12 du CPC), ce qui lui conférera une force exécutoire.

Lors de l'homologation de l'accord, le juge exerce un contrôle succinct. Il doit s'assurer que l'accord ne heurte pas des dispositions d'ordre public, qu'il ne contient pas de fraude à la loi ou de fraude aux droits des tiers. Sur les 700 accords dont il a été demandé l'homologation à Grenoble, un seul contenait une fraude aux droits des tiers.

Le juge doit aussi s'assurer que la mise en application de l'accord est aisée et que celui-ci ne contient pas de conditions potestatives ou hypothétiques.

Le juge doit également vérifier que les parties adhèrent à leur accord et qu'il n'a pas été conclu en méconnaissance de leurs droits.

La médiation doit être menée en respect de l'article 6 de la convention européenne des droits de l'homme et ne pas faire échec au droit pour chacun d'avoir un procès équitable.

À notre avis, le juge n'a pas à vérifier le contenu de l'accord et l'existence de concessions réciproques, à moins que les parties n'aient décidé de donner à l'accord la forme spécifique d'une transaction.

L'accord de médiation

Alors que la solution apportée au litige par l'application des règles de droit est rigide, celle trouvée en médiation est souple, innovante et pragmatique et ainsi mieux adaptée à l'intérêt de chacune des parties.

Il est arrivé en médiation que l'employeur réintègre le salarié ou l'aide à retrouver du travail en faisant jouer ses relations ou même finance une société de recrutement.

Dans une affaire, un salarié, licencié pour avoir détourné la clientèle de l'employeur, a, en médiation, abandonné ses demandes indemnitaires pour racheter l'entreprise de l'employeur. L'accord permettait au salarié d'acquérir régulièrement la clientèle et à l'employeur, qui voulait partir à la retraite, de trouver un acquéreur. Les intérêts des deux parties étaient sauvegardés.

70 à 80 % des médiations aboutissent à des accords « gagnants gagnants » qui sont exécutés spontanément, parce qu'acceptés.

Les parties peuvent à leur choix rédiger une transaction de l'article 2044 du Code civil ou un protocole d'accord informel.

PAYS-BAS

Institutionnalisation de la médiation judiciaire

Machteld PEL,
juge à la cour d'appel à Arnhem, Pays-Bas,
directeur du bureau de la médiation judiciaire aux Pays-Bas

Depuis quelques années le système judiciaire aux Pays-Bas a subi des changements profonds et importants. La tâche du juge a changé et en même temps les audiences sont devenues plus importantes qu'avant. Depuis longtemps le juge néerlandais a une pratique de la conciliation judiciaire. C'est tout à fait normal pour les avocats et les parties d'être confrontés avec la question posée par le juge s'il est préférable de régler le différend par un compromis pendant la session ou d'attendre le jugement. Le juge peut promouvoir la conciliation, par exemple en demandant s'il est vraiment nécessaire de recourir au jugement en considération des coûts, de la perte de temps et du stress.

Depuis dix ans la médiation judiciaire est ajoutée au choix des juges, des parties et de leurs avocats pour finir la procédure. Maintenant ils peuvent choisir entre la décision (jugement), la conciliation et la médiation. Cela veut dire qu'il faut décider ensemble si le cas demande une vraie solution du conflit qui est la source de la procédure ou si un compromis est suffisant pour finir le combat.

Pour pourvoir être capable de faire ce choix il faut avoir des connaissances et des techniques d'interrogation et d'information. Pour cette raison une formation a été développée où les juges sont formés dans le domaine des conflits et des litiges et leurs différences. Mme Pel a – en collaboration avec d'autres juges et des professeurs de psychologie - développé une système de diagnostic du litige : est-ce qu'il est question d'un problème purement juridique ou est-ce qu'il est question d'un vrai conflit ou un mélange des deux.

Dans la formation de base des juges néerlandais est intégrée maintenant cette formation théorique et pratique sur le choix de la méthode la plus efficace pour finir le litige. Le but est de le finir d'une manière définitive et satisfaisante de sorte que les parties soient vraiment contentes et ne poursuivent pas leurs différends ou conflits par ailleurs ou dans un prochain litige.

Il y a eu beaucoup de recherches et des projets pilotes pour savoir quelle méthode est la plus efficace dans des différents litiges et pour établir une pratique stable et fiable. On connait maintenant aussi la motivation la plus efficace pour les trois méthodes de finir un litige. De ce qui précède on peut conclure qu'il est très important que les juges qui font les propositions pour une des trois manières de finir le litige sachent très bien ce que c'est la médiation, quelle en sont les méthodes, quelles techniques particulières sont indispensables pour la médiation. En outre, il est très important qu'ils soient capables d'examiner avec les parties et leurs avocats lors de l'audience si l'affaire en question se prête à la médiation. Ils doivent donc être à même non seulement de bien expliquer ce qu'est la médiation, mais aussi de répondre aux questions posées par les parties et les avocats et de savoir réagir aux réticences possibles de la part des parties et des avocats. Cela est d'autant plus important que près de 50 % des affaires civiles aboutissent à une conciliation. L'objectif du choix est maintenant non pas de réduire le nombre des conciliations, mais de faire le choix le plus efficace. C'est donc la tâche du juge de savoir expliquer la différence entre la conciliation menée par le juge et la médiation.

ROYAUME-UNI

La médiation dans les « small claims »[3] en Angleterre et au Pays de Galles

Jeremy TAGG,
Head of ADR Policy, Her Majesty's Courts service

Tandis que le système de justice civile a toujours travaillé en suivant le principe que l'action en dernier ressort revient toujours aux tribunaux, la médiation n'a réellement commencé à être utilisée en Angleterre et au Pays de Galles qu'il y a environ vingt ans dans les affaires civiles et commerciales par la résolution de conflits commerciaux importants. Cependant, il n'y a que dix ans que la médiation a commencé à être utilisée par les tribunaux dans les affaires civiles et commerciales (la médiation pour les divorces et les affaires familiales a commencé dans les années 70 dans les tribunaux et hors des tribunaux). La révision du système de justice civile faite par Lord Woolf, et ses Rapports sur l'*Accès à la Justice* de 1995 et 1996 indiquent un changement dans les procédures des tribunaux s'occupant des affaires civiles. Ces changements donnent aux tribunaux le rôle d'informer les parties sur les moyens alternatifs de résolution des conflits (ADR) et de les encourager à les utiliser dans les cas appropriés.

Ces changements ont été inscrits formellement dans la procédure des tribunaux par les Réformes de la Justice Civile de 1999. Le Code de Procédure Civile (CPR) qui en découle commande les pratiques et procédures à suivre dans les Chambres Civiles des Cours d'Appel, de la Haute Cour, et des tribunaux de province.

Le CPR est un code de procédure dont l'objectif prioritaire est de permettre aux tribunaux de traiter les affaires avec justice. Un des aspects de cet objectif prioritaire amène le tribunal à conduire l'affaire activement, ce qui inclue : *d'encourager les parties à utiliser une procédure alternative de résolution des conflits, si le tribunal trouve que c'est approprié et que cette procédure facilitera leur tâche.*

Le CPR présente les facteurs dont il faut tenir compte pour décider du montant des frais de justice à payer : le tribunal doit regarder *les efforts effectués, s'il y en a eu, avant et pendant la procédure pour essayer de résoudre le conflit* : en conséquence, si la partie gagnante a préalablement refusé une offre raisonnable de médiation, le juge peut dispenser le perdant de rembourser ses dépens à la partie gagnante.

[3] Litiges de faible importance.

Donc, le CPR ordonne aux personnels des tribunaux et aux juges d'encourager et de faciliter l'usage de la médiation civile.

FACILITER L'USAGE DE LA MÉDIATION PAR LES TRIBUNAUX

Pour comprendre le développement de la médiation dans les tribunaux en Angleterre et au Pays de Galles, il est nécessaire de savoir comment les affaires sont gérées par les tribunaux.

Toutes les plaintes déposées et devant être soutenues sont triées en fonction des sommes demandées et de leur complexité, puis orientées dans une de ces trois directions :

1. Les affaires de moins de 5000£ sont envoyées dans le circuit des *petites affaires* - Les parties n'ont en général pas d'avocat ; les audiences sont informelles et sont tenues dans la chambre du conseil ; elles ne durent habituellement pas plus de 90minutes.

2. Les affaires comprises entre 5000£ et 25000£ sont envoyées dans le *circuit rapide* ; les parties sont habituellement représentées ; les audiences sont publiques et plus solennelles et durent souvent une journée.

3. Les affaires de plus de 25000£, ou celles dont la nature est plus complexe sont envoyées dans le circuit *voies multiples* ; les parties sont représentées et les audiences durent plus d'une journée.

Service de médiation pour les circuits rapides et chemins multiples

Quand la médiation ordonnée par les tribunaux a commencé à être introduite dans les tribunaux des grands centres, elle a été ciblée sur les affaires des circuits rapides et voies multiples, pour lesquelles les parties sont en général représentées et dont les dépens ont des chances d'être importants.

Suivant en cela de nombreux modèles élaborés par de grands tribunaux, le Centre national d'aide à la médiation (National Mediation Helpline) a été créé en 2004 pour fournir un service accessible à toute l'Angleterre et au Pays de Galles, que les parties peuvent contacter directement, ou sur injonction du tribunal. Au cours des deux années 2007 et 2008, les médiateurs de ce Centre ont fait 1459 médiations avec un taux d'accord de 66%.

Le Service de médiation des petites affaires

La grande majorité des audiences des tribunaux est faite de petites affaires de moins de 5000£. Le coût d'une décision dans une petite affaire pouvant être de 25£, il n'est pas réaliste d'espérer que les utilisateurs payent pour aller en médiation. Cependant, il est certain que beaucoup de conflits arrivant dans le circuit des petites affaires pourraient être réglées avant l'audience.

Les services de Justice de Sa Majesté ont conduit et évalué en 2005/06 de nombreux services d'ADR –pour petites les affaires – gratuits pour les utilisateurs. Le service de médiation dans les locaux du tribunal du Comté de Manchester fut le plus efficace, montrant les hauts pourcentages d'accords et de satisfaction des utilisateurs. En conséquence, en 2007/08, il fut étendu à l'Angleterre et au Pays de Galles, si bien que maintenant ces deux pays peuvent utiliser le Service de médiation des petites affaires. Bien qu'en œuvre depuis à peine plus d'un an, il est déjà bien établi. Au cours des 12 mois se terminant fin juillet 2009, les médiateurs ont réalisé environ 10.000 médiations (avec un taux d'accord de 73%), nous avons eu environ 5000 réponses au questionnaire de satisfaction, 98% sont satisfaits ou très satisfaits du professionnalisme et de l'aide apportée par les médiateurs, 95% disant qu'ils emploieraient à nouveau ce service.

Ce service est entièrement volontaire. Les parties sont invitées à utiliser ce service en cochant une case sur le formulaire du tribunal. Quand les deux parties désirent utiliser ce service, et/ou que le juge estime que c'est opportun, l'affaire est envoyée au Service de médiation des petites affaires, les parties sont invitées à contacter le médiateur par téléphone ou par courriel pour prévoir une réunion de médiation au moment qui convient à tous les intéressés.

Le rendez-vous peut-être prévu soit au tribunal pour une réunion en face à face, soit un rendez-vous téléphonique. La majorité (95%) se fait maintenant par téléphone, ce qui entra îne que personne ne vient au tribunal, ce qui économise du temps et de l'argent. Habituellement une médiation peut être organisée en 5 à 6 semaines, ce qui est plus rapide que pour les audiences qui se font après 13 à 14 semaines. Si l'affaire n'est pas réglée en médiation, elle continue son chemin vers l'audience devant le juge. Cependant, la majorité des affaires conduisent à un accord en médiation, libérant du temps à la Justice lui permettant de s'occuper d'autres questions.

ROYAUME-UNI

Le système ACAS

Ruben MURDANAIGUM,
Principal Solicitor, Notary Public, LLB, (Edinburgh)

GEMME a été créé par Béatrice Brenneur et Éric Battistoni, deux éminents membres des Magistratures française et belge qui avaient réalisé que la pure application de la loi ne conduit pas nécessairement à un fonctionnement harmonieux des différentes sociétés et communautés entre lesquelles elles interagissent.

L'EXPÉRIENCE ACAS

ACAS signifie service de consultation, de conciliation et d'arbitrage (Advisory, Conciliation and arbitration Service).

Cette expérience s'applique uniquement au droit social, et à aucun autre aspect de la loi du Royaume-Uni.

ACAS est une création du Royaume-Uni, fonctionnant en Angleterre, au Pays de Galles, en Irlande du Nord et en Écosse.

ACAS est classé parmi les "QUANGO". Un QUANGO est un organisme gouvernemental quasiment autonome. Bien que financé par le gouvernement, il agit indépendamment de lui.

ACAS, cependant, est un corps indépendant, ne faisant pas partie de l'administration, financé par des fonds publics, qui cherche à garder ses distances avec le gouvernement du Royaume-Uni. Ses membres comprennent (généralement des ex) employeurs et représentants syndicaux, travaillant sous la houlette d'un président indépendant.

Historique

ACAS remonte à 1896, date à laquelle le gouvernement britannique a mis en place un service volontaire de conciliation et d'arbitrage. Il donnait des avis gratuits aux employeurs et aux syndicats sur les relations dans l'industrie et les problèmes de personnel. Il était dirigé par un conseil indépendant.

Le mot "Advisory" (consultatif) a été ajouté en 1975 pour refléter l'ensemble des services offerts. Il a reçu un statut en 1976 et reçoit ses fonds du gouvernement du Royaume-Uni.

Le changement le plus important de ses fonctions est intervenu le 6 avril 2009 quand il a étendu ses services d'assistance et publié un nouveau code de pratique pour les procédures disciplinaires et prud'homales.

L'objectif principal d'ACAS est d'aider les entreprises en prévenant les problèmes avant qu'ils ne prennent de l'importance. Son maître mot est "mieux vaut prévenir que guérir".

L'ACAS donne des conseils à ceux qui l'appellent sur sa ligne téléphonique d'assistance et fait la promotion des bonnes pratiques dans les stages de formation qu'il organise. Il travaille avec les sociétés privées, en partenariat employeurs/employés/syndicats pour trouver des solutions durables sur les lieux de travail.

Il recherche par la conciliation, l'arbitrage et la médiation à prévenir et à résoudre les conflits entre les employeurs et leurs forces de travail ; à organiser conciliation et médiation collective dans les conflits entre les syndicats et les employeurs et dans les questions de salaires et de conditions de travail.

Le Code de pratique d'ACAS

Le Code de pratiques d'ACAS pour les affaires disciplinaires et les affaires prud'homales qui s'applique à la structure de résolution des conflits qui se passent sur le lieu de travail, a été mis en œuvre le 6 avril 2009. Ce Code est un guide pratique à l'usage des employeurs, des employés et de leurs représentants. Il indique les principes à suivre pour gérer les questions disciplinaires et les situations conflictuelles sur le lieu du travail.

Ne pas suivre ce code n'entraine pas en soi une poursuite devant les tribunaux. Cependant, les tribunaux du travail tiendront compte du code au moment de juger l'affaire.

Les tribunaux pourront aussi augmenter de 25% les indemnités des parties s'il n'y a pas de raison valable de n'avoir pas suivi le code.

L'« Employment Act 2008 » édicte que "s'il apparaît au tribunal du travail que l'employeur n'a pas suivi le code et que ce non-respect n'avait pas de raison valable, le tribunal peut, s'il considère que c'est juste et équitable dans les circonstances du litige d'agir ainsi, augmenter les dommages-intérêts donnés au salarié jusqu'à 25%."

L'acte édicte aussi que dans les mêmes circonstances imputables au salarié le tribunal peut diminuer les dommages-intérêts donnés au salarié jusqu'à 25%.

Le code met la médiation très en avant. Il rappelle aux personnes concernées de suivre les guides et encourage la médiation. Il informe les sociétés et les individus sur la médiation.

Il permet aux conflits d'être traités beaucoup plus rapidement grâce à la médiation. D'où le dicton "il vaut mieux prévenir que guérir".

Le code met en exergue les cinq points clé pour les bonnes pratiques :

(1) les questions doivent être soulevées et traitées rapidement,

(2) les parties doivent agir systématiquement,

(3) les employeurs doivent mener les enquêtes nécessaires pour établir les faits,

(4) les employeurs doivent informer les salariés du fond du problème et leur permettre de présenter leur défense,

(5) les salariés doivent être autorisés à être accompagnés à une réunion disciplinaire ou prud'homale.

On attend de ce code qu'il permette aux parties de s'accorder sur leurs différences à un stade précoce, et par là d'éviter d'être obligés de se faire un procès.

Si les parties n'arrivent pas à un accord par la médiation, la meilleure solution pour elles sera de faire un procès. Et même à ce moment-là, pour éviter le tribunal, des dispositions statutaires permettent aux parties de retourner vers l'ACAS, avant et pendant les différentes étapes de la procédure judiciaire.

Le code de pratiques est une formule de résolution des conflits qui correspond à tous les individus, aussi bien employeur que salarié. Ce code présente les règles de base minimales pour que les deux parties résolvent le conflit sur le lieu du travail.

CONCLUSION

Ceci n'est que le survol des activités d'un corps qui est très dynamique, dans notre système judiciaire.

On a dit que les avocats dans leur pratique privée ne veulent pas utiliser les ADR. Ils craignent une baisse de leurs revenus. Dans la mesure de nos travaux avec l'ACAS, l'expérience a été positive. Les avocats des employeurs et des salariés en rapport avec l'ACAS ont tous participé à la médiation faite par les agents d'ACAS.

L'ACAS contacte toujours les parties en passant par leurs avocats. Chaque pas effectué l'est avec les avocats. Il n'y a eu aucune raison de leur enlever du travail. L'ACAS, les employeurs, les salariés et leurs avocats respectifs jouent une part très active dans le processus de médiation.

Si une affaire est inscrite au tribunal du travail, la demande est transmise aussitôt à l'ACAS, et l'un de ses conciliateurs contacte les parties ou leurs représentants pour discuter de l'affaire et explorer les voies d'un accord possible. Il n'y a pas de limite de temps pour que l'ACAS fasse une médiation entre les parties, à partir du moment où l'affaire a été enrôlée au tribunal.

L'ACAS peut être aussi engagé dans la résolution de l'affaire avant son enrôlement au tribunal. C'est par exemple le cas d'un salarié qui désire porter plainte contre son employeur. L'ACAS va alors faire une médiation entre les parties et, si un accord est obtenu, cette affaire ne pourra plus être portée devant un tribunal. L'ACAS apparait comme une incarnation de la souplesse, remplaçant la rigidité.

Les sociétés évoluent et changent. Les principes qui circulent à travers GEMME et la CIMJ font leur chemin. Ceux qui y sont engagés sont des voyageurs du temps. Je suis heureux d'en faire partie.

Quand Béatrice Brenneur et Éric Battistoni débutèrent GEMME et maintenant continuent avec la CIMJ, ces paroles de Gandhi se sont sûrement appliqués à eux :"ils commenceront par vous ignorer, puis ils riront de vous, puis ils se battront contre vous, et puis vous gagnerez".

Comme nous le dit Robert Stevenson, il vaut mieux voyager avec espoir que d'arriver.

Dans le cas de la CIMJ, les organisateurs ont construit un vaisseau qui permet à ses membres de voyager pleins d'espoir. Ce sera un voyage dans le temps et l'espace. On ne sait pas s'il y aura une arrivée. Il y a eu un embarquement. Il y a de l'espoir, donc en avant !

5. Pratiques individuelles de médiation et de conciliation

BULGARIE

L'enthousiasme, est-ce assez pour faire la promotion de la médiation ?

Evgeni GEORGIEV,
Juge à la Sofia Trial Court

INTRODUCTION

Il y a plusieurs années, quelques juges de la Cour régionale de Sofia ont décidé d'utiliser les techniques de médiation dans leur travail quotidien à la cour. Ils n'étaient pas les premiers juges bulgares impliqués dans des projets de médiation, mais ils étaient peut-être les premiers à mettre sur pied un programme complet de médiation judiciaire dans une cour. J'aimerais vous raconter leur histoire.

Un peu d'histoire

Depuis les années 1990, et plus particulièrement depuis le début de l'année 2000, USAID et ABA CEELI ont investi d'importantes sommes d'argent et se sont lancés dans la promotion de la médiation en Bulgarie. Le résultat de leurs efforts a permis que le ministère de la Justice dispose maintenant d'environ 600 médiateurs bien entraînés, membres de l'Association nationale des médiateurs, de plusieurs organisations de médiateurs très actives et de quelques centres de médiation à travers le pays. Deux livres et une douzaine d'articles sur la médiation ont été écrits. De plus, quelques tribunaux ont tenté de développer un programme de référence en médiation (lequel a été un succès tant qu'il y a eu du financement). Malgré tous ces efforts, il n'y a toujours pas de demande importante pour la médiation. Si cette demande existait, le fait de pouvoir y satisfaire réduirait considérablement les retards des tribunaux, ce qui aurait pour effet d'améliorer le système de justice civile.

En 2007, trois juges de la Cour régionale de Sofia ont commencé à utiliser les techniques de médiation en se soumettant mutuellement les dossiers pour faire la promotion de la médiation. Les résultats n'ont pas été très encourageants : il y a eu cinq cas envoyés en médiation sur une période d'un an et trois d'entre eux ont été réglés. La raison était bien simple, aucun des juges n'avait un entraînement particulier en médiation.

Le développement

Au printemps 2008, ces trois juges ont décidé de trouver des fonds afin de pouvoir inviter deux experts du programme en négociation de la Faculté de droit de Harvard afin qu'ils entraînent à la médiation quinze juges de première instance de la Cour de Bulgarie. Unissant leurs efforts à ceux des médiateurs de l'Association professionnelle des médiateurs de Bulgarie, ils soumirent un projet au Fonds bulgare (une organisation pouvant donner des fonds en provenance de USAID et du German Marshal Fund). Les juges et les médiateurs ont eu la chance de pouvoir compter sur des partenaires merveilleux dans ce projet – la Fulbright Commission en Bulgarie et GEMME. Les résultats de leurs efforts ont mené, à la fin décembre 2008, à l'approbation du projet par le Fonds bulgare. Les juges et les médiateurs ont alors pu commencer à implanter la médiation.

En janvier et février 2009, douze juges des tribunaux de première instance ont été choisis pour participer à la formation. Tous étaient d'accord pour utiliser les techniques de médiation. Entre-temps, les médiateurs et les experts de Harvard ont préparé tout le matériel nécessaire. En mars 2009, Mme Gabrielle Gropman, une ancienne directrice de PON, et M. James Kerwin, assistant-directeur à PON, ont formé quinze juges de première instance aux techniques de médiation. La formation n'a duré que quatre jours (32 heures), mais ce fut assez pour communiquer l'enthousiasme aux juges et leur donner confiance pour commencer à utiliser les techniques qu'ils avaient apprises.

En avril 2009, onze des juges ayant reçu la formation ont préparé un horaire de médiation. Chacun de ces juges se rendait disponible une journée jusqu'au mois de juin pour faire de la médiation dans les cas qui leur étaient soumis par des collègues. Il y a eu un total de onze jours de médiation sur une période de deux mois et demi. Depuis la mi-avril jusqu'au début de juin, il y a eu dix cas envoyés en médiation. Un de ces cas s'est réglé, quatre n'ont pas connu de succès et cinq autres sont toujours pendants. Ce résultat est considérablement meilleur que celui obtenu lors de la précédente tentative d'implantation d'un programme de médiation.

La prochaine étape est de trouver des médiateurs volontaires prêts à travailler avec nous dès que nous serons prêts. Toutefois, ayant déjà onze juges actifs en médiation et des médiateurs volontaires, nous pensons que le programme est viable.

Le futur

Est-ce que l'enthousiasme des juges formés et des médiateurs volontaires sera assez grand pour que le programme soit couronné de succès ? Qu'arrivera-t-il lorsque certains de ces juges seront promus à des instances supérieures et que les médiateurs ne voudront plus travailler sur une base volontaire ? Voilà seulement quelques-unes des questions qui nous préoccupent.

Une des solutions est d'augmenter le nombre de juges et de médiateurs volontaires qui sont intéressés à travailler avec nous. Cela réduirait considérablement le risque de perdre toutes les personnes impliquées en même temps.

L'augmentation du nombre de personnes impliquées dans le programme de médiation pourrait toutefois causer des problèmes d'organisation. En conséquence, nous pourrions avoir besoin d'un coordonnateur à temps complet afin de coordonner les activités des juges et des médiateurs impliqués dans le programme et de rechercher du financement pour les prochaines formations de médiation.

Nos collègues en Europe et en Amérique ont trouvé d'autres solutions. Nous sommes ouverts à en apprendre plus à ce sujet. C'est pourquoi nous avons créé la section bulgare de GEMME. C'est pour cela que je suis ici. J'espère que le fait que nous partagions votre expérience, nous aidera non seulement à garder notre enthousiasme, mais aussi à transformer cet enthousiasme en un haut standard de professionnalisme qui nous permettra de rendre viable notre programme. Voici ce que nous attendons à la fois de GEMME et de cette nouvelle association.

CROATIE

Le modèle de médiation croatien

Srdan SIMAC,
L.L.M., Juge à la Haute Cour Commerciale de la République de Croatie

La médiation en Croatie dans le sens moderne de la médiation n'a qu'une courte histoire. Les premiers pas dans le champ de la médiation ont été faits par une grand groupe « Kon_ar Group », qui comporte plus de vingt sociétés. Au début de l'année 2000, ce groupe a commencé l'implantation de la médiation comme méthode de résolution de ses conflits internes. Ce groupe avait créé un bureau de médiation et ses arbitres et médiateurs ont obtenu un taux de réussite assez important. De cette façon il évitait les tribunaux et gardait de bonnes relations commerciales.

Presque au même moment la Chambre de commerce de Croatie à Zagreb commençait la médiation très timidement mais avec constance. Aujourd'hui elle a un Centre de médiation et une liste de médiateurs.

En 2001 commença un projet qui eut beaucoup de succès pour le règlement des conflits en dehors des tribunaux dans la procédure pré criminelle pour les mineurs et les jeunes adultes délinquants.

En juin 2003 les cent premiers médiateurs pour les conflits commerciaux terminèrent leur formation de base conduite par des experts des États-Unis.

À partir de juin 2003 l'Office gouvernemental pour le partenariat social commença la médiation lors des conflits collectifs du travail. Les conflits collectifs du travail sont jusqu'à présent la seule espèce de conflit où la médiation soit obligatoire.

Le 19 septembre 2003 fut fondée la Croatian Mediation Association. Depuis ce jour, elle a un rôle significatif dans la médiation en Croatie. Elle possède un centre de médiation, joue un rôle central dans la promotion de la médiation, la formation et la coopération internationale.

En octobre 2003 la Croatie a adopté la loi sur la médiation ce qui fait d'elle un des premiers pays du monde avoir une telle loi.

En 2004 le parlement croate a adopté une stratégie du développement des moyens alternatifs de résolution des conflits. Il y a trois phases de développement s'étalant de 2006 à 2012. Avec ces deux documents majeurs, la Croatie a un schéma légal de développement de la médiation et le gouvernement exprime sa bonne volonté envers les ADR.

Malgré la fondation tout à fait nouvelle de centres de médiation : l'Association croate de médiation, l'Association du barreau croate, la Chambre de commerce et d'industrie croate, l'Association des employeurs croates, la Chambre de commerce et de l'artisanat de Croatie et le Bureau des assureurs croates il n'y a eu que peu de cas de médiation. Parmi eux, jusqu'à présent c'est le centre de médiation du Bureau des assureurs croates qui, en terme de nombre de médiations, a eu le plus de succès.

L'Association de médiation croate a réussi avec succès le programme de médiation victime délinquants en coopération avec le tribunal municipal de Velika Gorica.

D'un autre côté malgré l'insatisfaction du public pour le système judiciaire, chaque conflit se retrouve devant les tribunaux et chaque plaideur désire rester accroché au tribunal. Nos tribunaux ont de gros stocks de dossiers en retard et sans l'aide de chaque type d'ADR, particulièrement de la médiation, nous ne pouvons pas espérer obtenir le moindre résultat significatif et positif d'une réforme judiciaire. L'installation des ADR, particulièrement de la médiation en dehors des tribunaux, fournit la part la plus importante de l'amélioration de l'efficacité judiciaire parce que les juges croates ne peuvent pas résoudre seuls l'immense problème du système judiciaire croate.

Ainsi en 2006 nous avons décidé d'utiliser les tribunaux et les juges pour aider la promotion de la médiation dans le pays. Nous avons commencé par la Cour commerciale de Zagreb puis huit tribunaux municipaux. Fin 2007 nous avons commencé le programme de médiation dans le Haut tribunal commercial de la République de Croatie en tant que première Cour d'appel du pays et peut-être, d'une façon plus large, de l'Europe en ce qui concerne la médiation. Et puis nous avons répandu la médiation dans cinq autres tribunaux commerciaux. Ce fût la meilleure période, la plus enthousiasmante et leur plus porteuse de fruits de toutes les périodes du développement de la médiation en Croatie. Les tribunaux prirent le rôle de leaders dans la médiation faite dans le pays.

Malgré une très grande quantité d'obstacles au développement de la médiation dans les tribunaux, les conséquences positives de ces programmes furent énormes. L'une des opinions ou réflexions les plus significatives sur les programmes de la médiation dans les tribunaux vient de l'évaluation faite par une partie sur la médiation à la Haute Cour Commerciale de la République de Croatie :

« La médiation dans ce tribunal m'a redonné une pleine confiance dans la justice alors que je l'avais complètement perdue. »

Deuxièmement, l'œuvre la plus importante de ces programmes de médiation dans les tribunaux fut que certains tribunaux ont utilisé des médiateurs qui n'étaient pas des juges : avocats, professeurs de droit, ingénieurs en construction, etc. Ce fut l'âge d'or de la médiation en Croatie.

Finalement ceux qui étaient contre la médiation dans les tribunaux aussi, ont en quelque sorte fait marche arrière. Depuis octobre 2008, la Croatie a adopté une nouvelle loi de procédure civile qui est très positive parce qu'elle donne finalement la possibilité formelle d'implanter la médiation dans tous les tribunaux. D'un autre côté, elle interdit de faire des médiations dans les tribunaux pour ceux qui ne sont pas juges dans un tribunal particulier. Ce fut le début de la mort de la médiation dans les tribunaux. En dépit de cette loi, la médiation ne s'est pas répandue dans les autres tribunaux, et les tribunaux qui avaient un programme de médiation perdirent leur capacité de faire de la médiation et leur enthousiasme aussi. Ainsi, à partir de ce moment nous avons eu un tout petit nombre de médiations et nous espérons que cela changera dans le futur.

Malheureusement, malgré tous leurs efforts, la médiation dans les centres de médiation hors des tribunaux n'a pas beaucoup progressé.

À partir de 2007, l'Office gouvernemental pour le partenariat social commença le programme MATRA du développement de la médiation dans les relations individuelles du travail.

Nous avons aussi implanté la médiation dans quelques écoles primaires nous avons commencé par enseigner la médiation aux professeurs et commencé à préparer une stratégie de la médiation dans le système éducatif dirigé par le ministre de l'Éducation et du Sport. Apprendre la médiation à nos jeunes générations doit être la garantie d'une société tolérante dans laquelle les tribunaux resteront la dernière option pour résoudre les conflits. La faculté de droit de Zagreb a commencé à enseigner les ADR au cinquième niveau d'études.

Il est très important de souligner les efforts presque nouveaux de l'Association du barreau de Croatie pour la promotion des médiateurs parmi les avocats. Elle a organisé le 1° juin 2009 une conférence historique sur la médiation pour les avocats « *négociations et médiations - une menace ou une niche d'affaires pour les avocats.* »

Il est aussi important de souligner que le ministre de la Justice a préparé une nouvelle vidéo instructive sur la médiation, elle dure 30 secondes et un spot audio qui seront présentés sur toutes les télévisions et radios de façon à promouvoir la médiation.

En dépit du fait que jusqu'à présent nous n'avons pas eu beaucoup d'affaires en médiation le développement formel la médiation avance très bien : au début de 2008 le ministre de la Justice de la République de Croatie a commencé, avec les fonds de l'UE, le projet PHARE de 2005 : « *développement de la médiation en tant qu'Alternative au Règlement des Conflits dans les Tribunaux* ».

L'objectif principal du projet est de créer un système de médiation qui se suffise à lui-même dans les tribunaux ou à l'extérieur, des normes de formation et de niveau de performance en médiation, un code d'éthique, des formations d'envergure, une accréditation et une certification, un registre des médiateurs, la promotion de la médiation, etc. ce projet arrive à son terme à la fin de 2009. Nous en espérons beaucoup.

En juin 2009, la Croatie a adopté une nouvelle loi sur la médiation et la stratégie du développement de la médiation dans les affaires commerciales.

Le projet et les deux documents mentionnés plus haut seront cruciaux pour le développement futur de la médiation en Croatie. Nous attendons encore la fin du plus important des projets de l'histoire de la médiation en Croatie et il nous faudra alors transformer les belles phrases que nous avons écrites en réalité. Ce sera beaucoup plus facile avec l'aide de tous les participants dans toutes les sortes de conflits et particulièrement avec l'aide très importante des juges, des avocats, des hommes d'affaires de tous les corps gouvernementaux qu'ils soient administratifs ou dans les affaires. Le but étant d'arriver à une société juste et conviviale pour tous ceux qui y vivent.

Aucun système judiciaire actuel ne peut répondre aux demandes de la société moderne. Le système actuel des tribunaux à quelques centaines d'années et il nécessite de sérieuses transformations, améliorations ou même une refondation. Parmi les réformes les plus efficaces du système judiciaire ou du système traditionnel de résolution des conflits, qui est en crise actuellement, la meilleure chose est de se tourner vers la résolution par des actions de négociation, de médiation, d'accord trouvés dans les tribunaux, etc. En fait, nous avons besoin de changer la façon dont les professionnels du droit servent leurs clients, nous avons besoin de nouvelles espèces d'avocats de juges et d'autres professionnels ou non professionnels de la loi qui puissent mettre les intérêts de leurs clients en premier, nous avons besoin de parties qui s'impliquent activement dans leurs propres conflits pour satisfaire leurs principaux intérêts.

Il n'y a pas de meilleure façon d'utiliser la médiation à l'intérieur et l'extérieur des tribunaux sauf à arriver à ces buts autrement :

- Comment changer les services que rendent les professions judiciaires et comment combattre la perception négative que le public en a ?
- Comment assurer la justice pour tous, et à un haut niveau de satisfaction avec le système de résolution des conflits ?

On a besoin d'une procédure judiciaire en Croatie et les ADR peuvent la fournir. Dans la plupart des systèmes actuels de résolution des conflits, il n'y a pas réellement de sérieux désir de remplir les besoins des usagers du système judiciaire ; il y a une terrible résistance à toute espèce de changement ou de réforme positive ; il y a un très fort désir de garder le statu quo et il y a une énorme différence entre l'auto perception des professionnels du droit et la perception du public.

Comment rendre possibles des changements positifs ? Nous avons besoin d'une sorte de « nouvel homme de loi » et nous avons besoin de recréer le système actuel traditionnel de résolution des conflits. Le système judiciaire et ses juges ne peuvent pas à eux seuls résoudre les immenses problèmes concernant la façon dont notre société est liée au système judiciaire et comment la justice est administrée.

Nous avons besoin que le public ait accès à la justice et qu'il en retire satisfaction avec l'assistance des professionnels du droit.

FRANCE

Quand la médiation transforma juges et justice

Béatrice BRENNEUR,
président de chambre honoraire, Vice-présidente fondatrice de Gemme

I. VERS UNE ÉVOLUTION DE L'ACTE DE JUGER ?

On assiste aujourd'hui à une évolution de l'acte de juger. La conciliation menée par le juge et la médiation confiée à un tiers sont des outils supplémentaires donnés aux juges pour leur permettre de remplir leur mission. Comment ces outils vont-ils amener le juge à repenser son rôle traditionnel qui est de trancher le litige conformément à la règle de droit pour lui ajouter un but plus lointain qui est de contribuer à la paix sociale ?

Je me suis souvent demandé si, au lieu de juger les conséquences des litiges, le juge s'intéressait à en rechercher les causes principales, notre justice n'en sortirait pas grandie ?

Nous nous enfermons dans des habitudes stéréotypées. Trop souvent, sans se remettre en question, le juge se place au centre du litige et tranche le conflit selon la perception qu'il en a. Pourtant, lorsque les parties en conflit sont invitées à quitter le carcan judiciaire où elles se sont enfermées pour reprendre leur vie en main, elles se remettent par là même au centre du litige.

Traiter les causes du conflit

Un procès naît rarement en termes juridiques. Il trouve son sens et sa solution dans une souffrance. Celle-ci, une fois traduite dans les termes froids et impersonnels du droit, disparaît complètement de la procédure, alors qu'elle est de plus en plus présente et oppressante chez la personne. Un être humain ne peut être traduit en équation juridique. Lorsque le juge a rendu sa décision en droit, il a laissé intacte toute la partie invisible de l'iceberg, qui est aussi la plus considérable, et qui est le siège des émotions.

Tout ce qui est vivant implique le mouvement

Que l'on se tourne vers la physique quantique, ou l'astrophysique, les découvertes scientifiques de ces dernières décennies nous amènent à une vision nouvelle du vivant, celle de la complexité en mouvement. Les sciences humaines obéissent aux mêmes règles.

Si tout est mouvement, la décision judiciaire qui fige le litige ne peut pas toujours être une réponse satisfaisante. En s'attachant à la lettre de la décision, on tend vers l'immobilisme. Pour résoudre un litige juridique, le juge doit réduire les complexités et simplifier le conflit. Il doit le faire rentrer dans un cadre juridique. L'esprit de classification ne permet pas aux forces interactives d'évoluer. Le côté statique du jugement s'éloigne de l'aspect évolutif du conflit humain. Le litige dont est saisi le juge est la traduction juridique d'un cliché photographique d'une situation figée à l'instant « T ». Dans ce système binaire qui fait un gagnant et un perdant, les parties vont rivaliser pour aboutir à la mort judiciaire de l'adversaire. Comment insuffler du dynamisme pour transformer le côté statique du jugement ?

N'y aurait-il pas d'autres moyens permettant de métamorphoser le procès en lui donnant Vie ?

Restaurer la paix sociale

Lors d'un procès, le sacro-saint dossier tient la première place. La vie s'y réduit à un monceau de papiers qui ne la reflètent que très imparfaitement. Le plus habile plaideur, parce qu'il a senti le premier venir le procès et qu'il s'est constitué des preuves, a beau jeu de « monter » le meilleur dossier. Chacun défend sa cause en supprimant ce qui le gêne et en faisant dire aux pièces ce qu'il veut. Dans cette comédie où chacun donne sa version, sa vision, tout sonne faux. Comment la paix pourrait-elle jaillir de cette justice aux antipodes de la vérité ? C'est pourquoi Pierre Drai, Premier président de la Cour de cassation, s'est exclamé : « la Justice sans la Paix, est-ce encore la Justice ? »

Je pense que le juge peut avoir un rôle à jouer pour permettre aux personnes de mieux comprendre les raisons profondes qui ont abouti au procès. Ne pourrait-il amener les deux parties à confronter les deux versions de leur histoire commune pour écrire ensemble le scénario final de leur film ? Amener nos concitoyens à cette prise de conscience, puis les aider à se responsabiliser et à trouver eux-mêmes une solution à leur conflit fait partie de la mission du juge, telle que je la conçois. Elle suppose la transformation du rôle du juge.

Lorsqu'une affaire me semble appeler la réponse d'un dialogue plutôt que la sanction d'un jugement, deux options s'offrent à moi :

- soit j'applique l'article 21 du CPC qui donne au juge « mission de concilier les parties » et je mène moi-même cette conciliation, en recourant si nécessaire à la « comparution personnelle » des parties. (J'ai ainsi mis en place la « nouvelle conciliation judiciaire »).
- soit, dans le cadre de l'article 131-1 du CPC, je propose une médiation qui, si elle est acceptée, sera confiée à un médiateur indépendant du juge et tenu à la confidentialité.

II. La « Nouvelle conciliation judiciaire »

Je me suis formée aux techniques de médiation et de communication et j'ai essayé de les appliquer dans mes fonctions de juge.

J'ai arrêté un jour des plaidoiries où l'on m'annonçait que l'affaire qui était plaidée devant moi était la 14e de la saga familiale et que d'autres procès suivaient. Si 13 décisions de justice n'avaient pas mis un terme au conflit familial, comment ma 14e décision pourrait-elle inverser le cours des choses, quand on savait qu'elle serait suivie d'autres affaires ? J'ai proposé aux parties que nous essayions ensemble de trouver une solution globale acceptable pour tous.

En appliquant l'article 21 du Code de procédure civile qui donne mission au juge de concilier les parties, j'étais pleinement dans le rôle que m'attribue le législateur. Les parties sont venues avec leurs avocats et se sont assises avec moi autour d'une table. Trois heures plus tard, nous avions réussi à négocier un accord, qui remplaçait la décision de justice. Et surtout, les parties se sont désistées de la totalité des multiples affaires contentieuses dont elles avaient saisi les divers tribunaux, signe manifeste de la pacification des relations.

L'article 21 du code de procédure civile permet ainsi d'apporter un remède lorsque la décision, pourtant juridiquement fondée, ne peut donner une solution pleinement satisfaisante ou lorsqu'elle présente des conséquences manifestement choquantes ou excessivement graves, en particulier sur le plan humain. Il permet aussi de parer aux difficultés d'exécution des décisions quand il est prévisible qu'elles seront mal acceptées. En favorisant la reprise du dialogue, notre article 21 devient ainsi un outil privilégié pour ne pas couper tout lien dans le futur.

La conciliation de l'article 21 du CPC est un outil révolutionnaire qui est en pratique très peu appliqué par les juges. Pour le développer, je prends plusieurs heures pour entendre les parties. Je respecte la confidentialité de ce qui est dit devant moi, en ne jugeant pas l'affaire lorsque les parties ne parviennent pas à un accord.

C'est une nouvelle forme de conciliation judiciaire que j'ai baptisée « la nouvelle conciliation judiciaire ». Elle est menée par un juge spécialement formé aux techniques de communication, qui prend le temps d'écouter et de faire parler les parties. Il ne statue pas sur l'affaire en cas de non-aboutissement de la conciliation pour être fidèle à la promesse de confidentialité absolue qu'il a faite aux parties. Si aucun accord n'intervient, un autre juge prend l'affaire en charge, sans avoir connaissance de ce qui a pu se dire au cours de la conciliation. Les parties pourront ainsi s'exprimer librement, sans crainte d'être jugées d'avance.

Évidemment, je passe trois heures pour tenter de concilier une affaire. Mais si je compte les heures déjà passées par mes collègues de première instance sur cette affaire, le temps que j'aurais passé pour étudier le dossier, écouter les plaidoiries, rédiger le jugement, sans compter les nouveaux contentieux que l'on risque de voir rejaillir entre les mêmes parties insatisfaites de la décision, je crois que la généralisation de cette pratique aboutirait à une économie de temps précieuse pour l'institution judiciaire.

Au Québec, en Norvège, en Belgique, aux Pays-Bas et dans d'autres pays européens, cette pratique est plus développée qu'en France : le juge tente lui-même de rétablir un dialogue entre les parties pour leur permettre de gérer leurs émotions et de dégager une solution viable qui ne suscite pas de conflits en chaîne.

Depuis que j'applique la « nouvelle conciliation judiciaire » et que j'entends les personnes me remercier de leur avoir permis de se parler, mon rôle de juge a pris pour moi une nouvelle dimension : au-delà de sa finalité courte qui est de trancher le conflit, il est davantage axé vers la restauration de la paix sociale. Par leur mal-être, mes concitoyens m'ont amenée à repenser ma mission de juge.

En appel, lorsque je mets en place une procédure de conciliation, en application de l'article 21 du Code de procédure civile, la réunion que j'ai avec les parties ne fait pas double emploi avec la médiation. Je me cantonne davantage au litige juridique dont je suis saisie. Même si je tente de l'appréhender dans sa globalité, je n'explore pas de manière aussi poussée que le ferait un médiateur le conflit interpersonnel que vivent les parties. Je n'ai pas le temps d'entendre toutes les personnes concernées par le conflit dont la résolution va modifier le cours de l'existence. Et surtout, en conciliation, devant moi, les parties ne vont pas réapprendre à se parler, comme elles le feraient en médiation.

III. La médiation judiciaire

Selon l'article 131-1 du Code de procédure civile, depuis la loi française sur la médiation judiciaire de 1995 : *« le juge saisi d'un litige peut, après avoir recueilli l'accord des parties, désigner une tierce personne afin d'entendre les parties et de confronter leurs points de vue pour leur permettre de trouver une solution au conflit qui les oppose ».*

La pacification du conflit

Lorsque la loi de 1995 et son décret d'application de 1996 (devenu l'article 131-1 et suivant du Code de procédure civile) sur la médiation furent promulgués, cette mesure a été présentée en France par les pouvoirs publics comme une mesure destinée à désengorger les tribunaux : grave erreur ! Le résultat a été de soulever une levée de boucliers de la part des juges qui y ont vu l'avènement d'une justice au rabais.

La réalité est toute autre : la médiation est une mesure de pacification des conflits qui a pour finalité une Justice de qualité plus souple et plus moderne.

Le développement des sciences humaines a montré la nécessité de donner au juge des outils supplémentaires pour que l'être blessé puisse se reconstruire, pour que les relations futures soient préservées, pour que le conflit soit pacifié et pour que les parties responsabilisées trouvent elles-mêmes un accord, au plus près de leurs intérêts et loin de la violence et de la publicité des débats judiciaires. Un de ces outils privilégiés est la médiation.

Il est rare que les conflits se limitent aux seules parties en procès : les conflits des couples qui divorcent rejaillissent sur toute la famille, les litiges prud'homaux ont des répercussions sur l'entourage du salarié licencié et sur toute l'entreprise, les procès commerciaux concernent toutes les personnes en relations d'affaires et vont entraîner la cessation de toute relation commerciale, quand ils n'ont pas pour résultat d'aboutir à la fermeture définitive de l'entreprise.

La médiation implique tous les aspects du conflit pris dans sa globalité. Elle réunit aussi tous les acteurs du conflit. Elle va permettre aux parties non pas de renier ou d'oublier leur passé, mais de recréer entre elles une relation autre où tout ce qu'ils auront vécu sera préservé.

Je peux témoigner que, dans de nombreux cas, la médiation a permis la pacification du conflit et que le seul regret manifesté par les parties, à l'issue de cette mesure, est qu'elle ne leur ait pas été proposée plus tôt.

C'est en abandonnant le point de savoir qui avait tort et qui avait raison, qui était le bourreau et qui était la victime, pour se tourner vers la satisfaction de leurs besoins fondamentaux et de leurs intérêts, que ces personnes ont trouvé d'autres réponses pour régler leur contentieux.

Un accord « gagnant gagnant », conforme aux intérêts des parties

La médiation permet aux parties de s'affranchir des termes du litige et de trouver un accord conforme à leurs intérêts. Alors que la solution apportée au litige par l'application des règles de droit est rigide, celle trouvée en médiation est souple, innovante et pragmatique et ainsi mieux adaptée à l'intérêt de chacune des parties.

Un accord facilement exécuté

La médiation a montré qu'en matière civile et commerciale, on aboutissait à des accords dans environ 80% des affaires, et qu'ils étaient exécutés sans difficultés très rapidement.

On ne peut s'empêcher de comparer ces données aux statistiques concernant l'exécution des jugements : il y a environ 45% d'appel en matière civile et 62% en matière prud'homale, ce qui revient à dire que plusieurs années après la survenance du litige, l'institution judiciaire ne lui a pas donné une solution définitive dans les pourcentages qui viennent d'être rappelés.

La médiation permet d'aboutir à des accords auxquels les parties adhèrent, et donc à une Justice plus efficace et plus rapide. Loin d'augmenter les frais de justice ou de faire perdre du temps, la médiation permet au contraire de faire des économies de temps et d'argent lorsque l'on constate que les accords qui sont obtenus le sont en trois mois et qu'ils sont exécutés volontairement.

Les statistiques de la chambre sociale de la cour d'appel de Grenoble qui a tenté une expérience de médiation et a ordonné plus de 1000 médiations entre 1996 et 2005, montrent que dans 15 % des cas l'employeur propose en médiation une somme supérieure à celle à laquelle il a été condamné en première instance par une décision dont il a fait appel et que dans 45 % des cas la somme convenue reprend la condamnation du jugement. Il est donc inexact soutenir que la médiation fait « céder » le salarié.

70 à 80 % des médiations aboutissent dans les trois mois à des accords qui sont exécutés spontanément, parce qu'acceptés. La quasi-totalité des 700 accords que la cour d'appel de Grenoble a homologués était déjà exécutée lors de l'audience d'homologation.

Un processus souple et adapté

Par ses méthodes spécifiques qui autorisent le médiateur à avoir des entretiens séparés avec chacune des parties, la médiation permet de faire tomber la tension et apporte de la souplesse dans le processus judiciaire.

La procédure contradictoire ne s'applique pas en médiation. Le médiateur peut s'entretenir seul avec une partie et ne pas révéler à l'autre le contenu de l'entretien. Cette souplesse est impensable dans une procédure judiciaire. Elle impose cependant des garanties sur l'éthique du médiateur. C'est pourquoi il est important que les médiateurs adhèrent à des codes de déontologie. La médiation ne doit pas faire obstacle au procès équitable au sens de l'article 6 de la Convention Européenne.

La médiation est un mode de régulation des conflits. Elle apporte une réponse moderne à la crise de notre société et de la Justice.

Panorama de la médiation en France

Béatrice BLOHORN-BRENNEUR,
président de chambre honoraire à la cour d'appel,
fondatrice et vice-présidente du Groupement européen des magistrats pour la médiation (GEMME)

La France est un des premiers pays européens à avoir promulgué une législation sur la médiation avec la loi du 8 février 1995 et son décret d'application du 22 juillet 1996[4].

On a tout d'abord pensé que le juge était le mieux placé pour tenter d'amener les parties à rechercher elles-mêmes une solution amiable à leur litige. C'est pourquoi le législateur a, en certaines matières, créé une phase obligatoire de conciliation. Par exemple, les affaires jugées par le juge d'instance (qui statue sur les petits litiges), par le juge des affaires familiales pour les divorces, ou par les conseillers prud'hommes qui sont saisis des litiges individuels du travail, débutent par une tentative de conciliation.

Cependant, il faut bien reconnaître que les véritables conciliations devant les JAF sont quasi inexistantes et, devant les Conseils de Prud'hommes, dont la nature paritaire[5] est adaptée à la conciliation, la moyenne nationale est de 10%. Je n'ose pas parler du nombre de conciliations faites par les magistrats, dans le cadre de l'article 21 du code de procédure civile qui donne au juge la mission générale de concilier les parties : il est insignifiant.

L'insuffisance de formation des juges français à la technique de communication et à la conduite des entretiens est une des causes du faible taux des conciliations en France.

D'autres raisons tiennent au fait que les magistrats n'ont pas le temps de concilier. Ils sont submergés de dossiers et ne peuvent prendre une heure ou deux pour régler une affaire.

Enfin, la conciliation est menée par celui qui jugera l'affaire en cas d'échec et il n'y a pas de confidentialité des débats. Le juge sait tout ce qui se dit devant lui et il lui sera difficile, s'il doit juger l'affaire, de ne pas en tenir compte.

Ces points faibles de la conciliation ont amené le législateur à se tourner vers un autre mode amiable de règlement des litiges : la médiation.

---

[4] Devenu les articles 131-1 et suivants du code de procédure civile.

[5] Les conseillers prud'hommes sont élus par leurs pairs dans deux collèges, employeurs et salariés. Le Bureau de conciliation est composé de deux conseillers prud'hommes (un employeur et un salarié).

Selon l'article 131-1 du code de procédure civile : « *le juge, saisi d'un litige, peut, après avoir recueilli l'accord des parties, désigner une tierce personne afin d'entendre les parties et de confronter leurs points de vue pour leur permettre de trouver une solution au conflit qui les oppose. Ce pouvoir appartient également au juge des référés, en cours d'instance.* »

L'originalité de la mesure est que ce sont les parties elles-mêmes qui vont chercher leur accord, avec l'aide d'une tierce personne.

Pour favoriser le développement de la médiation, la loi du 17 juin 2008, devenue l'article 2238 du Code civil, est intervenue pour mettre en conformité la loi française avec la directive européenne. Elle a édicté que la médiation suspendait la prescription[6].

Les textes sur la médiation figurent dans le code de procédure civile qui est le code de référence pour la procédure applicable à toute matière civile, commerciale ou prud'homale. Ainsi, la médiation s'applique à tous les conflits, que ce soient les conflits familiaux, commerciaux, prud'homaux, les conflits relatifs à la copropriété, aux baux, ou à la construction des immeubles.

La médiation peut être ordonnée dès que les droits en cause sont à la libre disposition des parties.

En matière familiale, des textes particuliers, introduits dans notre code civil par les lois du 4 mars 2002, relatives à l'autorité parentale, et du 26 mai 2004, relative au divorce, ont permis au juge d'enjoindre aux parties de rencontrer un médiateur pour les informer sur l'objet et le déroulement de cette mesure.

Il conviendrait d'envisager la généralisation de l'injonction faite aux parties de s'informer sur la médiation à toutes matières.

Plusieurs expériences de médiation ont été menées avec succès : le tribunal de grande instance de Tarascon a obtenu le prix « balance de cristal » de l'Union Européenne pour sa pratique de la médiation en matière familiale.

Les tribunaux de grande instance de Bobigny et de Créteil ont innové une pratique : la procédure d'injonction d'aller se renseigner sur ce qu'est la médiation avant l'audience du JAF est systématiquement ordonnée. Résultat :

---

[6] « La prescription est suspendue à compter du jour où, après la survenance d'un litige, les parties conviennent de recourir à la médiation ou à la conciliation ou, à défaut d'accord écrit, à compter du jour de la première réunion de médiation ou de conciliation. Le délai de prescription recommence à courir, pour une durée qui ne peut être inférieure à six mois, à compter de la date à laquelle, soit l'une des parties ou les deux, soit le médiateur ou le conciliateur déclare que la médiation ou la conciliation est terminée. »

les parties acceptent d'aller en médiation dans près de 80 % des affaires. Cette pratique va être reprise devant le tribunal de grande instance de Paris.

Cependant, il reste encore beaucoup à faire et ramené à un niveau national, le taux des médiations familiales dépasse à peine 1% des affaires.

La médiation familiale repose sur un réseau associatif qui comprend près de 400 associations de médiateurs familiaux. Un diplôme d'État de médiateur familial a été créé.

Une pratique intéressante vient de se mettre en place, en avril 2009, avec des juges de proximité du ressort de la cour d'appel de Paris.

Dès l'enregistrement de l'affaire, le greffe du tribunal incite les parties à s'adresser au « Forum des droits sur l'Internet », organisme parapublic de statut associatif, créé en mai 2001, avec le soutien des pouvoirs publics, pour procéder, préalablement à l'audience, à une tentative de conciliation. Cette expérience pilote est encore trop récente pour en apprécier les résultats.

En matière prud'homale, la médiation est encore peu répandue en France. On peut citer la pratique de la chambre sociale de la cour d'appel de Grenoble, qui, entre 1996 et 2005, a ordonné plus de 1000 médiations en quelques années avec un taux d'accord de plus de 70%, proposant à la médiation environ 20% de son contentieux.

Malheureusement, cette pratique est restée isolée, et n'a été reprise, ni par les conseils de prud'hommes, ni par les chambres sociales des cours d'appel. Cette expérience aura quand même démontré que la médiation a toute sa place en matière prud'homale et que, lorsqu'elle est appliquée, c'est un grand succès.

En matière commerciale, la médiation judiciaire se développe lentement. Les Chambres de commerce et d'industrie s'intéressent à la médiation conventionnelle, avant la saisine des juridictions. Certaines ont formé des médiateurs. Le Centre de médiation et d'arbitrage de Paris (CMAP), émanation de la chambre de commerce et d'industrie de Paris, traite, par la médiation, environ 300 affaires par an et obtient entre 70 et 80% d'accords.

À l'initiative de l'Académie de Médiation, des entreprises et des cabinets d'avocats ont signé une charte de la médiation en 2004. Cinquante des plus grosses entreprises françaises (du CAC 40) y ont adhéré et se sont par là même engagées à considérer la médiation avant tout conflit. En 2006, 300 cabinets d'avocats, dont les plus importants, se sont engagés à recommander la médiation à leurs clients.

Jean-Claude Magendie, premier président de la cour d'appel de Paris, dans un rapport sur la médiation[7], indique qu'il veut faire de la médiation une politique de sa cour. Il est encore trop tôt pour en mesurer globalement les effets, mais l'expérience pilote qu'il veut lancer aura certainement un impact sur la médiation en France. En avril 2010, Jean-François Gabin, premier président de la cour d'appel de St Denis de la Réunion a également décidé d'institutionnaliser la médiation dans le ressort de sa cour d'appel et a désigné un magistrat référent. Il a également fait former les conciliateurs de justice et des magistrats aux techniques de communication pour accroître leur compétence dans le domaine de la conciliation et pour développer la médiation.

Une pratique d'avenir commence à naître en France avec *l'e - médiation.* Le Forum des droits sur l'Internet, dispose d'un service de médiation spécialisé dans le règlement amiable des litiges liés à l'Internet. Il règle, par la négociation, environ 10 000 petites affaires par an, concernant des litiges de consommateurs.

Devant les tribunaux administratifs, à part de très rares expériences, comme celle qui a été menée jusqu'en 2009, par le président du tribunal administratif de Nice, la médiation est quasi inexistante.

Les justiciables, en litige avec l'administration, peuvent, cependant, saisir le Médiateur de la République. Malgré son nom, le médiateur est plus un ombudsman qu'un médiateur. Il est question d'ailleurs de changer son nom en « défenseur du citoyen ».

En matière pénale, c'est une loi de 1992 qui a créé la médiation. Malheureusement, les médiateurs pénaux ne sont pas réellement formés aux techniques de communication.

Ce sont généralement des magistrats honoraires ou des commissaires de police à la retraite qui sont désignés par le parquet et la confidentialité n'existe pas. La médiation a un caractère quasi obligatoire et l'auteur de l'infraction qui refuse ce processus se retrouve devant la juridiction pénale, ce qui donne à la médiation pénale un caractère contraignant et non confidentiel, contraire à l'esprit même de la mesure, quand il n'est pas demandé au médiateur de faire un rappel à la loi ! Il faudrait donc repenser la médiation pénale en France, ce qui va être un des prochains thèmes de réflexion de GEMME-France.

---

[7] Rapport issu d'un groupe de travail, déposé en octobre 2008 : *« célérité et qualité de la justice, la médiation : une autre voie ».*

Pratique de la médiation judiciaire : l'expérience du CMAP

Sophie HENRY,
secrétaire générale du CMAP

PRÉSENTATION DU CMAP

Association de la loi de 1901, le CMAP a été créé en 1995 par la Chambre de commerce et d'industrie de Paris, en partenariat avec l'Association française d'arbitrage, le tribunal de commerce de Paris, le barreau de Paris, le Comité national français de la chambre de commerce internationale et le Conseil supérieur de l'Ordre des experts-comptables.

Ses activités sont dédiées à la résolution des conflits des entreprises, notamment par les voies de la médiation et de l'arbitrage.

Depuis sa création en 1995, le Centre de médiation et d'arbitrage de Paris (CMAP) a ainsi été saisi à plus de 1700 reprises pour proposer et organiser la mise en place de procédures de gestion des litiges interentreprises. Avec une moyenne de 300 dossiers par an, le CMAP est le centre institutionnel gérant le plus grand nombre de médiations en France.

En outre reconnu pour la qualité de ses programmes d'enseignement, le centre propose aux professionnels (chefs d'entreprise, avocats, magistrats, experts-comptables, responsables juridiques, commerciaux et financiers de l'entreprise…) des formations aux différents modes alternatifs de règlement des conflits (ou MARC). A l'issue de ces formations, l'agrément, qui peut être accordé aux médiateurs et arbitres ayant passé avec succès les épreuves de certification du Centre, est une véritable garantie de qualité pour les entreprises ayant recours aux services du CMAP.

PRATIQUE DE LA MÉDIATION JUDICIAIRE PAR LE CMAP

Instituée par la loi du 8 février 1995 et le Décret du 22 juillet 1996, la médiation dans le cadre judiciaire est prévue aux articles 131-1 à 131-15 du code de procédure civile.

Au cours d'une instance judiciaire, il est possible, à tout moment, sur proposition du magistrat ou à la demande des parties acceptée par le magistrat, d'organiser une médiation. Le juge ne se dessaisit en aucune manière du dossier, mais procède à la désignation d'un médiateur pour tenter de rapprocher les parties hors du tribunal. La mission du médiateur, dans un tel cadre, est la même que celle décrite dans une médiation conventionnelle.

La loi n° 95-125 du 8 février 1995, relative à l'organisation des juridictions et à la procédure civile, pénale et administrative a consacré ses articles 21 à 26 à la conciliation et à la médiation judiciaires. Le décret n° 96-652 du 22 juillet 1996 est venu en préciser les conditions d'application.

Inséré après le titre VI du Livre 1 du nouveau Code de procédure civile, un titre VI bis intitulé “ la médiation ” comporte les articles 131-1 à 131-15.

L'article 131-4 énonce, en son alinéa 1 « la médiation peut être confiée à une personne physique ou à une association ».

C'est dans l'application de ce texte que le CMAP est appelé par les juges à remplir son rôle dans le développement de la médiation judiciaire.

Domaine de la médiation judiciaire

Le domaine de la médiation judiciaire dans lequel le CMAP est habilité à intervenir couvre la totalité du champ de compétence du juge civil ou commercial dans toutes les formations juridictionnelles où il intervient, tant au premier degré qu'en appel[8].

L'opportunité de recourir à la médiation judiciaire peut être décidée par :

- Le juge du fond ;
- Le juge des référés ;
- Le juge de la mise en état.

Le CMAP a vocation à être désigné dans les litiges entre entreprises commerciales par les Tribunaux de Commerce. Il peut l'être également par les Tribunaux de Grande Instance et d'Instance et les Cours d'appel pour des conflits divers - par exemple, les litiges entre membres d'une profession libérale dans le cadre de l'exercice en commun de leur activité, ou en matière immobilière, ou encore, ceux relevant du droit de la propriété intellectuelle ou des baux commerciaux, etc.

Conditions de mise en œuvre

La médiation judiciaire est mise en œuvre à l'initiative du juge qui apprécie proprio motu ou sur la demande d'une partie, l'opportunité de la mesure, laquelle peut porter sur tout ou partie du litige.

Toutefois, aux termes de la loi, le juge ne peut procéder à la désignation d'un médiateur qu'après avoir obtenu l'accord de toutes les parties. Il ne peut en aucun cas leur imposer cette mesure.

Une fois l'accord des parties acquis, le juge rend une décision ordonnant la médiation. Cette décision mentionne cet accord, désigne le médiateur et la

---

[8] Les dispositions de la loi du 8 février 1995 ne sont pas applicables aux procédures pénales qui relèvent du décret n° 96-305 du 10 avril 1996.

durée de sa mission ainsi que la date à laquelle l'affaire sera rappelée à l'audience.

Par cette décision, le juge n'est pas dessaisi de l'affaire. Il peut prendre à tout moment, en vertu de l'article 131-2 du nouveau Code de procédure civile, toutes les autres mesures qui lui paraissent nécessaires.

Désignation du CMAP

Le Centre de médiation et d'arbitrage de Paris peut être désigné par le juge en vertu de l'article 131-4 dudit Code, qui prévoit que la médiation peut être confiée à une association.

Sur proposition de la Commission de médiation et d'arbitrage ou en cas d'urgence, après l'accord du Président de la Commission, le Centre soumet trois noms de médiateurs au juge qui agrée celui qui lui paraît le plus qualifié, eu égard à la nature du litige. Le médiateur ainsi retenu assure, au sein du CMAP et en son nom, l'exécution de la mesure.

Les personnes physiques proposées par le CMAP doivent remplir les conditions suivantes, conformément à la loi :

- ne pas avoir fait l'objet d'une condamnation mentionnée sur le bulletin n°2 du casier judiciaire
- ne pas avoir commis de faits contraires à l'honneur, à la probité et aux bonnes mœurs ayant donné lieu à une sanction disciplinaire ou administrative de destitution, radiation, révocation, de retrait d'agrément ou d'autorisation ;
- posséder la qualification requise eu égard à la nature du litige ;
- justifier, selon les cas, d'une formation ou d'une expérience adaptée à la pratique de la médiation ;

  Au regard de cette condition, le CMAP sélectionne préalablement les médiateurs qui ont tous suivi une formation à la médiation et ont passé avec succès les épreuves de certification du Centre.
- présenter les garanties d'indépendance nécessaires à l'exercice de la médiation.

Dès la désignation du CMAP, le juge fixe le montant de la provision à valoir sur sa rémunération et désigne la ou les parties qui consigneront la provision dans le délai qu'il impartit. À défaut de consignation dans ce délai, la décision de médiation est caduque et l'instance se poursuit.

Processus de la médiation

Dès le prononcé de la décision désignant le médiateur investi d'une mission de médiation au nom du CMAP, le greffe de la juridiction en notifie copie par lettre simple aux parties et au médiateur. Ce dernier fait connaître sans délai au juge son acceptation.

Une fois informé par le greffe de la consignation, le médiateur convie les parties à une réunion, les entend, confronte leurs points de vue, tente de leur permettre de trouver une solution au conflit qui les oppose. Il ne dispose d'aucun pouvoir d'instruction. Il ne peut cumuler sa mission avec celle d'expert dans la même affaire.

Néanmoins, il peut, avec l'accord des parties et pour les besoins de la médiation, entendre les tiers qui y consentent.

Le déroulement de la médiation judiciaire est couvert par la confidentialité à l'égard du juge et des tiers. Ainsi, le médiateur ne peut, sans l'accord des parties, évoquer les constatations, propositions et déclarations qu'il a recueillies ou formulées au cours de sa mission, devant le juge saisi du litige. De même, celles-ci ne peuvent pas être utilisées dans une autre instance.

Le médiateur tente de parvenir à un règlement amiable du litige dans un délai maximum de trois mois renouvelables une fois pour une même période. En cas de difficultés rencontrées dans l'accomplissement de sa mission, il tient le juge informé. Ce dernier peut à tout moment mettre fin à cette mission à tout moment, sur demande des parties, à l'initiative du médiateur, ou même d'office si le bon déroulement de la médiation lui semble compromis.

Dans cette hypothèse, l'affaire est préalablement rappelée à l'audience ; les parties y sont convoquées à la diligence du greffe par lettre recommandée avec demande d'avis de réception.

Fin de la mission du médiateur

Conformément aux dispositions de l'article 131-11 du nouveau Code de procédure civile, le médiateur, à l'issue de l'exécution de sa mission, informe par écrit le juge de ce que les parties sont ou non parvenues à trouver une solution au litige.

En cas d'échec, l'instance reprend son cours. En cas de succès, elle se termine et les parties ont la possibilité de soumettre leur accord au juge pour homologation, afin qu'il acquiert force exécutoire.

Coût et répartition des frais

À l'expiration de sa mission, la rémunération définitive du médiateur chargé d'exercer sa mission au nom du CMAP est arrêtée par le juge. Il revient aux parties de déterminer librement la répartition de la charge des frais de la médiation. En cas de désaccord, cette répartition s'effectue à parts égales, à moins que le juge n'estime qu'une telle répartition soit inéquitable à la vue de la situation économique des parties.

Lorsque l'une d'entre elles bénéficie de l'aide juridictionnelle, la répartition des frais est établie selon les mêmes règles. Les frais incombant à la partie qui a demandé le bénéfice de l'aide juridictionnelle sont à la charge de l'État.

Les tarifs du CMAP

Ce service de médiation rendu par le CMAP entre dans le cadre de la mission de service public de la Chambre de commerce et d'industrie de Paris. Pour cette raison, les tarifs du Centre restent dans une limite raisonnable et une tarification forfaitaire existe pour les litiges d'un montant inférieur à 30 000 euros.

Barème H.T applicable au 18/04/20008.

Médiation judiciaire :

Barème horaire 300 € par heure.

Montant en litige de 0 à 30 000 € - tarif forfaitaire (5 heures maximum).

Droit d'ouverture (1) 250 €.

Forfait (2) 750 €.

QUELQUES EXEMPLES

En pratique, il ressort que se prêtent plus opportunément à la médiation les types de dossiers suivants :

- Conflits entre associés, cession de titres, de parts sociales,
- Litiges portant sur l'exécution d'une clause de garantie de passif,
- Litiges dans le secteur de l'immobilier et de la construction.
- Impayés dus à une mauvaise exécution d'une prestation de service, à une contestation consécutive à une vente, à un retard dans l'exécution.
- Litiges portant sur l'exécution de contrats de distribution et, plus généralement, de contrats à exécutions successives (les relations commerciales étant vitales pour l'avenir).
- Litiges en matière de contrefaçon.
- Litiges en matière de propriété intellectuelle.

Le recours à la médiation est d'autant plus pertinent s'agissant de :

- Litiges ne semblant pas appeler une solution strictement juridique.
- Litiges dans lesquels la prise en compte des relations humaines semble prioritaire.
- Litiges nécessitant la préservation d'une absolue confidentialité (les parties doivent impérativement poursuivre des relations d'affaires dans

un milieu fermé, des preuves sensibles risquent d'être dévoilées, un secret de fabrication doit être protégé).

- Litiges nécessitant la sauvegarde des relations commerciales.
- Litiges dans lesquels la meilleure solution n'est pas le simple versement d'une somme d'argent, mais appelle la recherche de solutions complémentaires.
- Litiges dans lesquels les problèmes sont multiples et occasionnent plusieurs procédures connexes.
- Litiges dont la solution de droit est particulièrement incertaine (vide juridique, lacune ou contradiction du contrat, etc.).

En revanche, exceptionnellement, certains litiges ne se prêtent pas à la médiation. C'est le cas lorsque :

- Le différend relève de l'application d'une disposition d'ordre public.
- L'une des parties affiche un évident refus de négocier et donc de transiger ou une patente mauvaise foi.
- Un jugement exécutoire est impératif.

Rôle des avocats en médiation

Les avocats jouent un rôle essentiel dans le processus de médiation.

La médiation n'exclut pas l'avocat de la gestion du litige. Bien au contraire, il y participe activement en qualité de conseil, ce qui lui confère, entre autres, un rôle de garant de la licéité et de la validité de l'accord, de sa conformité aux intérêts de son client et de sa correcte rédaction.

Introduction à la médiation professionnelle

Jean-Louis LASCOUX,
président de la CPMN, médiateur et formateur en médiation

INTRODUCTION

Tout conflit ou situation conflictuelle trouve un jour une issue : abandon des revendications affectives et matérielles, épuisement, mort de l'une des parties, ou incapacité à agir, les parties trouvent un accord : imposé, choisi.

Il ressort de l'examen des procédés de résolution des conflits deux types d'approche : une approche plutôt spontanée qui consiste à chercher à comprendre ce qui se passe et à comprendre l'autre : il s'agit de la réflexion en altérité.

Et lorsque cette recherche de compréhension ne permet pas de sortir du schéma conflictuel, le mode de réflexion qui se met en place est celui de l'adversité.

Lorsqu'on fait appel à des tiers pour accompagner la résolution d'un conflit, on obtient, via les conseils en stratégie ou en droit, une assistance de l'adversité, et via les médiateurs professionnels, une assistance de l'altérité.

La médiation professionnelle fait sortir la résolution amiable des différends des préjugés et des bonnes intentions. Autrement dit, à défaut d'une pratique professionnelle, la médiation offre une voie restreinte à la résolution amiable des différends. Elle reste dans un fonctionnement de relations de sympathie, de bon sens et de feeling, lequel diminue le potentiel d'un processus qui vise à étendre la liberté de décision des personnes.

Lorsqu'un conflit en est arrivé au point que les parties ne voient plus d'autre issue que de recourir au système judiciaire, c'est parce qu'elles ont atteint leurs limites dans leur capacité, leur envie, leur motivation à discuter avec l'autre. Elles ont le sentiment d'avoir tout fait, tout essayé, tout tenté, en vain. Souhaitant faire reconnaître leur raison ou leur bon droit, elles en viennent à l'idée du constat qu'elles ne peuvent que s'en remettre à la décision d'un tiers. Imaginer qu'il pourrait y avoir encore une possibilité de discussion leur apparaît fantaisiste, illusoire.

Cette amorce d'altérité s'est épuisée dans la sympathie.

En effet, très souvent, les parties ont eu recours à des tiers animés de bonnes intentions dans la recherche d'un éventuel rapprochement ou d'un compromis. Ces tiers en ont appelé à la modération, à la conciliation, à l'évidence technique. Ils ont évoqué le droit, souligné les risques, parfois discuté avec l'un, avec l'autre. Mais à défaut de maîtriser ou de pouvoir développer un processus rigoureux, le différend est resté enchevêtré dans les contradictions des parties qui voudraient bien le résoudre, mais qui ne parviennent pas à s'y résoudre.

Dans un conflit, les stratégies des parties sont plus ou moins élaborées et réfléchies, et la plupart du temps paradoxales. Elles consistent à créer des alliances, concevoir les relations en termes de camps et d'opposition, d'adhésion et de rejet. Leur échec conduit les parties à abandonner leur liberté de choisir la solution, c'est-à-dire à abandonner leur libre décision à un tiers juge, quitte à ce que celui-ci les renvoie dos à dos, ne résolve rien, examine le contentieux sous un angle qui restera frustrant. Dans ce cas, les parties resteront avec l'essentiel de leur différend.

Dans ces conditions, une proposition de médiation qui en appellerait à la bonne volonté ou à la bonne foi des parties paraît envisageable pour les personnes extérieures au conflit, qui fondent leur posture sur le bon sens. Elle est inacceptable pour les protagonistes. Autrement dit, il est illusoire d'imaginer pouvoir obtenir un libre consentement ou une libre adhésion à un processus de médiation de cette nature.

LA MÉDIATION PROFESSIONNELLE

Pour mettre en place une médiation qui fonctionne, il convient de reprendre les définitions traditionnelles des personnes et des conflits, et de penser la médiation comme une discipline à part entière.

Par exemple, concernant le conflit, il convient de sortir des définitions floues, attribuant des responsabilités ou de l'irresponsabilité au sens moral ou juridique, dans l'émergence de celui-ci.

Voir le conflit comme étant le résultat d'un désaccord portant sur des enjeux ou des intérêts, des divergences de points de vue, n'est pas faux, mais ne donne aucun moyen d'investigation réel pour un professionnel, si ce n'est que de penser en termes d'« expertise » et d'« appel au bon sens ».

La médiation professionnelle est une proposition novatrice. Dans un premier temps, c'est un concept promu depuis 2001 par les membres de la première organisation non gouvernementale ayant choisi de représenter et défendre les intérêts matériels et moraux de ses adhérents en tant que médiateurs professionnels.

LES ÉLÉMENTS DU CONFLIT

Cette approche, définie comme une discipline à part entière, propose notamment d'examiner les conflits traités habituellement par le système judiciaire. Elle en identifie trois composantes :

– juridique : c'est-à-dire le lien de droit qui existe entre les parties,

- technique : c'est-à-dire les aspects « pratiques », organisationnels ou financiers,
- affective : c'est-à-dire émotionnel, typique d'une relation dégradée, entretenant le différend par delà l'éventuel règlement du conflit dans ses aspects juridique et technique.

Pour qu'un différend soit judiciarisé, il faut qu'il ait une composante juridique permettant de fonder la demande. Les instruments du professionnel, c'est-à-dire du juriste, seront les textes de lois et la jurisprudence. Il convient de souligner que l'élément juridique constitue une conséquence de la relation et non une cause. L'ensemble du système de traitement des différends, qui est le point de référence dans notre société, propose un angle d'approche par la conséquence, ce qui tend à dénaturer la réalité de la relation.

La deuxième composante des conflits qui sont appelés à être examinés par les tribunaux est d'ordre technique, concret, matériel, tangible, évaluable, quantifiable. Cet aspect du conflit répond à la question d'une éventuelle entorse à un contrat, d'un préjudice matériel faisant l'objet d'une demande en vertu de l'argumentation juridique visée plus haut. Si cet aspect peut être confié au seul juriste, il peut parfois nécessiter l'intervention d'un expert du domaine, tel un géomètre, médecin, expert agricole, immobilier, automobile...

Ces deux premières composantes d'un différend pourraient ne pas déboucher sur une procédure judiciaire. Si l'on s'en tient rigoureusement à ces deux éléments juridique et technique, il est vraisemblable de rester dans le cadre d'une négociation visant la réparation matérielle ou l'aménagement juridique si besoin en est. Une démarche de conciliation est également possible. Un système de type transactionnel pourra également être aménagé. Le type de différend qui ne comporte en principal que ces deux premiers aspects ne devrait pas se retrouver devant les tribunaux. Tant qu'il n'y a que ces deux éléments, les parties n'ont pas épuisé l'ensemble des moyens de discussion permettant de déboucher sur un accord.

En réalité, un troisième élément intervient, qui explique la judiciarisation d'un différend : l'élément affectif, le facteur émotionnel. C'est cet élément qui fait que les parties s'avouent dans l'incapacité de poursuivre un dialogue, une négociation, parce qu'elles ont le sentiment d'avoir épuisé toutes les possibilités et qu'elles ne veulent pas s'investir plus avant, en direct, dans la moindre discussion.

L'élément émotionnel peut avoir des origines indirectement liées aux protagonistes ; des tiers peuvent être intéressés à ce que le conflit perdure sous cette forme ou se perpétue sous des formes larvées. L'intérêt peut être la défense d'un enjeu moral ou financier. Quoi qu'il en soit, l'élément émotionnel est celui qui explique que des parties abandonnent à un tiers leur liberté de décision, qui participe notamment de la vie d'un contrat. Soumis à un juriste, cet élément pourra faire l'objet d'une indemnisation pour préjudice moral.

Ces trois éléments apparaissent comme des constantes dans tous les différends soumis au système judiciaire. Ils font l'objet d'un examen linéaire, à commencer par l'élément juridique, en poursuivant par l'élément technique pour terminer par l'élément émotionnel.

Cette évidence nous fait adopter un point de vue nouveau lorsque nous développons un processus qui consiste à inverser l'approche de ces éléments constitutifs des conflits judiciarisés. C'est là le point de départ d'une approche professionnelle en matière de médiation. Le processus conduit par le médiateur va commencer par privilégier l'apurement de la dimension émotionnelle, qui souvent occulte la réalité technique du conflit, mais qui n'en est pas moins la composante de motivation. Le travail du médiateur consiste à démêler ce qui, dans l'histoire de la relation, a monté le conflit. Ce travail permet aux parties d'engager une discussion, d'être accompagnées dans leur réflexion. Le médiateur développe un état d'esprit d'altérité, et, pour cela, est acteur de la reconnaissance des parties.

Dans son approche du conflit, il commence par l'élément émotionnel, puis technique et enfin l'élément juridique, lequel pourra faire l'objet d'un accord écrit ou non. Il va devoir conduire un processus qui commencera par des entretiens individuels pour préparer les parties à une rencontre jusqu'alors inconcevable pour aboutir à une discussion jusqu'alors inimaginable.

POSTURE ET TECHNIQUES DU MÉDIATEUR

Les compétences acquises dans cette discipline sont de deux ordres :

- Savoir conduire des entretiens.
- Savoir animer des réunions dans des contextes conflictuels.

Le médiateur est l'accompagnateur d'un changement de posture, puisque les parties, dans le parcours de résolution du différend, vont revoir leur positionnement et leur dynamique qui consistait à vouloir imposer à l'autre leur solution et leur point de vue.

Le choix fait par la CPMN est de défendre en tant que structure syndicale les intérêts matériels et moraux des médiateurs qui promeuvent cette discipline sous cet angle méthodologique et pragmatique consistant à mettre en oeuvre un ensemble de moyens en vue d'obtenir un résultat portant sur trois issues possibles :

- la reprise de la relation telle qu'elle était avant le conflit,
- l'aménagement de la relation,
- la rupture consensuelle.

Le travail réalisé sur le plan éthique et déontologique par la CPMN a permis d'identifier quatre courants de pensée qui tendent à envisager la résolution des conflits. Il s'agit des courants de pensée qui définissent la personne humaine. Le plus ancien est de type spiritualiste, selon lequel la personne est issue d'une volonté surnaturelle et au sein duquel s'affrontent le bien et le mal, avec les notions de péchés, de faute, de culpabilité, avec la recherche du pardon, du rachat. Tout conflit est susceptible ici de trouver une explication. Si l'on adopte ce point de vue, le médiateur légitime est le messager de cette volonté surnaturelle, quelle que soit son obédience.

Le deuxième courant de pensée, héritier du premier, est celui par lequel la personne humaine est définie comme un sujet de droits et d'obligations, signataire obligée d'un contrat social qui l'engage bien avant sa majorité. Le médiateur susceptible d'intervenir est celui qui fera raisonner le bon droit, l'équité, les parties devant s'y soumettre, faute d'y adhérer.

Le troisième courant, plus récent, laïcisant le premier, propose un regard curatif, thérapeutique sur les conflits. La personne humaine est sujette à des pulsions et des névroses qui nécessitent une intervention pour la soigner. Ces névroses trouveraient dans une situation conflictuelle des expressions spécifiques. Le médiateur serait un thérapeute, et la médiation, sinon un remède, en tout cas une thérapie.

Au regard de ce panorama des courants de pensée et des conceptions de la personne humaine, les médiateurs professionnels adoptent une perception de la personne humaine comme étant en apprentissage permanent de sa propre existence, de ses relations avec la vie. Autrement dit, ce qui caractérise l'Humain est l'ignorance de ses propres comportements et la difficulté à se maîtriser lors de ses emportements. Dans cette conception, le médiateur est un accompagnateur de réflexion, de prise de conscience et une aide indispensable à la prise de décision dans les situations difficiles. Il agit en accompagnateur des changements et de recherche de solution.

CONCLUSION

Pour conclure cette introduction générale à la médiation professionnelle, qui pourrait nécessiter de développer les techniques d'entretien et d'animation de réunion, d'aide à l'expression individuelle et collective, il convient d'insister sur le fait qu'un médiateur doit savoir préserver une posture d'indépendance relativement aux organisations qui font appel à ses services, avec les relations au système hiérarchique et références culturelles inhérentes. De même, il doit savoir maintenir une distance professionnelle concernant les valeurs morales des parties et leurs problématiques, c'est-à-dire rester impartial. Enfin il doit savoir accompagner les parties dans l'adoption d'une solution qui leur convienne sans lui même être l'évaluateur de la pertinence de cette solution qui, s'il s'identifiait aux parties, pourrait ne pas lui convenir.

Bref, il doit faire sienne la devise de la médiation professionnelle : « indépendance, impartialité, neutralité ».

Sources, ouvrages et travaux de références

* www.wikimediation.org

* « Pratique de la médiation », Jean-Louis Lascoux, ESF

* « Et tu deviendras médiateur... », Jean-Louis Lascoux, Médiateurs Éditeurs

* « Le Code de la médiation », Agnès Tavel et Jean-Louis Lascoux, Médiateurs Éditeurs

HONGRIE

La médiation judiciaire en Hongrie

Marta NAGY,
vice- présidente du tribunal municipal de Szeged

I. INTRODUCTION

Avant 2002, en Hongrie la procédure de médiation était liée à celle de l'arbitrage. La loi sur la procédure de médiation en matière civile et commerciale, entrée en vigueur le 17 mars 2003, stipule les règles générales de la médiation et définit les services, les conditions et les modalités de la médiation précédant ou remplaçant le procès en cas de litige en matière civile et commerciale. En Hongrie, il n'y a donc pas d'obstacle pour avoir recours à la médiation extrajudiciaire comme instrument de gestion des litiges, mais aucune percée significative dans ce domaine n'a été constatée jusqu'à ce jour.

L'accord relatif à la procédure de médiation ne touche pas le droit des parties à saisir le tribunal judiciaire ou celui d'arbitrage pour traiter leurs conflits. Dans ce cas le tribunal astreint le demandeur à rembourser les frais de la procédure.

Si, grâce à la médiation, les parties s'entendent sur une solution préjudiciaire, le juge peut contrôler sa conformité avec l'ensemble des règles correspondantes et l'homologuer.

En cas d'échec de la médiation, les parties peuvent saisir le tribunal pour trancher leur litige.

Les médiateurs sont payés par les parties elles-mêmes.

Conformément aux dispositions de la loi précitée sur la médiation, les juges ne peuvent pas devenir médiateurs.

Les dispositions de cette loi ne connaissent que la médiation volontaire. Le médiateur peut ainsi être désigné par les parties elles-mêmes.

En Hongrie, il existe encore certains types de médiation. La médiation est importante dans les domaines des conflits familiaux.

II. LA MÉDIATION JUDICIAIRE

La loi sur la médiation extrajudiciaire ne peut être appliquée de manière automatique et directe dans les procédures judiciaires. Le NCP a établi la possibilité d'obtenir la réparation d'un dommage durant la médiation.

En Hongrie, la législation actuelle en matière civile (famille) et commerciale connaît la réconciliation ainsi que la coopération active du juge dans les transactions judiciaires. Dans ces règles, il ne s'agit que de la conciliation, mais la médiation ne figure pas dans le texte de notre CC.

Le CPC donne aux juges le pouvoir d'encourager les parties à traiter leur conflit par un accord mutuel et les parties peuvent demander l'homologation judiciaire qui doit être accordée. Ceci permet l'obtention d'un titre exécutoire.

Les dispositions procédurales ont changé à partir du 1er janvier 2009. Un changement partiel s'est opéré dans le domaine de la médiation. Les parties doivent justifier une participation à un entretien préalable en vue de la gestion de leur conflit par un mode alternatif, soit la conciliation, la facilitation ou la médiation.

Les règles relatives aux frais justice ont changé. Si l'une des parties, malgré l'accord de médiation, saisit le tribunal pour trancher le litige ou créer des difficultés d'exécution, le tribunal peut l'obliger à payer les frais de justice de son adversaire.

Au cours de la procédure judiciaire, le juge doit informer les parties sur l'effet de la procédure de médiation, sur le déroulement de cette mesure et sur les règles de l'homologation de l'accord. La procédure judiciaire sera suspendue pendant la procédure de médiation. Conformément à la loi sur les droits et frais de la procédure amendée, ceux qui participent à la procédure de médiation bénéficient d'une réduction de frais.

Malgré ces changements, la médiation est pratiquement inconnue dans les procédures judiciaires en Hongrie.

La situation est un peu plus nuancée en matière familiale. De nos jours, quelques tribunaux tant à Budapest qu'en province proposent aux parties le recours à la médiation après l'ouverture de la procédure judiciaire, au cours de la première audience ou par la suite, dans l'objectif de faciliter la coopération des parents dans le domaine de l'exercice de l'autorité parentale. La réglementation actuelle rend possible la suspension de la procédure judiciaire à la demande des parties. En général, les juges profitent de cette possibilité procédurale si les parties décident mutuellement et de leur propre initiative d'avoir recours à la médiation pour régler leur litige. Si un accord extrajudiciaire est conclu entre les parties, le tribunal peut l'homologuer.

En mai 2006, pour promouvoir la médiation parmi les juges et les parents, le tribunal départemental de Csongrád (notre tribunal) a conclu un accord de coopération avec l'Association nationale des médiateurs des espaces de rencontre.

Après mai 2006, c'est un plaisir de constater que le nombre des affaires dans lesquelles les parties ont participé dans une procédure de médiation à la suite de l'audience a doublé.

Sous l'effet de ces expériences, le Conseil national de la magistrature a lancé un projet expérimental national du 1er mars 2009 au 1er mars 2010. Sur l'initiative du Conseil, le projet a été introduit dans trois tribunaux, entre autres dans notre tribunal.

Selon ce programme la juridiction peut, après avoir ordonné la comparution personnelle des parties, à la première audience, proposer la médiation et, par une lettre d'information, inciter les parties à rencontrer un médiateur. Les juges peuvent déposer cette lettre dans tous les dossiers.

Le Conseil a établi une permanence des médiateurs dans les trois tribunaux, ce qui permet de favoriser la mise en œuvre du processus de médiation, en particulier lorsque cette permanence se tient pendant l'audience. En cas d'accord à l'audience, sur la proposition de médiation par la juridiction ou par une des parties, la juridiction, après avoir recueilli l'avis des deux parties, les invite à prendre immédiatement contact avec la permanence des médiateurs, qui pourra leur donner tous les renseignements utiles.

Si les parties souhaitent avoir recours à la médiation, le juge peut suspendre la procédure judiciaire à la demande des parties.

Si un accord est conclu entre les parties, le tribunal peut l'homologuer.

En cas d'échec de la médiation, les parties peuvent demander de continuer le procès et le juge tranchera le litige.

Dans notre tribunal les juges ont proposé aux parties le recours à la médiation dans 300 affaires (civiles, familiales, commerciales). Dans 50 cas les parties ont signalé avoir participé à une procédure de médiation dont 15 étaient déjà réussies. Les deux autres tribunaux n'ont pas de résultats mesurables pour les raisons sont les suivantes :

1. Notre tribunal sélectionne des dossiers selon la typologie prédéfinie.

2. La participation à ce programme est fondée sur la volonté des magistrats. Nous avons choisi huit magistrats, qui se sont engagés à la mise en place de la médiation au sein de la juridiction.

3. Nous avons fait des expériences informelles pendant la période 2006-2009.

4. Dans d'autres tribunaux, les magistrats craignaient probablement de perdre une partie de leurs activités.

En Hongrie, il n'y a aucune tradition de médiation comme mode alternatif dans le traitement d'un conflit. Sans inscription au CC et CPC, nous ne disposons pas d'outils procéduraux pour introduire ce mode alternatif. Nous avons des difficultés concernant le rôle des avocats.

III. Le développement de la médiation judiciaire en Hongrie

Un des principes fondamentaux du projet de loi sur la famille du NCC, favorise la gestion des conflits familiaux par un accord de médiation en matière de divorce et de séparation. Concernant l'exercice de l'autorité parentale, le juge peut enjoindre aux parties de rencontrer un médiateur familial dans l'intérêt d'assurer la coopération et le droit de visite.

Les dispositions de NCC entreront probablement en vigueur en 2010. Mais l'intégration de la médiation dans les procédures judiciaires nécessite un changement complet des règles procédurales, l'accès à la médiation à moindres frais, ou dans certains cas, gratuitement, le changement de mentalité de la part des acteurs judiciaires, l'élargissement du cadre de la structure de formation des médiateurs.

L'intégration de la médiation entre les murs du tribunal, comme partie organique de la procédure judiciaire, n'est qu'à ses débuts même dans les autres pays européens, et c'est un processus qui est loin d'être clos. On espère que la médiation judiciaire trouvera progressivement sa place en Hongrie.

La médiation en Italie

Alessandro BRUNI,
Avocat, médiateur professionnel, arbitre,
Professeur de « médiation et de conciliation »,
l'Académie Internationale des Sciences de la Paix, Rome,
Fondateur et membre du conseil d'administration de Concilia

INTRODUCTION

Même si la médiation dans ses multiples sens (familiale, civile, commerciale, de sociétés, environnementale, sociale, etc.) est bien connue en Italie depuis de nombreuses années, l'Italie est l'un de ces pays où la médiation dans sa forme moderne n'a émergé que depuis quelques décades et n'est pas encore une culture générale et commune ni une discipline professionnelle et éthique, valable pour toutes les formes de médiation.

Cette situation explique la raison pour laquelle, jusqu'à ces toutes dernières années, le marché n'a pas requis beaucoup de médiateurs ni d'autres distributeurs d'ADR.

Ce n'est que récemment (environ à partir de 2000) que la médiation a eu une période plus florissante et, depuis 2007, la plupart des cours de formation à la médiation ont été approuvés par le Ministère de la Justice pour leur qualité et leur pertinence. Ce sont des cours hautement professionnels pour la formation de médiateurs ayant des positions hiérarchiques élevées dans les sociétés, la finance, la banque (en fait, si ces derniers sont demandés par les deux parties d'une médiation de cette espèce, ils doivent rédiger une proposition non liante sur la possibilité de résolution du conflit).

LE CADRE DE LA MÉDIATION EN ITALIE

Il y a longtemps que la médiation est connue en Italie, mais on n'a commencé à s'intéresser sérieusement à elle pour développer les moyens de résolution des conflits que dans les quinze dernières années.

Le rôle joué par les Chambres de Commerce et par quelques personnes physiques dans la diffusion des procédures de médiation après et avant la Loi n°580/1993 est indéniable. Dans beaucoup de secteurs, la possibilité de faire des médiations pour résoudre les conflits est apparue, et dans certains cas, les résultats de la procédure de médiation, quand elle était positive, pouvait lier les parties (c'est encore comme cela aujourd'hui).

La législature débutée dans les années 1990 a commencé à créer des facilités statutaires pour la médiation et la conciliation dans toutes ses réformes et tous les secteurs. Quelques-unes des premières tentatives ont été misérablement appelées palliatives pour le système judiciaire, malade chronique, mais la tendance législative a continué dans ce sens et s'est même renforcée. L'innovation la plus significative pour le développement de la médiation est venue du Décret Législatif 5/2003 qui autorise la médiation et l'arbitrage des conflits à l'intérieur d'une société (et dans certaines autres circonstances).

L'importance n'était pas tellement dans le petit nombre de conflits soumis à ces nouvelles procédures, que dans les structures mises en place pour les installer. La nouvelle Loi impose à ceux qui veulent faire des médiations de s'enregistrer auprès du Ministère de la Justice, les instituts de formation comme Concilia S.r.l., dont le siège social est à Rome (www.concilia.it), sont aussi obligés de s'enregistrer, de faire contrôler leurs programmes, d'introduire un système de contrôle de qualité et de faire un rapport au Ministère de la Justice. Ce système signifie que maintenant, seuls ceux qui sont inscrits sur le registre du Ministère peuvent proposer des médiateurs (leurs médiateurs accrédités) aux sociétés et pour les autres conflits que la législation actuelle leur permet de régler.

Si elles ne tiennent pas compte de cela, les parties qui en Italie confieraient leurs conflits à un médiateur non enregistré risqueraient de ne pas voir leurs accords revêtus de la force exécutoire. Alors, il semble bien que le législateur croit que cette approche régulatrice et interventionniste est celle qui convient le mieux à l'Italie, et qu'elle va dans le sens voulu pour l'installation de la Directive 2008/52.

Dans les autres domaines civils et commerciaux, il n'y a encore aucune demande formelle ni aucune nécessité d'avoir des procédures de médiation particulières (mais voir plus bas).

Récemment, la Loi 69/2009 du 18 juin 2009 donne au Gouvernement la charge de faire des textes instituant la médiation et la conciliation dans presque tous les conflits civils et commerciaux(elle dit : la finalité de la médiation est la conciliation du conflit). La législation qui en découlera va probablement suivre le modèle établi pour les conflits des sociétés, qui donne un fort taux d'accords. (Décret Législatif n° 5/2003).

Donc dorénavant, ni la formation à la médiation, ni le fournisseur de médiations ne pourront faire appel à un praticien italien s'il ne peut pas prouver qu'il satisfait aux critères du Ministère.

Une fois la législation en place, les parties ne pourront se reposer sur aucun accord de médiation sauf s'il est fait sous la houlette d'un fournisseur d'ADR agréé.

SUISSE

Renouveau de la résolution amiable des différends en Suisse

Les perspectives d'une justice plurielle selon le code de procédure civile suisse unifié

Jean MIRIMANOFF,
Médiateur assermenté, juge honoraire, Suisse

De tout temps la résolution amiable des différends (RAD) a rencontré la faveur du peuple suisse, a empreint sa culture et a marqué même les étapes de son histoire.

Sur le plan interne, c'est une conciliation demeurée dans la mémoire de la conscience collective, celle de frère Nicolas de Flue, ermite respecté, mais sans pouvoir, qui a évité une guerre civile entre les Confédérés. Son intervention a abouti à la signature par les Cantons suisses de la Convention de Stans (1481), qui rétablit la paix entre eux à l'issue des guerres de Bourgogne victorieusement menées contre Charles le Téméraire. Dans la démarche du saint ermite apparaissent déjà les conditions de la résolution amiable moderne : indépendance, impartialité, neutralité et humilité de l'intervenant, confidentialité du processus.

Sur le plan international, le Traité de Westphalie (1648), qui reconnaît *de jure* l'indépendance des Cantons vis-à-vis de l'Empire, et qui est plus connu pour avoir mis fin à la guerre de Trente Ans, est lui-même issu de la plus longue et complexe médiation multilatérale de l'histoire occidentale. Elle fut confiée, pendant cinq ans, à l'ambassadeur de la République Sérénissime de Venise, demeurée neutre, Aloysius Cantarini, qui en a décrit le processus, dans lequel apparaissent les mêmes conditions précitées.

La neutralité de la Suisse, reconnue par les Puissances dans les Traités de Paris et la Convention de Vienne (1814-1815) permettra à notre pays d'offrir ses bons offices depuis lors et jusqu'à aujourd'hui, en Europe puis dans le monde. Elle inspira à son tour Henry Dunant, après la bataille de Solferino (1859), avec l'invention de la Croix-Rouge internationale dont les principes sont la neutralité, l'indépendance, l'impartialité, l'absence de pouvoir (humilité) de l'Institution et la confidentialité entourant son mode d'action. À certains égards on serait tenté de dire que les valeurs de la Suisse et de la résolution amiable se confondent.

Pourtant sur le plan interne, depuis la naissance de l'État fédéral et la formation de l'État de droit en 1848, l'ancienne médiation, marginalisée avec l'arrivée de la conciliation préalable obligatoire apportée par les institutions françaises (Constituante de 1790), s'évanouit. Les codes de procédure civile des Cantons développent les règles de la procédure civile en accordant leur faveur au combat judiciaire, même si la conciliation garde une place importante parfois. Cent cinquante ans s'écoulent ainsi en formatant les modes de pensée et d'action des praticiens autour du règlement imposé : la procédure civile, et rejointe un siècle plus tard par l'arbitrage, qui peu à peu partagera avec elle les inconvénients ayant favorisé sa naissance : lenteur, complexité et coût élevé.

En proclamant que désormais " le règlement à l'amiable (des différends) a la priorité " (message du Conseil fédéral du 28 juin 2006, p. 20, introduisant le projet de code de procédure civile fédérale suisse unifié), le Gouvernement fédéral, suivi par les Chambres fédérales qui l'adoptent en décembre 2008, donnent d'une part à la conciliation une importance nouvelle en l'encourageant dans la tentative préalable puis à tous les stades de la procédure et d'autre part à la médiation une légitimation incontournable en la rendant possible en option avec la tentative préalable, puis à tous les stades de la procédure également.

Pourtant, de nombreux obstacles doivent être renversés pour traduire l'injonction des Autorités fédérales dans la réalité quotidienne des juridictions, des Cantons et des Autorités fédérales elles-mêmes. Face à tant d'habitude du combat judiciaire, il convient de dissiper trois craintes entourant la médiation : la peur de la nouveauté, celle de perdre son pouvoir ou ses ressources, peurs dont la capacité de nuisance a failli coûter la vie à la jeune médiation lors des débats parlementaires sur le CPCS et l'a fait rayer du texte du code de procédure pénale suisse unifié, tandis que la médiation administrative s'est fait, peu avant, discrètement une place à l'occasion de la réforme de la loi fédérale administrative.

La question essentielle à traiter ces prochaines années, voir décennies, pour favoriser l'essor de la résolution amiable des différends en Suisse est celle des mesures de sa mise en œuvre, les Lignes directrices du Conseil de l'Europe (CEPEJ - 2007) No 13, 14 et 15 de décembre en constituant au demeurant un guide fort utile tant pour les Autorités tant fédérales que cantonales, pour le secteur public comme pour le secteur privé. À cela s'ajoute la nécessité d'instaurer dans les lois d'organisation ou dans les pratiques judiciaires des Cantons la connexion fonctionnelle qui manque actuellement entre la procédure et la médiation : les magistrats ou service de référence RAD / ADR. Le système institué par le législateur suisse (comme celui de la France et de la Belgique, d'ailleurs) ayant fâcheusement omis de la prévoir, ce qu'avaient fait les législateurs des Pays-Bas Bas et d'États américains. Mais c'est surtout en formant les nouveaux acteurs aux formes fructueuses de la négociation raisonnée et de la négociation collaborative dans les ateliers des Universités suisses et lors de la formation des avocats stagiaires et des futurs magistrats que l'on parviendra véritablement à faire évoluer, en complément avec la justice traditionnelle, la manière de gérer les conflits, en pensant d'abord à la résolution amiable avant de saisir les tribunaux, ce que recommandait déjà Platon il y a quelque deux mille cinq cents ans.

Chapitre II

ÉTAT DE LA MÉDIATION JUDICIAIRE DANS LES DIFFÉRENTS PAYS

ALLEMAGNE[9]

Christoph STRECKER,
juge honoraire

LÉGISLATION

Médiation et conciliation judiciaires

La procédure allemande est très spécifique. Elle conduit le juge à intervenir très activement dans la recherche d'un accord entre les parties.

En matière civile, il y a deux dispositions générales qui s'appliquent à toutes les matières :

- § 278 ZPO (code de procédure civile) : le tribunal doit favoriser la recherche d'une solution amiable tout au long de la procédure (en pratique, en matière commerciale, environ 30% des litiges seraient résolus par voie amiable),
- § 794 ZPO (code de procédure civile) : l'accord entre les parties est une cause d'extinction de l'instance. L'exécution forcée de l'accord peut être demandée par les parties.

Sauf exception, les juges allemands ne tentent pas de mener par eux-mêmes, une médiation.

Depuis le 1er janvier 2000, la médiation est devenue un préalable à l'action judiciaire, dans certains contentieux mineurs. En effet, depuis le 1er janvier 2000, les Länder ont la possibilité d'adopter des lois régionales prévoyant une phase obligatoire de conciliation dans certaines matières, c'est l'article 15 A de la loi relative à la mise en œuvre du code de procédure civile. Il s'agit, notamment, de tous les litiges en matière civile d'un montant inférieur à 750 euros, de conflits de voisinage et d'atteintes à la réputation ou à l'honneur. Les Länder les plus importants d'Allemagne (Bade-Wurtemberg, Bavière, Rhénanie du Nord, Westphalie) ont déjà adopté des dispositions de ce type dans leurs législations régionales respectives.

---

[9] Mise à jour 2009.

En pratique, deux situations peuvent être signalées :

– Une expérience sur la médiation judiciaire facultative fut menée jusqu'à la fin de l'année 2001, dans la région de Stuttgart, mais elle est considérée comme un échec par les observateurs : 4 tribunaux locaux, 12 juges et 15 médiateurs ; les juges peuvent choisir un médiateur sur la liste. 12 affaires sont allées en médiation (chiffres de décembre 2000). Le taux de succès est très élevé (95%). Toutefois, en pratique, cette expérience s'est mal développée en raison du comportement des juges qui préféraient traiter eux-mêmes les litiges et tenter de faire parvenir les parties à une solution amiable, sans avoir recours à un médiateur.

Au contraire, le tribunal régional de Stuttgart tenta une expérience d'environ 1000 médiations qui eurent un taux de succès près de 90% avec un évident gain de temps.

– La « Schlichtung » (l'arrangement, conciliation), procédure particulière propre au droit allemand (et autrichien) s'est développée grâce à des institutions privées. Cette procédure se situe entre la médiation et l'arbitrage : le tiers essaie de rapprocher les parties et, si aucune solution amiable n'est envisageable, il peut prononcer une décision obligatoire à leur encontre. En principe, ce processus est extrajudiciaire, mais une loi fédérale, du 15 décembre 1999 (BGBI I S.2400), a mis en place la *Schlichtung* dans le cadre du tribunal : l'action judiciaire n'est recevable que si une conciliation a été préalablement tentée. Trois Länder ont adopté cette procédure : la Bavière, le Nordrhein-Wesphalen et le Baden Wurtemberg.

Une réforme du code de procédure civile (2002) (§ 278 (5) ZPO) permet au juge de renvoyer les parties à un médiateur pour une solution extrajudiciaire du litige.

Le code de procédure civile ne prévoit pas d'activité de médiation directe réservée au juge ; mais, malgré cela, l'effort du juge pour rechercher une solution amiable au conflit est considéré en Allemagne comme l'un de ses devoirs les plus importants ! L'accord des parties est enregistré par le juge et, par ce biais, devient titre exécutoire (section 794 (1) 1 ZPO). La procédure allemande prévoit aussi la possibilité d'un ordre judiciaire qui reçoit les indications des parties ayant défini l'accord (section 278 (6) ZPO).

Enfin, les attitudes des parties sont inscrites sur le procès verbal d'une conciliation échouée ; ceci permet au juge à la fin d'un procès ultérieur d'apprécier la charge des frais de justice.

Médiation conventionnelle

La « Schlichtung » a été pratiquée initialement par de nombreux centres privés.

Ce n'est que récemment qu'elle s'est développée dans un cadre judiciaire.

Définition de la médiation et de la conciliation

Processus volontaire et privé dans lequel un tiers neutre aide les parties à trouver une solution négociée, ce tiers n'ayant pas le pouvoir d'imposer une décision. Il n'existe pas de réelle différence entre la notion de médiation et de conciliation : on peut simplement relever une nuance dans le cadre de la conciliation, le tiers guiderait activement les parties vers une solution.

Origine professionnelle des médiateurs et des conciliateurs

Il n'y a pas de liste officielle de médiateurs, mais une qualification est requise par les institutions de médiation ou les chambres de commerce qui demandent aux médiateurs de se former avant d'être inscrits sur leurs listes. La plupart sont des avocats, mais cette activité n'est pas restreinte aux seules professions juridiques ; les psychologues sont également d'actifs médiateurs. Selon la nature du litige interviennent d'autres professionnels : notaires, ingénieurs, experts-comptables.

L'activité de médiateur est plus ou moins réglementée par des chartes et autres professions de foi publiées par les organisations de médiateurs professionnels qui s'efforcent tant bien que mal de définir quelques règles simples en matière de déontologie et de formation. Les seules obligations pesant actuellement sur les médiateurs - et sur les parties - sont de nature contractuelle, toute médiation donnant lieu en principe à la signature préalable d'une convention.

Une autre question - abordée nulle part, mais présente dans tous les esprits - est celle du financement qui peut être à la charge des parties ou de la justice.

Formation des médiateurs et des conciliateurs

- Formation privée : la formation est facultative. Mais en pratique, elle est une des conditions requises par les centres privés de médiation pour être candidats médiateurs. Il existe des possibilités nombreuses de formation en matière de médiation commerciale, par le biais d'instituts privés. On peut citer : GMWK, BMWA, DGMW.
- Formation universitaire : Universités de Munster, de Tubingen, de Hagen, de Luneburg, d'Oldenburg.
- Les « Schlichter » (conciliateurs intervenant dans le cadre de la procédure de *Schlichtung*) : aucune formation officielle n'est requise. Les candidats doivent solliciter leur inscription sur la liste des bureaux de conciliation auprès du président du tribunal de première instance local. Pour être admis, certaines connaissances de base en droit sont requises.

Les conciliateurs sont donc en général des avocats, des notaires ou des juges.

- Mais cela dépend de régions qui ont chacune leur propre législation. Ainsi, en Bavière, les psychologues et travailleurs sociaux sont également admis sur la liste des conciliateurs.

Déontologie

Tous les « *Schlichters* » doivent certifier qu'ils agissent de manière indépendante et neutre.

Les Centres de médiation et de conciliation

Les différentes chambres de commerce sont très actives en matière de médiation et d'arbitrage et pratiquent surtout la procédure de *Schlichtung*.

Beaucoup d'institutions privées proposent leurs services en matière de médiation aux entreprises (on en dénombre une trentaine).

Les Modes alternatifs de résolutions des conflits dans les autres domaines (M.A.R.C.)

- Les litiges de consommation, la procédure de Schlichtung a vocation à s'y exercer.
- La loi sur la concurrence déloyale prévoit un organe de conciliation : le président de cet organe peut ordonner la participation des parties à la conciliation même contre leur volonté (*Gestz gegen den unlauteren wettbewerb, art. 27*).
- En droit bancaire, en cas de litige avec sa banque (*§ AGBG*), le client peut faire appel à l'organe de conciliation de la Bundesbank.
- En droit du travail, dans les litiges opposant les employeurs et les employés, une procédure de conciliation préalable obligatoire est instaurée et se révèle assez efficace puisque 70% des litiges sont réglés lors de cette conciliation (*§ 54 Arbeitsgerichts-Gesetz*).

AUTRICHE[10]

Felicitas PALLER,
juge au tribunal de commerce de Vienne

LÉGISLATION

Médiation judiciaire

L'insertion de la médiation dans la procédure judiciaire, qui s'accompagne des exigences de formation des médiateurs et la création d'institutions de formation est – comme pour tout droit professionnel – réglée par la loi. Ces dispositions sont contenues dans la loi sur la médiation en matière civile (ZivMediatG[11], BGBL. I Nr. 29/2003). Les exigences particulières de formation des médiateurs relèvent du décret d'application sur la formation concernant la médiation en matière civile (ZivMediataG, BGBL. II Nr. 47/2004).

En général, la « *Schlichtung* » est un concept propre au droit germanique pouvant être traduit par conciliation. C'est une procédure obligatoire dans certains domaines (pour les litiges en droit du travail et pour les litiges sur les baux, par exemple)

Les « *Schlichtungstellen* », institutions privées qui pratiquent cette procédure, offrent une solution, mais elle ne s'impose pas aux parties. Seule la tentative de conciliation est obligatoire.

Médiation conventionnelle

En matière conventionnelle, les dispositions générales du droit des contrats s'appliquent. La Cour suprême d'Autriche a reconnu la validité des clauses concernant les M.A.R.C., aussi une action intentée avant la fin de la médiation ne sera pas recevable. Certaines décisions ont reconnu le droit aux parties de s'adresser au juge pour que celui-ci nomme un expert neutre.

DÉFINITION DE LA MÉDIATION

La médiation est définie dans le paragraphe 1 alinéa 1 de la loi sur la médiation en matière civile comme « *une activité reposant sur l'agrément volontaire des parties, par laquelle un conciliateur/une conciliatrice neutre et formé(e) de façon professionnelle (médiateur/médiatrice) favorise systématiquement, avec des méthodes reconnues, la*

[10] Mise à jour 2009.

[11] Zivilrechts-Mediations-Gesetz entré en vigueur le 1er janvier 2004.

communication entre les parties, dans le but de permettre une solution assumée par les parties elles-mêmes ».

Origine professionnelle des médiateurs

Il n'y avait pas de liste officielle de médiateurs dans le domaine de la médiation commerciale mais actuellement on compte 3.487 médiateurs inscrits sur la liste du ministère fédéral de la justice.

Depuis le mois de décembre 2000, la chambre nationale des experts-comptables a établi une liste de médiateurs formés. D'origine variée (psychologues, experts-comptables, notaires, conseils en gestion d'entreprise, etc.), la majorité de ces médiateurs est constituée d'avocats.

Formation des médiateurs

Formation privée

AVM (Anwaltliche Vereinigung fur Mediation und kooperatives Verhandeln) :

- Une formation d'au moins 120 heures (étendue sur 6 mois) est requise pour pouvoir figurer sur la liste en tant que médiateur elle coûte de 2.500 à 3.000 euros environ ;
- + 80 heures de formation supplémentaire sur une période maximale de 3 ans et pour un totale de 200 heures de formation.
- De plus les médiateurs doivent suivre ensuite une formation d'un jour et demi tous les ans.

Formations universitaires

- Programme de 2 ans à l'Université de Klagenfurt par exemple (750 heures de formation)
- Formation à l'Université de Vienne.

Formation par les chambres des professions réglementées

- La chambre nationale des experts-comptables organise une formation de 200 heures.
- La formation s'étend sur 14 mois à raison de 2 jours par mois soit un total de 28 jours de formation pour un coût de 8.720 euros.
- L'ordre national des avocats offre des formations à la médiation : un diplôme officiel est délivré par l'ordre ; 10% des avocats autrichiens sont formés à la médiation.
- Certaines chambres de commerce offrent également des formations à la médiation pour les hommes d'affaires ou les conseils en gestion des entreprises.

DÉONTOLOGIE : LE « RÈGLEMENT DE MÉDIATION »

Selon le paragraphe 18 de la loi sur la médiation en matière civile, le médiateur est tenu à la discrétion sur les faits qui lui ont été confiés ou dont il a eu connaissance dans le cadre de la médiation. Il doit traiter de façon confidentielle les documents qu'il a établis ou qu'on lui a transmis dans le cadre de la médiation. Il en est de même pour les assistants du médiateur ainsi que pour les personnes qui, dans le cadre d'un stage de formation, sont employés chez un médiateur et agissent sous ses ordres.

Une interdiction d'audition dans un procès civil existe pour les médiateurs pour les faits qui leur ont été confiés ou dont ils ont eu connaissance dans le cadre de la médiation (comme dans le cadre du secret de la confession ou le secret professionnel – paragraphe 320, ligne 4, du code de procédure civile).

Il existe également le droit de se taire dans un procès pénal ou au cours d'une procédure devant un tribunal administratif (sans qu'il soit expressément fait référence aux médiateurs). La protection de la confidentialité dans une procédure civile est plus fortement prononcée que pour les avocats. Les infractions à la confidentialité de la part du médiateur sont punies judiciairement (paragraphe 31 de la loi sur la médiation en matière civile). Il n'y a pas de devoir de confidentialité pour les parties, sauf contrat conclu au début de la médiation.

Les avocats agissant comme médiateurs doivent se conformer aux droits et devoirs des avocats « Rechtsanwaltsordnung ». Ces dispositions sont d'ordre public et portent sur la conduite à adopter, la confidentialité, l'impartialité. Elles prévoient également qu'un écrit est nécessaire pour commencer le processus de médiation (RL-BA §§63-69, Artikel XII).

L'ordre des experts-comptables a établi des recommandations pour ses membres, mais elles n'ont pas de valeur juridique contraignante.

LES CENTRES DE MÉDIATION

Toutes les institutions sont des organismes privés, le plus souvent constitués sous forme d'association (dont les statuts doivent être déposés au Tribunal).

On en dénombre à peu près une vingtaine. Les chambres de Commerce et les Chambres professionnelles contribuent également au développement du droit des M.A.R.C.

LES M.A.R.C. DANS LES AUTRES DOMAINES

En matière de droit de famille et de la consommation, il existe une législation relative à la médiation ; il est ainsi prévu que le juge peut ordonner une médiation obligatoire en matière de divorce (loi sur la famille de 1992 « Ehegestz »).

On peut dire, de façon approchée, que la médiation est appliquée le plus souvent dans les affaires familiales. Elle est en effet favorisée par le ministère fédéral des Affaires sociales et des générations, conformément au paragraphe 39C, alinéa 1, de la loi de 1967 sur la péréquation des charges familiales.

De plus, il existe des règles de recours à la médiation dans le paragraphe 24F de la loi sur l'embauche des handicapés et dans les paragraphes 15 et 16 de la loi fédérale sur l'intégration des handicapés.

Belgique[12]

Eric BATTISTONI,
juge au tribunal du travail de Verviers

Législation

Conciliation judiciaire

L'art. 731 du code judiciaire autorise les personnes capables de transiger à déposer une requête pour saisir un juge en vue de tenter une conciliation.

Cette pratique s'est développée principalement devant les juges de paix pour le contentieux de petites créances (par exemple, factures d'hôpitaux, d'abonnements, etc.), dans les contentieux locatifs et dans les contentieux de voisinage. En cas de conciliation devant un magistrat, un procès-verbal de conciliation est dressé et il peut être revêtu de la formule exécutoire.

L'art. 972 du code judiciaire en matière d'expertise judiciaire prévoit que « les experts facilitent la conciliation des parties », et les missions consignées dans les jugements contiennent la mention « concilier si faire se peut ». À la demande des parties, le juge entérinera l'accord intervenu.

L'article 1043 du code judiciaire permet au juge de constater la survenance d'un accord entre les parties qui mettent fin à leur litige. Il s'agit d'un jugement d'accord et d'expédient, non susceptible d'appel mais seulement d'annulation si l'accord est vicié dans son consentement par exemple.

Conciliation conventionnelle

Il n'existe pas de législation sur la conciliation conventionnelle. Le résultat positif d'une conciliation se traduira par un accord transactionnel tombant sous le coup des articles 2044 sq. du Code civil. Cet accord peut être entériné dans un jugement, à la condition qu'une procédure judiciaire ait été introduite avant la conclusion de la transaction (1043 C. J.).

Médiation judiciaire et extrajudiciaire

La loi du 19 février 2001, relative à la médiation familiale, autorisait le juge à confier l'accompagnement des négociations à un tiers si les époux y consentaient.

---

12 Mise à jour 2009.

La loi du 21 février 2005 officialise, pour toutes les matières, cette pratique de la médiation sous le contrôle judiciaire. Intitulée « *loi modifiant le code judiciaire en ce qui concerne la médiation* », elle abroge la loi sur la médiation familiale.

La médiation est appelée *judiciaire* si les parties y recourent à l'occasion d'une procédure judiciaire, tandis que la médiation est appelée *volontaire* lorsque les parties y font recours en dehors d'une procédure judiciaire (médiation extrajudiciaire).

Dans les deux cas, le juge peut homologuer l'accord de médiation sauf s'il incompatible avec l'ordre public ou l'intérêt de l'enfant. Comme condition d'homologation, la loi exige aussi que les négociations aient été menées sous la houlette d'un médiateur agréé par la commission fédérale de médiation.

Le principe de la confidentialité traverse toute la matière de la médiation (art. 1728)

DÉFINITION

Conciliation judiciaire ou conventionnelle

Le code judiciaire ne fournit aucune définition explicitant le contenu fonctionnel ni de la médiation, ni de la conciliation.

Plusieurs organismes privés offrent des services de conciliation conventionnelle mais chacun stipule le contenu de sa propre mission de conciliation.

La conciliation semble se différencier de la médiation à cause de deux caractéristiques divergentes :

- d'une part, l'absence de confidentialité du processus de conciliation (sauf accord contraire) ;
- d'autre part, le rôle plus interventionniste d'un conciliateur qui peut suggérer les termes d'un accord.

Médiation judiciaire ou volontaire

L'art. 1730 du code judiciaire modifié par la loi 21 février 2005 permet – indépendamment de toute procédure judiciaire ou arbitrale – de recourir au processus de médiation. Avec l'aide du médiateur, les parties définissent elles-mêmes un protocole sur le déroulement de la médiation. Ce protocole de médiation doit prévoir plusieurs stipulations légalement obligatoires. La signature du protocole suspend le cours de la prescription extinctive.

ORIGINE DES MÉDIATEURS ET CONCILIATEURS

Conciliation judiciaire

Le magistrat saisi d'une requête de conciliation (ou d'office dans le cas où la loi le lui impose) agit en qualité de conciliateur.

L'expert judiciaire tentera de concilier et y parviendra en fonction notamment de ses aptitudes personnelles (compétences professionnelle ou académique).

Conciliation conventionnelle

A priori, toute personne requise et reconnue par les parties est susceptible d'être conciliateur.

Il n'existe aucune obligation d'agrément. Toutefois, certaines institutions sélectionnent les personnes selon divers critères de compétence puis les inscrivent sur leur liste.

Médiation judiciaire ou volontaire

La loi 21 février 2005 a créé une Commission fédérale de médiation qui a pour fonction d'agréer les médiateurs, mais les conditions paraissent assez floues. Le législateur a pensé aux avocats et aux notaires, mais d'autres professionnels peuvent aussi être agréés par la Commission fédérale.

Plusieurs centres privés comme à l'association des médiateurs familiaux se sont créés à côté des ordres professionnels d'avocats ou de notaires. Chacun établit des règles d'agrément et de formation ; ils publient la liste des médiateurs agréés parmi leurs membres.

Seuls, les avocats, les notaires et les architectes dont les professions sont organisées en ordre professionnel, bénéficient de couvertures obligatoires de responsabilité professionnelle collectives.

Le secret professionnel est légalement garanti dans le chef des médiateurs avocats ou notaires ; en revanche, la confidentialité est prévue conventionnellement pour les autres médiateurs.

CENTRES DE MÉDIATION ET DE CONCILIATION

Conciliation

Toutes les institutions sont privées :

AKABA (Chambre anversoise de médiation et d'arbitrage), office de conciliation et d'arbitrage de la chambre de commerce et d'industrie de Bruxelles, Cepani/Cepina, chambre de conciliation et d'arbitrage de Nivelles pour les conflits immobiliers, centre de conciliation et d'arbitrage de la construction, centre belge d'arbitrage et de médiation.

Médiation

Toutes les institutions ou centres sont également privés :

BBMC (Brussels Business Mediation Center), ASBL (dont les 3 partenaires sont la chambre de commerce et d'industrie de Bruxelles et les deux ordres d'avocats du barreau de Bruxelles), AKABA (chambre anversoise de médiation et d'arbitrage), IWAMECO (institut Wallon de médiation économique), centre de médiation du barreau de Liège, centre de médiation du barreau de Verviers, Cepani (centre belge d'arbitrage et de médiation), université de paix, Stop Copy Design ASBL, Stichling Geschillen oplossing Automatisering, Euroarbitrage en formation dans le cadre d'Euronext.

DÉONTOLOGIE DES MÉDIATEURS ET DES CONCILIATEURS

L'ordre national des avocats et certains barreaux dont Anvers, Bruxelles, Liège ont édicté un règlement de déontologie. L'OBFG et le VVB vont promulguer des règles applicables à tous les avocats. Les notaires ont adopté un règlement de médiation.

Tous les règlements mettent l'accent sur la confidentialité, la neutralité, l'impartialité, l'indépendance, l'adhésion au règlement et la qualification du médiateur. Il est à noter que, dans les règlements relatifs à la conciliation, ne se retrouvent pas les notions de confidentialité et de qualification des conciliateurs.

BULGARIE[13]

Evgeni GEORGIEV,
juge à la cour régional de Sofia

LÉGISLATION

La loi du 2 décembre 2004 fixe le champ d'application de la médiation et précise les règles de déontologie des médiateurs. En raison de la mise en place d'un système informatisé, les premières données statistiques sur cette pratique devraient être disponibles au cours de l'année 2007.

Le développement des procédures de médiation en Bulgarie s'inscrit dans une tradition ancienne de règlement des conflits, notamment en matière civile et de droit du travail, héritée du système communiste. Dès cette époque en effet, des « *drougarski sadilichte* » (« tribunaux de camarades »), structures informelles de quartier sans assise juridique, rendaient des sentences de médiation écrites, susceptibles d'être le cas échéant reconnues comme valides par les tribunaux eux-mêmes.

Une loi du 2 décembre 2004, modifiée et complétée par la loi du 12 octobre 2006, est venue encadrer tardivement cette pratique pour laquelle on devrait disposer de statistiques officielles dans le milieu de l'année 2007.

Le législateur, à travers ces deux lois récentes, dont les modalités d'application ont été précisées par des arrêtés d'application du ministre de la Justice, a tenu en effet à définir les conditions dans lesquelles devait s'exercer l'activité de médiation :

- création d'un registre central des médiateurs sous la responsabilité du ministère de la Justice (500 personnes recensées à ce jour, dans les faits tous des avocats de profession).
- formation des personnes retenues dans le cadre d'une procédure d'agrément.
- précisions des exigences en matière de déontologie et de non-cumul avec certaines activités rémunérées (magistrat notamment).
- conditions de nationalité : aucune, mais obligation de résidence permanente en Bulgarie pour les ressortissants extracommunautaires.

L'article 11, paragraphe 2, de cette loi prévoit que le juge peut pour sa part inviter les parties en conflit à recourir à la médiation. L'article 3 de la loi du

[13] Mise à jour 2009.

2 décembre 2004 autorise également la médiation en matière pénale dans la limite et le respect des dispositions du code de procédure pénale.

DÉONTOLOGIE

Les règles de confidentialité ont été précisées par les deux lois susmentionnées et notamment par l'article 9 de la loi du 2 décembre 2004. Le médiateur ne peut notamment diffuser à des tiers les informations dont il dispose concernant les parties.

La publication des actes relatifs à la conclusion de procédures de médiation est autorisée à condition de ne pas mentionner l'identité des parties ou les données de nature personnelle protégées par la loi sur la protection des données personnelles.

CHYPRE[14]

LÉGISLATION

Le recours à la médiation et à l'arbitrage, prévu par **des textes législatifs de 1959** datant de la fin de la colonisation britannique, a été maintenu dans le droit positif de la République de Chypre.

En règle générale, les contrats commerciaux importants prévoient des clauses d'arbitrage.

On doit quand même constater l'absence totale de cet outil en matière de contentieux du travail et de plus, sa non-utilisation dans le domaine civil, notamment dans les procédures de divorce. En effet, bien que prévue par la loi, la médiation doit être le fait de l'Église orthodoxe, laquelle ne reconnaît pas le divorce civil (elle reconnaît en revanche le divorce religieux). Dès lors, le recours à l'Église en tant que médiateur civil est exclu.

Le seul domaine où la médiation constitue un mode de règlement des contentieux juridiques est celui du droit commercial.

[14] Mise à jour 2004.

DANEMARK[15]

LÉGISLATION

Bien que le Danemark ait une tradition favorable à la médiation des litiges civils à partir de 1795 avec une loi instituant une activité de médiation obligatoire aujourd'hui il n'y a pas de législation spécifique pour la médiation en matière commerciale et sociale. À partir de la fin des années 1990, le Danemark a lancé des projets pilotes et en 2001, le *Danish Arbitration Institute* a publié un document qui recommandait la médiation pour le traitement des litiges commerciaux.

Le Ministère de la Justice a encouragé la réalisation d'un projet pilote pour le traitement des litiges civils auprès de cinq tribunaux à partir de 1er mars 2003.

Le code de procédure civile encourage la médiation, mais ne contient aucune disposition relative au déroulement du processus de médiation notamment sur la confidentialité, le principe du contradictoire, ou encore, l'aide juridictionnelle.

Le juge n'est pas tenu de recourir à la médiation à moins qu'il ne l'estime utile dans le cours de la procédure : la médiation peut alors intervenir à n'importe quel moment du procès.

DÉFINITION DE LA MÉDIATION

La médiation est un processus de résolution des conflits volontaire, sans caractère obligatoire, privé et informel dans lequel une personne neutre aide les parties à rechercher une solution négociée.

FORMATION

Il n'y a pas de formation obligatoire des médiateurs. Le titre de médiateur n'est pas protégé et toute personne peut pratiquer en cette qualité. L'université de droit d'Aarhus en particulier offre des formations à la médiation.

DÉONTOLOGIE

Les Centres de Médiation ont des codes de conduite professionnelle.

CENTRES DE MÉDIATION

Danish Mediation, Danish Centre for Conflict Resolution, Association for Lawyers in Family Mediation, ou encore, Chamber *of Commerce*. Le coût d'une médiation se situe entre 600 et 1500 Dkr par heure.

---

15 Mise à jour 2004.

LES M.A.R.C. DANS LES AUTRES DOMAINES

En droit pénal : un projet expérimental est en cours sous la direction du Conseil National de la Prévention du Crime.

En droit de la famille : un projet expérimental est en cours, sous la direction de l'agence de la famille.

Espagne[16]

Elena LAUROBA,
directrice générale de droit et des entités juridiques
du département de Justice de la Catalogne

Législation

Médiation ou conciliation judiciaire

Les articles 414 et 415 de la loi 1/2000 sont entrés en vigueur, le 9 janvier 2001.

Le juge de première instance doit intervenir pour inviter les parties, au début de la procédure dénommée « ordinaire », une fois leurs prétentions respectives exposées, à une conciliation ou transaction. Si les parties sont prêtes à conclure un accord, celui-ci sera homologué par le tribunal et il aura la même valeur exécutoire qu'un jugement. A défaut de conciliation, la procédure se poursuit.

La médiation s'applique dans les litiges familiaux, depuis l'adoption de la loi 15/2005 qui modifie la loi de procédure civile dans les cas de séparation et de divorce. Le juge se contente de renvoyer les parties vers un médiateur.

Médiation ou conciliation conventionnelle

Il n'y a pas de législation spécifique.

Définition de la médiation

Il n'existe pas de définition légale de médiation.

Aucun texte légal ne définit la médiation en Espagne. Il s'agit plutôt d'une définition « négative » dans le sens où c'est à partir de la définition des autres modes alternatifs de résolution des conflits comme l'arbitrage, la conciliation (très appliquée en matière du droit du travail) et la négociation. La directive européenne du 21 mai 2008 relative à certains aspects de la médiation en matière civile et commerciale du 22 octobre 2004 sert très souvent de référence aux juristes espagnols.

Origine professionnelle des médiateurs

Il n'y a pas de liste officielle des médiateurs. Il existe des listes préétablies par les institutions de médiation.

---

[16] Mise à jour 2009.

Formation des médiateurs

- Formation publique : aucune n'a été recensée.
- Formation privée : Barreau de Madrid, Barreau de Barcelone.

Les Centres de Médiation

- Institutions publiques : Service de médiation, d'arbitrage et de conciliation (SMAC), Service Inter confédéral de médiation et d'arbitrage (SIMA).
- Institutions privées : les Barreaux, les Chambres de commerce, le Conseil supérieur des chambres, Aryme, Arbitraje y Mediacion, Madrid.

Les M.A.R.C. dans les autres domaines

En droit social, la médiation est particulièrement développée en Espagne, grâce au *décret législatif du 7 avril 1995 n. 2/1995 pour les* ***conflits individuels***. Avant d'engager une procédure judiciaire, il est obligatoire de saisir le « Service de médiation, d'arbitrage et de conciliation », organisme qui dépend du département de Travail de chaque Communauté autonome.

La demande de conciliation suspend les délais prescrits à peine de caducité et la prescription extinctive ne court pas. L'accord acquiert force exécutoire entre les parties.

Une fois la procédure judiciaire engagée, au début de l'audience, le juge devra tenter la conciliation. S'il estime que l'accord que les parties veulent conclure n'est pas équilibré ou s'il constitue soit une fraude à la loi, soit un abus de droit, le juge pourra refuser d'approuver l'accord.

Accord sur la solution extrajudiciaire aux conflits du travail (ASEC) en date du 25 janvier 1996 pour les ***conflits collectifs***. Création du « Service inter confédéral de médiation et d'arbitrage (SIMA), fondation paritaire (syndicats et organisations patronales) placée sous la tutelle du ministre du Travail. Il est prévu un recours obligatoire à la médiation pour les conflits collectifs et avant le déclenchement d'une grève. Les médiateurs sont élus librement par les parties en conflit soit directement, soit par l'intermédiaire du SIMA qui dispose d'une liste préétablie de médiateurs. La durée de la procédure est limitée à 10 jours (8 en cas de grève). À la fin de la première année de fonctionnement, 49 conflits ont été traités avec plus de 30% d'accords.

En droit des assurances, *la loi du 2 aout 1984 n. 33/1984 et Règlement du 1 aout 1985 n. 1348/1985* édicte que les litiges entre les assurés et les compagnies, dont le montant n'excède pas 6010 euros pourront, si les parties le souhaitent, faire l'objet d'une procédure de conciliation. Cette procédure sera mise en œuvre par les commissions de conciliation, constituées de représentants de l'administration, des assurés et des assureurs.

En matière familiale, la médiation conventionnelle est très développée. La médiation s'applique dans cette matière civile depuis l'adoption de la loi 15/2005 qui modifie la loi de procédure civile dans les cas de séparation et de divorce.

En revanche, la médiation n'est pas utilisée **en matière commerciale**, domaine dans lequel les parties recourent fréquemment à la négociation. Le Conseil général du pouvoir judiciaire (CGPJ), en collaboration avec le Conseil général des avocats, a lancé en 2006 un projet pilote, en application de la loi 15/2005 modifiant la loi de procédure civile, pour inciter le juge civil à informer, des avantages de recourir à la médiation, les parties impliquées dans une procédure de séparation et de divorce. L'initiative repose sur une volonté des magistrats et avocats d'encourager le recours à ce mode alternatif de résolution des conflits.

Estonie[17]

Anu AMMER,
juge à la Viru County Court

Législation

En Estonie, un **dispositif juridique complet** permet de recourir à des procédures de médiation en matière civile et commerciale. Un « chancelier du droit » est mis à la disposition des particuliers, il joue un rôle assez semblable à celui du médiateur.

Les procédures de médiation figurent à part entière dans le droit civil estonien, qui prévoit la possibilité de recourir à des commissions spécialisées, en fonction de la nature du litige.

Les commissions de médiation

Plusieurs commissions ont ainsi été progressivement mises en place, notamment en matière de litiges boursiers, dans le secteur des assurances ou encore pour la protection des consommateurs. Les commissions les plus sollicitées, en 2005, ont été celles qui s'occupent des conflits du travail (elles ont statué sur 411 dossiers) et celle de la consommation où le conseil national de la consommation dispose de procédures d'arbitrage spécifiques, ayant permis de résoudre 210 litiges, en 2005.

Ces commissions fonctionnent plus sur le mode de la conciliation que de la médiation à caractère exécutoire, puisque les parties, si elles ne sont pas satisfaites par la décision rendue, peuvent se pourvoir devant le tribunal de première instance. Cela demeure toutefois marginal et concerne en moyenne moins de 5 % des décisions des commissions spécialisées.

Ces commissions furent introduites en droit estonien, dès le retour à l'indépendance en août 1991, par plusieurs dispositions légales qui ont été, depuis, régulièrement complétées.

Le développement particulier de la médiation commerciale

Celle-ci relève de la chambre de commerce et d'industrie d'Estonie (CCIE), qui dispose d'une cour permanente d'arbitrage. Cette cour est compétente pour l'ensemble des litiges commerciaux, découlant des relations économiques intérieures ou internationales, dès lors que les parties s'accordent pour lui soumettre leur différend.

---

[17] Mise à jour 2009.

La cour est composée de six personnes, désignées pour un an, le président et le vice-président devant être des membres à part entière de la CCI, au contraire des autres participants, habituellement choisis parmi des personnalités extérieures.

Sur la base d'une saisine écrite de l'une des parties au litige, dûment renseignée et accompagnée de tout document justificatif, la cour doit recueillir l'accord de l'autre partie, sans lequel la procédure ne peut se poursuivre. En cas d'accord, plusieurs arbitres sont désignés par les parties et la CCI veille à ce qu'aucun conflit d'intérêts ne puisse entacher le travail de ceux-ci. La cour arbitrale tente de concilier les protagonistes ; en cas d'échec, la CCI dispose d'un délai de trente jours pour prendre une décision à la majorité simple. Elle est par ailleurs compétente pour arrêter en cours de procédure toute mesure conservatoire qu'elle jugerait indispensable. Les procédures d'arbitrage peuvent être menées en estonien, en russe, en anglais et en allemand.

Les décisions de la cour d'arbitrage sont définitives et insusceptibles d'appel, contrairement à la médiation en matière civile.

En 2005, la CCIE a été saisie de 23 demandes d'arbitrage dont les deux tiers étaient de nature internationale.

FINLANDE[18]

LÉGISLATION

Médiation judiciaire

Articles 5 :19 et 5 :26 du code de procédure : Tout tribunal a l'obligation de rechercher au cours de la première phase de la procédure si la résolution amiable du litige est possible. Il doit en outre encourager les parties à trouver un accord et peut à ce titre faire une proposition de règlement aux parties. La mise en pratique de ces dispositions varie en fonction de la personnalité du juge. Certains sont très actifs et mettent tout en œuvre pour convaincre les parties de transiger ; d'autres ne croient pas cette procédure utile et ils se limitent à l'information des parties.

Le taux de résolution par voie amiable se situe entre 20 et 30 % des affaires traitées. Leur sensibilisation est donc indispensable pour favoriser son développement. Les juges sont dans l'ensemble satisfaits de cette procédure ; certains ne voient pas l'utilité d'une procédure de conciliation conventionnelle.

Un nouveau texte sur la médiation (663/2005) est entré en vigueur, le 1er janvier 2006.

Son champ d'application porte sur « les affaires civiles et les contestations de requêtes civiles infondées ». Il définit l'objectif de la médiation comme un « règlement à l'amiable d'un litige », les conditions étant que le litige en question relève des champs couverts par la médiation et que celle-ci soit « appropriée » vis-à-vis des demandes des parties.

Médiation conventionnelle

La médiation conventionnelle est pratiquée à ce jour uniquement par le « Mediation Board » (créé par l'ordre des avocats de Finlande) qui a mis en place ses propres règles de fonctionnement en publiant les « Mediation Rules ». La médiation est encore très peu développée en droit commercial et social.

DÉFINITION DE LA MÉDIATION

La médiation est décrite dans les « *Mediation rules* » : c'est un processus de règlement amiable des litiges qui suppose l'intervention du médiateur pour aider les parties à trouver une solution ou pour proposer un accord (cette proposition ne lie pas les parties).

---

[18] Mise à jour 2004.

Le nouveau texte sur la médiation (663/2005) entré en vigueur le 1er janvier 2006 définit l'objectif de la médiation comme un « règlement à l'amiable d'un litige ».

Origine professionnelle des médiateurs

Il n'y a pas de liste officielle des médiateurs.

Selon les règles de l'Ordre des avocats, les médiateurs sont avocats, ils figurent sur la liste du « Mediation Board » et doivent pour ce faire avoir suivi une formation.

Formation des médiateurs

Formation publique

Il n'y a pas de formation universitaire en matière de médiation commerciale.

Formation privée

Formation organisée par l'ordre des avocats en coopération avec le CEDR de Londres. La formation dure 2 jours. Durant la première journée, les règles de base de la médiation sont exposées et durant la deuxième journée, des exercices de mise en situation sont proposés. Ces formations sont destinées aux avocats mais également aux hommes d'affaires et aux chefs d'entreprise.

Déontologie

Nous rappelons les « Mediation rules » établies par le « Finnish Bar Association ».

Les médiateurs avocats doivent respecter le code de conduite du barreau. Une des règles fondamentales est bien sûr le respect de la confidentialité tant par les parties que par le médiateur.

Les parties sont considérées comme les clients du médiateur.

Celles-ci peuvent choisir librement le médiateur sur la liste du Mediation Board ; sinon, le centre peut, si les parties le souhaitent, leur proposer un nom. Durant la médiation, le médiateur se doit de faciliter la négociation entre les parties. Il peut donner son avis sur la solution envisagée, et si les parties le souhaitent, il peut même faire une proposition sur le règlement du litige.

La médiation n'empêche pas les parties de recourir à une procédure judiciaire en cas d'échec.

LES CENTRES DE MÉDIATION

Le « **Mediation Board** » créé par l'ordre des avocats de Finlande est un institut destiné à mettre en œuvre les médiations organisées conformément aux règles de médiation de l'ordre des avocats. Ce centre a traité à ce jour seulement 4 médiations qui ont toutes conduit à un accord. Ce centre est le seul en Finlande à traiter les litiges en matière commerciale et sociale.

La chambre de commerce de Finlande dispose d'un centre d'arbitrage, mais n'entend pas pour le moment proposer un service de médiation.

LES M.A.R.C. DANS LES AUTRES DOMAINES

La médiation familiale relève d'un service public animé par des travailleurs sociaux dans les différentes municipalités finlandaises.

FRANCE[19]

Béatrice BRENNEUR,
président de chambre honoraire,
vice-présidente et fondatrice de Gemme,
cofondatrice et coprésidente de Cimj

LÉGISLATION

La médiation judiciaire est née en 1970 de la pratique de quelques juges, principalement dans les conflits collectifs du travail, puis en matière familiale.

Ces juges ont désigné des médiateurs extérieurs dans le cadre de l'article 21 du code de procédure civile qui donne aux juges une mission générale de concilier les parties.

Des lois spécifiques prévoient une procédure de conciliation obligatoire, préalable à la phase de jugement, notamment devant le juge d'instance, le juge des affaires familiales pour les divorces, le conseil de prud'hommes, le tribunal paritaire des baux ruraux.

La médiation judiciaire, instituée par la loi n° 95-125 du 8 février 1995, a été insérée par le décret n° 96-652 du 22 juillet 1996 dans le nouveau code de procédure civile, sous les articles 131-1 et suivants.

Article 131-1 du nouveau Code de procédure civile :

« Le juge, saisi d'un litige peut, après avoir recueilli l'accord des parties, désigner une tierce personne afin d'entendre les parties et de confronter leurs points de vue pour leur permettre de trouver une solution au conflit qui les oppose.

Ce pouvoir appartient également au juge des référés en cours d'instance ».

Le nouveau code de procédure civile contient des dispositions concernant :

- la durée de la médiation (article 131-3),
- la personne du médiateur (articles 131-4 et 131-5),
- les pouvoirs du médiateur (article 131-8),
- la mise en œuvre de la médiation (article 131-7),
- la fin de la médiation (articles 131-10 et 131-11)
- l'homologation de l'accord (article 131-12),
- la rémunération du médiateur (article 131-13),
- le principe de confidentialité (article 131-14),

---

[19] Mise à jour 2010.

– l'absence de recours contre la décision ordonnant ou renouvelant la médiation (article 131-15).

La loi donne au juge la possibilité de désigner un médiateur, dans toutes les matières civiles et à tout moment de la procédure.

Des lois spécifiques en matière familiale (loi du 4 mars 2002 relative à l'autorité parentale, devenue l'article 373-2-10 du Code civil) et loi du 26 mai 2004 relative au divorce, devenue l'article 255 du Code civil), donne au juge le pouvoir d'enjoindre aux parties de rencontrer un médiateur familial pour informer les parties sur l'objet et le déroulement de la médiation.

La loi du 17 juin 2008, prise dans le cadre de la transposition de la directive européenne, prévoit la suspension de la prescription en cas de médiation ou de conciliation.

D'autres dispositions spécifiques sont incluses dans le Code du travail : article L.122-54, sur le harcèlement moral.

DÉFINITION

La médiation consiste à confier à un tiers impartial, qualifié et sans pouvoir de décision sur le fond, « le médiateur », la mission d'entendre les parties en conflit et de confronter leurs points de vue au cours d'entretiens, contradictoires ou non, afin de les aider à rétablir une communication et à trouver elles-mêmes des accords mutuellement acceptables.

DÉONTOLOGIE

Les principes garants du processus de médiation

– Le médiateur doit tout mettre en œuvre pour préserver le caractère volontaire, confidentiel et impérativement consenti du recours à la médiation.

– Il donne une information claire et complète sur les principes déontologiques et sur les modalités de la médiation et s'assure de leur bonne compréhension.

– Il informe les personnes de la possibilité de consulter à tout moment un conseil pour connaître leurs droits et de se faire assister par ce conseil en l'associant au processus de médiation.

– Il recueille de manière individuelle le consentement des personnes aux modalités d'organisation du processus de médiation.

– Il veille à préserver l'espace relationnel d'écoute et de dialogue de toute forme de contrainte physique ou morale et, pour ceci, est particulièrement attentif aux situations d'emprise et d'inégalité susceptibles d'altérer le consentement des parties. Le médiateur refusera d'entreprendre ou de poursuivre la médiation s'il considère que ces conditions ne sont pas réunies.

- Le médiateur n'a aucun pouvoir sur les décisions qui seront prises au cours du processus de médiation. Il doit, cependant, s'assurer que l'accord reflète réellement la volonté des personnes, dans le respect des règles d'ordre public. A défaut, il doit mettre fin à sa mission.

Les principes garants de la qualité de médiateur

- L'impartialité :

Le médiateur n'a pas à prendre parti, ni à privilégier un point de vue sur un autre.

Le médiateur s'interdit d'exercer, avec les mêmes personnes, une autre fonction que celle de médiateur.

Le médiateur ne peut intervenir dans une médiation impliquant des personnes avec lesquelles il entretient des liens personnels ou économiques.

- L'autonomie :

Il appartient au médiateur de préserver l'autonomie de sa mission, de la refuser, de la suspendre ou de l'interrompre, si les conditions nécessaires ne lui semblent pas ou ne lui semblent plus remplies ;

Il veille à l'équité de l'accord envisagé.

- La compétence :

Le médiateur possède une qualification dans les techniques de la médiation.

Il doit participer de manière régulière et impérative à des séances collectives d'analyse de la pratique lui permettant de procéder à une réflexion sur les conditions d'exercice de son activité de médiateur.

La pratique judiciaire

1. Le rôle des magistrats

- Comme médiateurs ou conciliateurs

Le juge peut être conciliateur dans les litiges dont il est saisi (article 21 du CPC).

Aucune loi n'interdit au juge d'être médiateur, dans les litiges autres que celui dont il est saisi, mais un courant de pensée semble s'instaurer désapprouvant la pratique du juge médiateur. L'argument avancé par le ministère de la Justice est que le juge peut voir sa responsabilité engagée.

- Comme prescripteur de médiation.

La médiation est volontaire. Le juge ne peut l'imposer aux parties.

Le juge informe sur la médiation, désigne le médiateur et homologue l'accord pour lui donner force exécutoire.

2. Le rôle des avocats

Les avocats devraient proposer la médiation. Ils sont peu nombreux à le faire spontanément.

- Accompagnent-ils leurs clients aux réunions de médiation/conciliation ?
  - Pour la médiation menée par un tiers indépendant, cela dépend des médiateurs et de la volonté des clients. En pratique, les avocats accompagnent leurs clients en médiation, sauf en médiation familiale.
  - Pour la conciliation menée par le juge, ils sont présents.
- Rédigent-ils les accords issus de médiation/conciliation ?

Généralement se sont les avocats qui rédigent les accords issus de médiation.

C'est le juge qui rédige le procès-verbal de conciliation.

- Que pensent-ils de la médiation ou de la conciliation ?

Ils sont encore réticents, mais la médiation gagne du terrain dans les mentalités.

PRINCIPAUX DOMAINES D'APPLICATION DE LA MÉDIATION//CONCILIATION

Les principaux domaines d'application sont la famille, les prud'hommes, le commerce.

Il existe aussi la médiation pénale en France, mais elle demande à être mieux définie et structurée.

CONNAISSEZ-VOUS DES CONTENTIEUX OU DIFFICULTÉS RÉELLES NÉS DES ACCORDS DE MÉDIATION (DIFFICULTÉ D'EXÉCUTION OU D'INTERPRÉTATION) ?

Il y a très peu de contentieux nés des accords de médiation.

La cour d'appel de Grenoble a ordonné plus de 1000 médiations en matière prud'homale entre 1997 et 2005. Sur les 700 accords qui ont été homologués par le juge, aucun n'a fait l'objet de recours devant la Cour de cassation et ils étaient, dans leur quasi-totalité, déjà exécutés lorsque le juge a rappelé l'affaire dans les trois mois de l'ordonnance de médiation.

LA FORMATION

La formation des juges aux techniques de communication est indispensable pour qu'ils puissent remplir leur mission de conciliation. Elle est encore insuffisante en France.

Les médiateurs sont formés à la résolution des conflits.

En matière familiale, un diplôme de médiateur familial a été mis en place (560 heures de formation).

Dans les autres matières, la formation est libre, allant de 40 heures à 180 heures. Une formation continue des médiateurs est organisée au sein de leurs associations.

GRÈCE[20]

Ionna ANASTASSOPOULOU,
Attorney-at-law, Accredited Mediator

LÉGISLATION

Médiation judiciaire

Article 214 du code de procédure civile (mise en application à partir du 16 septembre 2000) : les litiges de droit privé relevant de la compétence du tribunal de première instance ne pourront être appelés à l'audience que si une tentative de conciliation a été réalisée. Cette conciliation sera en principe mise en œuvre directement par les avocats des parties. Si la conciliation se concrétise par un accord, un procès-verbal le constatant sera signé par les parties et le juge.

C'est la loi 2479/1997 qui a instauré cette conciliation préalable. Elle reste silencieuse quant au déroulement de la médiation, laissant un maximum de souplesse aux parties et à leurs conseils. La seule exigence dans ce domaine est la présence obligatoire des conseils légaux.

La médiation doit avoir lieu dans les 10 jours suivant l'assignation et au moins 20 jours avant la date prévue de l'audience. Enfin, une partie a le droit de demander à la cour de reporter la date d'audience si aucun accord n'a été trouvé durant le délai prévu ; la cour doit toujours autoriser cet ajournement.

Ni les qualifications requises pour être médiateur, ni le contenu du rôle que joue le médiateur dans le processus amiable ne sont précisés par la loi. Néanmoins, malgré ces lacunes, la loi de 1997 doit être regardée comme une évolution véritable favorable en matière de M.A.R.C.

Médiation conventionnelle

Il n'y a pas de législation spécifique pour la médiation conventionnelle.

DÉFINITION DE LA MÉDIATION

Il n'existe pas de définition légale de la médiation.

LES CENTRES DE MÉDIATION

La chambre de commerce et d'industrie d'Athènes : les services de cette institution sont définis par le décret présidentiel n° 538 de 1998. Elle est compétente pour effectuer des médiations pour le règlement des différends

[20] Mise à jour 2009.

commerciaux et pour rédiger les procès-verbaux et les contrats constatant le règlement amiable des différends. En pratique, la CCIA se limite à transmettre aux parties le point de vue respectif des unes et des autres. Autre centre de médiation actif : le centre Epilysis à Athènes.

Les M.A.R.C. dans les autres domaines

- **En droit de consommation (**loi 2251/1994), une commission est créée dans chaque préfecture pour le règlement amiable des différends entre les fournisseurs et les consommateurs.
- **En droit bancaire,** création en mars 1999 de l'*Institution du médiateur bancaire* par l'Union des banques helléniques : autorité indépendante pour le règlement des litiges entre les banques et les clients (personnes physiques).
- **En droit social, la l**oi 1876/1990 a créé l'*Organisation for mediation and arbitration* (OMED), institution indépendante destinée à résoudre les conflits collectifs de travail. Elle peut également, sur demande des employeurs, résoudre des conflits individuels. Dans le cadre de cette institution, la médiation est davantage utilisée que l'arbitrage. Cette organisation est financée par un impôt à la charge des organisations syndicales et patronales. Le conseil d'administration est formé sur décision du Ministère du Travail pour 4 ans. Les médiateurs et les arbitres sont choisis parmi les avocats, les économistes et les experts recrutés par le conseil d'administration. Ils exercent leur activité suivant le code éthique des médiateurs et arbitres. Ils sont rémunérés par l'OMED. La médiation est initiée par les parties.

Le médiateur est désigné soit d'un commun accord entre les parties soit par l'OMED. Si les parties ne parviennent pas à un accord, le médiateur peut alors proposer ses propres recommandations pour stimuler le progrès des négociations.

Hongrie[21]

Marta NAGY,
vice-présidente du tribunal municipal de Szeged

Législation

La médiation est un mode de règlement des contentieux juridiques en vigueur en Hongrie depuis 2003 pour le droit civil et, depuis le 1er janvier 2007, pour certaines affaires pénales. Le recours à la médiation devrait se développer rapidement dans les prochaines années.

La possibilité de recourir à la médiation dans le cadre de procédures judiciaires a été ouverte en Hongrie par la loi LV de 2002 entrée en vigueur le 17 mars 2003. Elle n'a concerné, dans un premier temps, que les domaines régis par le droit civil. À compter du 1er janvier 2007 grâce à un amendement législatif voté le 18 décembre 2006 (loi CXXII de 2006) qui complète la loi XIX de 1998, cette procédure s'applique aussi désormais au droit pénal. Le code de procédure pénale a été modifié en conséquence par l'ajout d'un article 221/A.

La loi permet-elle au juge de concilier les parties ?

Le code de procédure civile permet au juge de concilier les parties en matière civile et commerciale. Le code donne aux juges le pouvoir d'encourager les parties à traiter leur conflit par un accord mutuel. En matière familiale ce code oblige le juge à commencer l'audience par une tentative de conciliation.

La loi permet-elle au juge de désigner un autre juge comme médiateur ?

Non. La réglementation actuelle interdit aux juges en fonction de pratiquer l'activité de médiateur.

La loi permet-elle au juge de désigner un médiateur indépendant du système judiciaire ?

Non. Actuellement le CPC en Hongrie permet seulement au juge d'informer les parties des possibilités d'accès à la médiation et de conseiller aux parties de recourir à la médiation.

La pratique judiciaire

Le rôle des magistrats

Encourager les parties à traiter leur conflit par un accord mutuel et homologuer cet accord.

---

[21] Mise à jour 2009.

La médiation est consensuelle. Les dispositions légales ne connaissent que la médiation volontaire.

Le rôle des avocats

L'avocat peut conseiller aux clients de recourir à la médiation.

Accompagnent-ils leurs clients aux réunions de médiation/conciliation ? Non.

Rédigent-ils les accords issus de médiation/conciliation ? C'est possible.

Que pensent-ils de la médiation ou de la conciliation ? En pratique, ce sont souvent des avocats qui exercent ces fonctions, mais la majorité des avocats ne préfèrent pas ce mode alternatif.

PRINCIPAUX DOMAINES D'APPLICATION

Famille, commerce, travail, pénal, médiation de la santé.

FORMATION ET ORIGINE PROFESSIONNELLE DES MÉDIATEURS

Les médiateurs doivent recevoir une formation spécifique. Notre législation est en train d'élaborer ces conditions.

En matière civile, les conditions pour devenir médiateur sont les suivantes :

- en faire la demande écrite auprès du ministère de la Justice, qui engage alors une procédure administrative ;
- être titulaire d'un diplôme universitaire et avoir exercé une activité professionnelle dans un domaine de spécialisation universitaire pendant 5 ans au moins ;
- avoir un casier judiciaire vierge.

Le médiateur est une personne privée ou une personne morale de droit privé (comme les cabinets d'avocats) ou même une société commerciale sans personnalité juridique propre. Il reçoit un certificat de médiateur validé par le ministère de la Justice. En pratique, ce sont souvent des sociologues, des psychologues et des avocats, qui occupent ces fonctions.

DÉONTOLOGIE

Les médiateurs figurent sur la liste (actuellement plusieurs milliers de noms) que le ministère de la Justice met à disposition des parties en litige, souhaitant recourir à la médiation. Cette liste est publiée dans le Journal officiel judiciaire. Des conditions strictes de confidentialité sont imposées aux médiateurs pendant la procédure et après, quel qu'en ait été le résultat.

IRLANDE[22]

LÉGISLATION

Il n'y a pas de législation sur la médiation en matière civile, mais à partir de janvier 2004 une *Commercial List* à été instituée près de la *High Court of Ireland* pour permettre aux juges d'accorder aux parties une suspension du procès pour un délai non supérieur à 28 jours en fonction d'une éventuelle activité de médiation, conciliation ou arbitrage.

DÉFINITION

Il n'existe pas de définition légale.

FORMATION DES MÉDIATEURS

Il n'y a pas de liste officielle de médiateurs. Mais le MII (Mediators Institute Ireland) publie la liste de ses médiateurs dans l'Agreement, lettre biannuelle des médiateurs du MII.

Formation publique

- *University college Dublin* : enseignement dispensé un jour par semaine qui correspond à la première partie de la formation du MII ; le coût est de IR£ 1.600.
- « *Conflict Resolution and Mediation* » formation en cours du soir d'une durée de 20 heures et d'un coût de IR £ 150.

Formation privée

- *Mediators Institute Ireland* (MII). Formation en deux parties : une première partie d'une durée de 60 heures (dont 10 heures au moins de jeux de rôles) pour un coût de IR£ 700/1000 ; une deuxième partie consacrée à la pratique et qui s'étend sur une année. Le candidat doit traiter 12 cas de médiation dont les 2 premiers sont réalisés en co médiation avec un médiateur confirmé. Cette pratique « sur le terrain » est particulièrement utilisée en matière familiale. Pour pouvoir participer à cette formation, les candidats doivent avoir au moins 25 ans et présenter leur CV justifiant de leurs diplômes et d'une éventuelle expérience professionnelle. À l'issue de cette formation le candidat pourra être accrédité par le MII.

---

22 Mise à jour en 2005.

Les Centres de Médiation

Les centres de médiation sont très nombreux en droit de la famille. Par contre, peu d'institutions s'occupent actuellement de la médiation en droit commercial et social.

Les M.A.R.C. dans les autres domaines

En 2005, le médiateur « ***Ombudsman*** », équivalent du médiateur de la République française, a traité 3 227 plaintes contre les administrations, réparties comme suit :

- collectivités locales : 748 (dont logement : 240 et permis de construire : 228) ;
- ministère de la Santé : 447 (dont maisons de retraite : 129) ; ministère de l'Éducation : 99
- trésor public : 124 (dont impôt sur le revenu : 93) ; la poste : 86 ;
- ministère des Affaires sociales : 287 (dont allocations pour dépendance : 127) ;
- ministère de l'Agriculture : 241, dont paiement unique (PAC) : 82 ;
- 2 193 cas ont été résolus, 838 restaient pendants au 31 décembre 2006.

« ***The Family Support Agency*** » est un organisme de conciliation familiale qui fournit conseil et médiation et offre un forum de discussion aux familles en conflit (enfance, divorce, veuvage).

Le bureau de résolution des conflits du « ***Private Residential Tenancies Board*** », établi le 1er septembre 2004, est compétent pour les différends entre locataires et propriétaires.

Le ***bureau d'évaluation des dommages corporels***, saisi en cas de différends entre assurés et assureurs.

Le ***tribunal d'indemnisation des victimes*** gère, quant à lui, un fonds d'indemnisation concernant la responsabilité civile lorsqu'elle ne fait pas l'objet d'une procédure judiciaire (c'est, par exemple, le cas où des institutions publiques ou privées sont mises en cause dans des affaires d'abus sexuels sur mineurs).

Avant de porter une affaire devant la « Labour Court », équivalent des prud'hommes français, tout employé est tenu d'en référer au « **Right Commissionner** » qui fait office d'inspecteur du travail et de médiateur.

ITALIE[23]

Alessandro BRUNI,
Avocat, médiateur professionnel, arbitre

LÉGISLATION

Conciliation judiciaire obligatoire pendant la procédure judiciaire : elle existe en matière de droit du travail. En Italie, cette matière relève de la compétence de magistrats juristes professionnels, car l'institution des prud'hommes y est inconnue. En droit du travail, le juge est obligé de tenter une conciliation à l'audience. La conciliation obligatoire en matière de droit du travail semble donner de bons résultats parce que la comparution des parties et l'oralité de la procédure sont obligatoires. Une étude sur la juridiction de Turin relève cependant que la conciliation en appel aboutit plus souvent lorsque c'est l'employeur qui a obtenu gain de cause, ce qui souligne certainement la question importante de l'inégalité des parties.

Antérieurement, une même obligation de conciliation préalable existait pour tous les procès civils, mais elle fut rendue facultative, suite à la constatation de son utilité.

Conciliation judiciaire facultative. Aujourd'hui, le nouveau texte de l'article 183 du code de procédure civile établit que : "*Le juge instructeur, en cas de demande jointe des parties* (exclusivement présentée dans la première audience de comparution des parties et développement de la cause), *fixe la comparution des parties afin de les interroger librement et d'en provoquer la conciliation. (...) La tentative de conciliation peut être renouvelée à n'importe quel moment de l'instruction. Quand les parties se sont conciliées, il est rédigé un procès-verbal de la convention conclue. Le procès-verbal constitue titre exécutoire*".

Le nouveau texte de l'article 117 du CPC précise que : "*Le juge, dans n'importe quels état et degré du procès, a la faculté d'ordonner la comparution personnelle des parties en réplique entre eux pour les interroger librement sur les faits de la cause.*"

Enfin, plus largement, si la loi italienne ne crée pas de mécanisme de conciliation judiciaire obligatoire en dehors du procès, elle instaure cependant pour tous les litiges civils, un mécanisme facultatif de conciliation judiciaire devant le juge de paix (on peut comparer cette juridiction, grosso modo, au juge français de proximité dont la compétence dans les matières civiles se limite à des enjeux de faible importance). Toutefois, le succès de ces conciliations facultatives reste fort mitigé, surtout lorsque les contentieux entrent dans la compétence des juges professionnels (autrement dit dans une compétence

23 Modo di vestire à jour en 2009.

équivalent à celle du tribunal d'instance ou de grande instance en France). Pour la doctrine, cela tient au fait que la médiation ne fonctionne que lorsqu'elle porte sur un contentieux spécialisé, ce qui ne serait pas le cas en l'espèce.

Conciliation extrajudiciaire préalable. Le droit italien a développé de très nombreux mécanismes de tentatives de conciliation ou de médiation extrajudiciaires qui sont obligatoires avant tout procès. Par exemple, pour certains contentieux spécifiques du travail, pour la sous-traitance (devant la chambre de commerce), pour certains conflits de fourniture de télécommunications, en matière de droit de la famille (devant les organismes accrédités près du ministère de la Justice). Il n'existe pas de données chiffrées sur les résultats de tels mécanismes.

On doit signaler encore la création d'une conciliation facultative en matière de droit des sociétés (décret législatif de 2003), à travers des organismes inscrits sur une liste officielle tenue par le ministère de la Justice, veillant à garantir un processus convenable, contradictoire, respectant le secret professionnel. Dans cette matière, une conciliation, une fois homologuée par le président du tribunal, acquiert des effets obligatoires, par exemple pour l'inscription d'une hypothèque judiciaire.

Dernièrement, la Loi 69/2009 du 18 juin 2009 imposait au gouvernement le devoir de légiférer sur la conciliation et la médiation, en l'incitant à promouvoir une « *médiation s'achevant par la conciliation du conflit* » dans tous conflits civils et commerciaux. Vu le haut pourcentage de sa réussite, la législation déléguée devrait dupliquer le modèle établi pour les conflits dans les sociétés (le Décret Législatif n. 5/2003).

Enfin, on retiendra par ailleurs que le droit italien ne confère aucune force obligatoire à une clause contractuelle de recours obligatoire à la conciliation avant toute action contentieuse.

DÉFINITION DE LA MÉDIATION

Processus visant à résoudre amiablement un différend entre plusieurs parties avec l'aide particulièrement active d'un tiers (appelé *médiateur*) choisi, si possible, par les parties elles-mêmes ou autrement par une institution. La proposition éventuelle de règlement du médiateur ne lie pas les parties ; elles seules pourront décider de leurs engagements et de rendre ceux-ci obligatoires grâce à la signature d'un accord. La médiation implique un rôle actif de la part du médiateur ; c'est à lui que revient la fonction de préciser techniquement aux parties, si possible, leur propre situation en droit, d'illustrer les conséquences juridiques des positions prises, d'interpréter le cas d'espèce pour leur expliquer l'éventuelle attitude du juge appelé à trancher le différend.

ORIGINE PROFESSIONNELLE DE MÉDIATEURS

Les médiateurs sont en général des avocats ou d'autres praticiens du droit disposant d'un titre universitaire en sciences juridiques ou économiques, ainsi que des spécialistes de certains secteurs professionnels.

FORMATION DES MÉDIATEURS

Il n'existe pas pour l'instant de formation obligatoire pour les conciliateurs. Néanmoins les conciliateurs désirant s'inscrire sur les listes sont sélectionnés en fonction de conditions minimales (et notamment, la connaissance du droit, la spécialisation dans certains secteurs, la connaissance des techniques de conciliation, la théorie des A.D.R.).

Formation publique : Le Conseil supérieur de la magistrature a organisé des cours de formation en matière d'ADR pour les avocats et les magistrats (plus spécifiquement pour la conciliation judiciaire prévue pour les litiges civils).

Formation privée : Les chambres de commerce organisent des cours spécialisés pour les conciliateurs inscrits sur leur liste ; ADR Center ; CONCILIA ; ISDACI

Les universités privées : Università Gregoriana ; International Academy of Sciences of Peace ; LUMSA ; Les Centres de médiation.

Il existe des instituts publics et privés qui proposent leurs services (environ une dizaine).

Les 102 Chambres de commerce sont très actives. Elles ont des règlements d'arbitrage et de conciliation ; leur activité est coordonnée par l'*Unioncamere*.

LES M.A.R.C. DANS LES AUTRES DOMAINES

Différentes lois ont été récemment adoptées en vue d'intégrer la médiation dans de nombreux domaines :

<u>En droit administratif</u>, la loi n. 481 du 14 novembre 1995 « normes en matière de concurrence et de réglementation des services d'utilité publique ».

<u>Dans le secteur des télécommunications</u> la loi n. 249 du 31 juillet 1997 « création de l'autorité des garanties en matière de communications et normes en matière de système de télécommunications et de radio télévision ».

<u>En matière de droit de travail</u> le décret législatif n. 80 du 31 mars 1998 « nouvelles dispositions en matière d'organisation et de rapport de travail dans les administrations publiques, de juridiction dans les conflits de travail et de juridiction administrative ».

<u>Enfin la loi 8 février 2006 n. 54 propose une nouvelle formule sur le placement des enfants</u> en cas de séparation et divorce des parents (placement partagé « *affidamento condiviso* ») et non plus l'exercice exclusif de l'autorité parentale en faveur du parent auquel l'enfant est confié. Dans ce cadre le juge

peut envoyer les parties devant un médiateur avant de se prononcer sur la procédure de séparation ou divorce.

Récemment, la Loi n° 69 du 18 juin 2009 réformant le système italien de procédure, a délégué au gouvernement le pouvoir d'établir de nouvelles règles de conciliation et médiation.

Lettonie[24]

Zane PETERSONE,
juge à la Court of Kurzeme District of Riga

Législation

La médiation ne figure pas dans le Code civil et fait l'objet de débats terminologiques entre experts.

Une **expérimentation** est mise en œuvre depuis juillet 2006 par le ministère de l'Enfance et de la Famille dans le cadre d'un « projet pilote de médiation ». Gratuit, le service auquel 23 couples ont eu recours est assuré dans les locaux du ministère par un psychologue et un juriste, faisant office de médiateurs.

Pour l'heure, le Code civil (chapitre 27) prévoit une procédure de conciliation, qui se distingue de la médiation, mais dont certaines méthodes présentent des similitudes avec elle. Le juge est tenu de suggérer aux parties d'engager une conciliation, possible à tout moment de la procédure.

Si le contrat conclu entre les parties le stipule, elles peuvent décider, d'un commun accord, de s'adresser à une cour d'arbitrage permanente ou spécifiquement instituée pour l'affaire (partie D du code de procédure civile, chapitre 61 à 66).

La première cour d'arbitrage a vu le jour en 1999. Aujourd'hui, 130 cours d'arbitrage figurent au registre des entreprises. Restreinte, leur compétence ne peut pas être sollicitée dans le cas d'affaires liées à la propriété immobilière, à des modifications sur le registre de l'état civil, à des litiges entre employeurs ou employés, ou mettant en cause des mineurs, l'état ou la municipalité. Fixées dans le règlement interne à la cour d'arbitrage, les dépenses liées à la procédure sont à la charge des parties.

Tandis que, dans le cadre de la médiation, le médiateur doit permettre aux parties de trouver la solution la plus acceptable, une procédure engagée devant la cour d'arbitrage aboutit à une décision exécutoire qui, si elle n'est pas respectée par l'une des parties, peut conduire l'autre à se pourvoir devant un tribunal d'arrondissement. Les pourvois de cet ordre sont en constante augmentation (3 859 en 2003, 6 949 en 2005, 4 529 pour la première moitié de 2006).

---

[24] Mise à jour en 2009.

La décision 71/1 du 27 novembre 2002 de **l'association des banques commerciales** et un règlement interne du 23 novembre de la chambre d'industrie et de commerce sont les deux seuls textes qui prévoient le recours à la médiation.

Depuis février 2003, l'association des banques commerciales nomme pour trois ans un médiateur qui opère dans le cadre de sa cour d'arbitrage. Ses décisions prennent la forme de recommandations. Ce médiateur est compétent pour les litiges entre un client et sa banque pour les transferts et les transactions réalisées par voie électronique et dont le total n'excède pas 50 000 lats (71 430 euros).

Un consommateur ne peut saisir le médiateur des banques commerciales que si la banque ne donne pas suite à sa plainte au bout d'un mois. Il ne peut effectuer cette saisine s'il a déposé une plainte au centre de protection des consommateurs ou si un dossier a été ouvert par la cour d'arbitrage. Le plaignant peut être une personne physique ou légale, à l'exclusion des institutions financières et de crédit.

En 2006, le médiateur des banques commerciales n'a reçu que trois plaintes, dont une a été refusée pour non-respect des procédures.

Le règlement de la chambre d'industrie et de commerce prévoit que, sauf avis contraire des parties, une procédure menée par son médiateur ne peut excéder trois mois. Le lieu des séances de médiation est la cour d'arbitrage de la CCI.

La procédure s'enclenche à la suite d'une demande écrite déposée au secrétariat de la cour d'arbitrage mentionnant les parties concernées, l'objet du litige et sa valeur estimée. Si l'autre partie concernée ne donne pas son accord pour une médiation au bout de dix jours, la procédure est annulée.

En cas d'accord des deux parties, un, deux ou trois médiateurs sont nommés, soit par la CCI seule, soit par les parties et la CCI. Il leur appartient d'élaborer le cadre de la procédure conformément aux règles de la CCI et en accord avec les parties.

Sauf en cas d'avis contraire des parties, les séances se déroulent à huis clos et le médiateur a le droit de rencontrer séparément les parties. Le médiateur, les parties et le secrétariat de la CCI ne doivent divulguer aucune information apportée durant la procédure de médiation relative à cette procédure, sauf dans les cas prévus par la loi.

La procédure de médiation prend fin si les parties trouvent une solution à leur litige, si l'une des deux parties ne paie pas les frais de médiation ou si le médiateur se déclare dans l'impossibilité de mener à bien la procédure.

En cas d'échec, l'affaire peut être portée devant la cour d'arbitrage et le médiateur peut devenir arbitre. La décision qu'il rend est alors obligatoire.

LUXEMBOURG[25]

Yann KAYSER,
Avocat

LÉGISLATION

Le Luxembourg a **une discipline légale de la médiation seulement en matière pénale et administrative**. En matière civile, commerciale et familiale il n'y a que des initiatives privées.

Seul un règlement Grand-ducal du 10 novembre 2006 (RGD) traite de l'agrément des « personnes physiques et morales entreprenant ou exerçant une activité de médiation ».

Selon la loi du 8 septembre 2003 le procureur d'État peut proposer des médiations sur la base de l'art. 24 du code d'instruction criminelle préalablement à sa décision sur l'action publique.

La médiation administrative a été instituée par une loi du 22 août 2003. Le médiateur administratif est rattaché à la Chambre des députés et a pour mission de recevoir les réclamations sur le fonctionnement des administrations de l'État.

DÉFINITION

Le Centre Finance & Médiation SA définit la médiation comme une méthode de règlement à l'amiable des conflits avec l'aide d'une tierce personne neutre, le médiateur.

FORMATION

Aucune formation à la médiation n'a pu être répertoriée.

LES CENTRES DE MÉDIATION

Dans le domaine de la médiation commerciale, un seul centre luxembourgeois peut être recensé : la Société Finance & Médiation SA (surtout secteur bancaire et financier).

L'Union luxembourgeoise des consommateurs (UCL) intervient dans de nombreux domaines afin de trouver un règlement extrajudiciaire des litiges sans qu'une procédure spécifique ne soit prévue (l'UCL est très active dans le domaine de la construction).

---

[25] Mise à jour 2009.

En matière civile, sociale et commerciale une initiative privée a été réalisée en 2004 par le barreau de Luxembourg, la chambre de commerce et la chambre des métiers sous la forme d'une association sans but lucratif « CMBL » qui a pour but, sur base volontaire et confidentielle, d'aboutir à un règlement amiable d'une affaire.

En matière sociale et familiale, des organisations caritatives s'adonnent également à la médiation.

LES M.A.R.C. DANS LES AUTRES DOMAINES

L'article 58 de la loi du 5 avril 1993 relative au secteur financier prévoit la compétence de **l'IML (Institut monétaire luxembourgeois)** pour recevoir les réclamations des clients des personnes soumises à sa surveillance et pour intervenir auprès des personnes, aux fins de régler à l'amiable ces réclamations. Depuis le 1 janvier 1999, c'est **la Commission de surveillance du secteur financier (CSSF)** qui traite ces réclamations. L'IML puis la CSSF ont œuvré en tant qu'autorités publiques.

La loi du 8 décembre 2000, en matière de prévention du surendettement, a introduit une procédure de médiation.

La Commission de médiation saisie par le débiteur propose à celui-ci et à ses créanciers un plan de redressement élaboré par le service d'information et de conseil sur le surendettement.

Cette commission est composée de 6 membres, dont 2 représentants de l'État, 2 personnes compétentes en matière de prêt et 2 personnes compétentes dans le domaine de la lutte contre le surendettement.

Tous les membres sont nommés par le ministre de la famille et de la solidarité familiale.

Enfin on doit citer **l'Ombudsman** qui est un médiateur au service des citoyens.

Depuis son entrée en fonction le 1er mai 2004, le médiateur du Grand-Duché de Luxembourg (institué par la loi du 23 août 2003, publiée au mémorial du 3 septembre) a reçu 1 847 réclamations formelles (953 en 2005 + 984 en 2006) dont beaucoup révélaient une « pratique incompatible avec le bon fonctionnement de l'administration publique ».

LES DOMAINES DE SAISINE SONT :

- *droit de la sécurité sociale* (assurance maladie invalidité, indemnités chômage, accès au fonds national de solidarité, contestation de l'avis des médecins-conseils) 547 (273 en 2005 + 274 en 2006), soit 30 % ;

- *affaires communales* (logement, construction et urbanisme) 319 (182 en 2005 + 137 en 2006), soit 17 % ;
- *fiscalité* : 208 (100 en 2005 + 108 en 2006), soit 11 % ;
- *droit des étrangers* (immigration, asile politique, permis de travail) : 199, soit 11 % ;
- *L'administration de la justice* (lenteurs) a donné lieu à 81 réclamations (42 en 2005 + 39 en 2006), soit 4 %.

Malte[26]

Définition

Définition légale de la médiation : « *processus au cours duquel un médiateur facilite les négociations entre les parties pour les aider à atteindre un accord volontaire sur leur conflit.* »

Formation

La médiation, uniquement en matière civile, a fait l'objet d'une loi du 16 décembre 2003 qui dispose, qu'avant toute séparation, les parties doivent consulter un médiateur et qu'une situation ne peut être portée devant une juridiction que si la médiation a échoué. Dans ce cadre, la médiation est obligatoire.

Une deuxième loi du 21 décembre 2004 définit les fonctions du médiateur, en précise les droits et obligations, ainsi que la structure générale de la médiation.

Centres de Médiation

Le texte de loi a créé le « Malta Mediation Centre » qui a pour fonction de recruter des médiateurs.

Déontologie

Le médiateur est soumis au secret professionnel ; rien de ses entrevues ou de ses communications ne peut être rendu public, ni révélé au juge, à moins que les parties ne l'acceptent expressément par écrit. Le seul rapport qui soit communiqué au juge lui fait uniquement part de l'obtention ou non d'un accord.

---

[26] Mise à jour 2005.

NORVÈGE[27]

Oyvind SMUKKESTADT,
président du tribunal de Trondheim

LÉGISLATION

La médiation en Norvège a puisé une base scientifique dans les théories de Nils Christie.

La médiation pénale fait l'objet d'une loi, depuis 1992, quand un décret gouvernemental a établi un service national sous l'autorité du ministère de la Justice pour le traitement en médiation de certaines infractions (par exemple : conflits de voisinage, conflit de travail, vols, violences aux biens et aux personnes, problèmes financiers).

L'accord permis par la médiation porte le coupable à indemniser ou à faire des travaux dans l'intérêt de la victime.

Après une longue période d'expérimentation (1997) le Parlement norvégien est prêt à approuver une nouvelle loi sur la médiation en matière civile. À partir du 1 janvier 2007, tous les tribunaux de première et de deuxième instance utiliseront la médiation dans les affaires civiles.

La nouvelle loi (Dispute Act 2005/90) prévoit quatre formes de résolution du conflit, alternatives à la procédure ordinaire :

- Médiation extrajudiciaire (le tribunal se limite à indiquer le médiateur auquel les parties se référeront)
- Conseil de conciliation.
- Médiation.
- Médiation judiciaire.

En matière civile, les mêmes juges peuvent exercer les fonctions de médiateur puis, en cas d'échec des négociations, trancher le litige. Pour de nombreux juges, ce double rôle n'est pas souhaitable.

[27] Mise à jour 2004.

Formation des médiateurs

Le juge qui exerce les fonctions de médiateur reçoit une formation courte de trois jours ; certains juges plus motivés vont suivre une formation à l'étranger.

Beaucoup d'avocats ont pareillement suivi des formations courtes de trois jours.

Les MARC dans les autres domaines

En Norvège il y a une médiation spéciale pour les affaires familiales. Un psychologue est choisi comme co médiateur (près du juge) et, après une première rencontre, les protagonistes disposent de deux ou trois mois pour trouver un accord. Exceptionnellement, une troisième rencontre peut être organisée entre le médiateur et les parties.

PAYS-BAS[28]

Marchteld PEL,
Directrice du bureau national de la médiation judiciaire,
vice-présidente de la Cour d'appel de Arnhem, (Pays-Bas)

LÉGISLATION

Dans la législation nationale actuelle, la réglementation de la conciliation et de la médiation est incluse dans le Code de procédure civile mais à l'heure actuelle les Pays – Bas ne connaissent pas de législation spécifique relative à la médiation conventionnelle.

En 1999, les autorités ont institué le Bureau national de médiation judiciaire.

Ce bureau judiciaire a pour mission de soutenir les tribunaux et les cours d'appel et de les accompagner lors de la mise en œuvre et de l'exécution de la mesure de renvoi, notamment par l'apport de connaissances et de conseils, la garantie et le contrôle de la qualité de la procédure de renvoi et des médiateurs, et l'organisation de formations, parmi lesquelles des cours de renvoi à la médiation.

Le Parlement a décidé en janvier 2005 d'introduire un système structurel de médiation judiciaire dans les 19 tribunaux des Pays – Bas. La mesure de renvoi à la médiation a été appliquée dans 7 tribunaux depuis le 1 avril 2005 et dans 11 depuis le 1 octobre 2005.

La mise en œuvre de la médiation se trouve actuellement à un moment de transition. Depuis le mois d'avril 2007, tous les tribunaux aux Pays-Bas ont un service officiel qui oriente les justiciables vers la médiation. Une campagne est en cours pour faire connaître au grand public les possibilités de la médiation judiciaire.

Chaque tribunal a son bureau de médiation, dirigé par un magistrat responsable pour les contacts avec les médiateurs après qu'un litige a été renvoyé en médiation.

Le juge peut proposer aux parties de recourir à la médiation. Celle-ci n'a pas de caractère obligatoire et l'accord des deux parties est nécessaire. Le bureau de médiation du tribunal peut aider les parties à choisir un médiateur. Il y a une liste de médiateurs sélectionnés par le département de la justice.

---

[28] Mise à jour 2009.

FORMATION

Juges

La formation des juges est réalisée par le SSR (Centre d'Études pour la Procédure).

Depuis l'an 2000 à peu près 2100 juges et secrétaires ont été formés à la technique d'informer les parties sur la médiation et de les aider pour choisir la médiation. De plus, depuis 2008, le cours « *Diagnostic du conflit et techniques d'audience* » fut dispensé à près de 400 juges. Ce cours explique pourquoi et comment prendre la bonne décision afin d'aboutir à la solution le plus adéquate. Enfin, un manuel destiné aux juges fut publié (« ***Referral to Mediation*** » édité par SDU, ISBN : 978-90-12-12067-8). Ce livre est même traduit en anglais.

Médiateurs

Actuellement plus de 500 médiateurs sont inscrits sur la liste des tribunaux du royaume. Les médiateurs sont sélectionnés selon les critères suivants :

- inscription sur la liste du NMI (*Nederland Mediation Institut*).
- formation à la médiation.
- une pratique de la médiation (5 médiations au minimum par an).
- participation obligatoire à des réunions de discussion avec d'autres médiateurs.
- établissement de comptes-rendus et accréditations.

La formation privée des médiateurs est garantie par nombreux centres : *Amsterdam ADR Project, Centrum voor Conflicthantering, Mediation and training Network the Lime Tree, Merlijn Mediation BV, NIP Dienstencentrum, Vereniging Van Advocaat-Scheidingsbemiddelaars, SRA Academie, SVIC School voor Coaching.*

DÉFINITION

Le NMI propose la définition suivante (conformément aux NMI Mediation Rules) : *processus par lequel les parties tentent de résoudre amiablement leur litige avec l'assistance d'un médiateur.*

Aux Pays-Bas, on applique le terme de conciliation judiciaire au sens strict, donc dans le cas où une conciliation a été achevée par le juge sans intervention de médiation.

Un élément très important dans la médiation est la confidentialité des parties intéressées lors de la phase de médiation et c'est pourquoi les parties s'engagent par un accord contraignant.

Origine professionnelle des médiateurs

Les médiateurs ont des origines professionnelles très variées : avocats, juristes, notaires, psychologues, travailleurs sociaux, comptables.

Déontologie

Le NMI a établi un règlement de médiation intitulé « *Mediation Rules* » et un code de conduite des médiateurs « *Rules of conduct for Mediators* » qui précisent le déroulement de la médiation et qui définissent les principes devant être respectés par le médiateur. On peut citer :

- le médiateur peut être désigné par les parties ou si elles le demandent par le NMI.
- le médiateur doit être indépendant, impartial et respecter la plus stricte confidentialité.
- il peut se faire assister par une personne avec l'accord des parties.
- celles-ci peuvent être écoutées séparément par le médiateur (*caucus*).
- elles ne sont pas tenues d'être présentées à la médiation et peuvent se faire représenter par leur avocat dument mandaté.

Les Centres de Médiation

Nederland Mediation Institut (NMI) : institution privée.

Bureau national de la Médiation judiciaire : institution publique portée par un groupement de juges.

Les M.A.R.C. dans les autres domaines

La médiation familiale est particulièrement développée aux Pays-Bas, notamment dans le cadre des procédures judiciaires de divorce.

Pour les médiations conventionnelles, les parties peuvent trouver des médiateurs dans de nombreux domaines : conflits en droit du travail, de la famille, droit administratif, de l'environnement.

POLOGNE[29]

Rafal CEBULA,
District Court Judge CZELADZ, Pologne

SURVOL HISTORIQUE

En Pologne, la médiation est apparue vers les années 1990, pour les affaires criminelles et en 2005 dans les procès civils (affaires familiales).

Quel que soit son domaine d'application, la médiation est peu répandue même si elle se développe de manière importante ces dernières années. Sur plusieurs millions d'affaires que jugent les tribunaux, la médiation ne règle que quelques milliers d'entre elles. Le nombre de médiations est en augmentation dans les affaires criminelles. La plupart des affaires familiales ont de bons résultats.

Actuellement, le Ministère de la Justice prépare une campagne publique pour promouvoir la médiation en Pologne.

LÉGISLATION

Chaque domaine a ses propres lois pour la médiation (civil, criminel, mineurs, administratif).

La médiation judiciaire est contrôlée par les tribunaux, y compris les médiateurs qui sont sur les listes des tribunaux.

Les médiateurs organisent les réunions avec les parties. Au cours de ces réunions, ils signent l'accord de médiation. Dans les affaires civiles elle marque la fin du procès, mais dans les affaires criminelles, la médiation suit les directives du Code de procédure criminelle et dans les matières civiles (famille) celles du Code de procédure civile.

La loi permet-elle au juge de désigner un autre juge comme médiateur ?

La loi polonaise n'autorise pas le juge à faire de la médiation. Par exception, en matière administrative, seuls les juges peuvent la conduire. La pratique de la médiation administrative est faible (quelques médiations chaque année).

Les Codes civil et criminel interdisent au juge de mener lui-même les médiations.

---

[29] Mise à jour 2009.

La loi permet elle au juge de désigner un médiateur indépendant du système judiciaire ?

Les juges sont autorisés à désigner les médiateurs de la liste de la Cour pour les affaires civiles ou criminelles. Cependant dans les affaires civiles, les parties peuvent désigner leur médiateur.

LA PRATIQUE JUDICIAIRE

Le rôle des magistrats

Les juges ne peuvent être médiateurs, mais leur rôle en médiation est très important puisque ce sont eux qui incitent les parties à aller en médiation.

La médiation peut être ordonnée par un juge sans consultation des parties, mais celles-ci peuvent s'y opposer et dans ce cas, la médiation n'a pas lieu. Il n'y a d'exception, ni dans le domaine civil, ni dans le domaine criminel.

Même si la médiation est ordonnée par le juge, il ne peut avoir connaissance du contenu des réunions qui sont secrètes. Le principe de confidentialité est une valeur fondamentale de la médiation.

Le rôle des avocats

- Proposent-ils la médiation/conciliation ? : Très rarement. Le plus souvent, c'est le juge qui est à l'origine de la médiation.
- Accompagnent-ils leurs clients aux réunions de médiation/conciliation ? : Oui, mais plus souvent dans les affaires civiles que criminelles.
- Rédigent-ils les accords issus de médiation/conciliation ? : Oui
- Que pensent-ils de la médiation ou de la conciliation ? : Les avocats sont sceptiques. Ils découragent plus les parties qu'ils ne les motivent. Ils pensent que la médiation menace leurs intérêts. Ils ne croient pas à l'efficacité de la médiation.

PRINCIPAUX DOMAINES D'APPLICATION

La médiation est utilisée le plus souvent dans les affaires criminelles (voisinage et famille) et dans les affaires civiles (famille, divorces). Son rôle est plus restreint dans les affaires de propriété et les affaires commerciales. La médiation est plus répandue dans les grandes villes.

Connaissez-vous des contentieux ou difficultés réelles nés des accords de médiation ?

Le plus grand problème est la qualité des accords de médiation. Ils ne sont pas clairs et difficiles à comprendre.

Les médiateurs (agissant en référé) doivent-ils recevoir une formation spécifique en résolution de conflits ?

Oui, mais personne ne contrôle ces formations. Dans les affaires civiles, aucune durée de formation ni d'expérience de médiation n'est requise ; en matière familiale, les médiateurs doivent avoir des connaissances théoriques, mais jusqu'à présent aucun contrôle n'est fait. Pour les affaires criminelles, on demande une formation psychologique, mais sans programme recommandé.

PORTUGAL[30]

Jaime OCTAVIO CARDONA FERREIRA,
Ancien président de la Cour Suprême du Portugal

LÉGISLATION

Il n'y a pas spécifiquement de législation sur la médiation en droit civil.

Même si, au Portugal, les normes ont leur spécificité de domaine et leur autonomie, en principe, le droit commercial appliquera ce qui est la règle en droit civil. En revanche dans la matière sociale, il existe des règles particulières sur la médiation du travail et sur la conciliation.

Mais c'est la loi n° 78/2001 du 13 juillet 2001 sur les juges de paix qui a véritablement instauré une dynamique de la médiation, en établissant les règles suivantes : les parties choisissent elles-mêmes un médiateur sur la liste tenue par le juge de paix concerné. Les médiateurs collaborent avec les juges de paix dans tout type de conflit, même lorsque celui-ci n'est pas de la compétence des juges de paix. Si les parties arrivent à s'accorder, le juge de paix compétent pour le litige, doit homologuer l'accord ou, en cas d'échec de la médiation, peut soit tenter personnellement une conciliation, soit juger (articles 26 et 56).

DÉFINITION

La loi 78/2001 (sur la compétence des Juges de Paix) stipule en son article 35 intitulé « *La médiation et les fonctions du médiateur* :

1- La médiation est une manière extrajudiciaire de résoudre les litiges, de nature privée, informelle, confidentielle, volontaire et non contentieuse, où les parties, par le biais de leur participation active et directe, sont aidées par un médiateur à trouver, par elles-mêmes, une solution négociée à l'amiable du conflit qui les oppose.

2- Le médiateur est un tiers neutre, indépendant et impartial, dépourvu du pouvoir d'imposer aux parties une décision contraignante.

3- Le médiateur est compétent pour organiser et diriger la médiation, en mettant sa préparation théorique et ses connaissances pratiques au service des parties qui ont choisi volontairement son intervention, cherchant à aboutir au meilleur résultat utile et au plus juste, pour obtenir un accord satisfaisant.

---

[30] Mise à jour 2009.

Formation des médiateurs

La formation de médiateurs, bien que faite par des institutions privées, doit avoir la reconnaissance du Ministère de la Justice dès lors qu'un accord de médiation concerne les matières sociales.

Déontologie

Les indicateurs de déontologie sont exposés dans la loi 78/2001 sur la justice de paix, à l'art. 30 :

> 1 - Les médiateurs qui collaborent avec les juges de paix sont des professionnels indépendants, légitimement autorisés à fournir les services de médiation.
>
> 2 - Lors de l'exercice de ses fonctions, le médiateur doit procéder en toute impartialité, indépendance, crédibilité, compétence, confidentialité et diligence.
>
> 3 - Les médiateurs ne peuvent pas exercer leur métier d'avocat devant le juge de paix auprès duquel ils fournissent le service de médiation.

Quant à la rémunération, l'art. 36 de la loi 78/2001 précise : « *La rémunération du médiateur est attribuée par affaire de médiation, indépendamment du nombre de séances réalisées, et son montant est fixé par la tutelle gouvernementale compétente dans le domaine de la justice* ».

Les Centres de médiation

En matière familiale la médiation est un processus en développement : un centre de médiation familiale a été créé par décision ministérielle n° 12.368/97 en date du 9 décembre 1997, centre dont l'activité se limitait alors à la région de Lisbonne et à la ville de Coimbra. Aujourd'hui, la médiation familiale est étendue à tous les centres du pays qui collaborent avec les tribunaux, conformément à la législation des Tribunaux de Famille, mais surtout conformément à l'Ordonnance du Secrétaire d'État de la Justice, publiée dans le Journal Officiel du 22 août 2007.

Pour les litiges de la consommation, la loi du 31 juillet 1996 n. 24/96 régit les litiges de la consommation et le décret du 4 mai 1999 n. 146/99 a réglementé les centres de résolution extrajudiciaire des conflits de consommation qui doivent être inscrits auprès de l'Institut du consommateur.

La médiation est un processus largement utilisé : création en 1989 d'un centre d'arbitrage des conflits de consommation de la ville de Lisbonne ; depuis 1995 ce centre a réglé 70% des cas par recours à la médiation. Ce type de centre existe aussi à Porto. On recense également le « *Centro de Arbitragem de Conlictos de*

Consumo de Coimbra », le « *Centro de Arbitragem de Conflictos de Consumo do vale Do Ave de Faro* », le « *Centro de Arbitragem do sector Automovel* ».

DROIT DU TRAVAIL

Dans le domaine social, nous retrouvons la médiation en matière de droit de travail, mais hors juridiction, mise en place par des protocoles des associations de travailleurs et d'entrepreneurs sous l'égide du Ministère de la Justice.

Les juges ayant compétence en matière de droit de travail recourent fréquemment à la conciliation (plus souvent que les juges civils en général) avec grand succès pacificateur.

MÉDIATION PÉNALE

Le Parlement étudie une proposition de loi sur la médiation pénale avec la supervision du ministère public (pour la phase de l'enquête).

LA DIRECTIVE

Au Portugal, les principes de la directive 2008/52/CE, du Parlement et du Conseil de l'U. E., du 21 mai 2008, ont déjà été transposés dans le droit national portugais. En effet, la loi n° 29/2009 du 29 juin 2009 a modifié le Code de procédure civile dans un sens très utile au développement de la médiation et à l'harmonisation des tribunaux dans tous les champs du droit « Civil » - ce qui, au Portugal, inclut le droit civil proprement dit, le droit familial, le droit commercial, le droit de la consommation, etc.

Conformément au régime de la transposition, tous les justiciables intéressés peuvent, avant la présentation de tout différend devant le tribunal, faire appel à des systèmes de médiation. Cet acte conjoint suspend des délais de caducité et de prescription. S'ils parviennent à un accord, les intéressés peuvent alors solliciter l'homologation auprès du juge matériellement compétent, dans les règles des procédures urgentes.

RÉPUBLIQUE TCHÈQUE[31]

Andrea PESLOVA,
Juge au Tribunal de District de Prague

Lubomír PTACEK, Ph.D,
Président du Tribunal Régional de Liberec

1. SURVOL HISTORIQUE

En République tchèque, médiation et conciliation ont commencé au début des années 1990, sous forme d'activité extrajudiciaire, à l'initiative des États-Unis, qui ont formé aux techniques de médiation ceux qui s'y intéressaient : les travailleurs sociaux et les avocats, par exemple.

Ils travaillent maintenant surtout dans le domaine commercial, mais aussi pour la famille. Jusqu'à maintenant, cette forme de médiation n'était pas très utilisée par la justice, pour des raisons partiellement financières et partiellement de traditions et de mentalité— une fois que les parties en sont au tribunal, ou bien elles s'arrangent pendant la procédure, ou bien elles veulent un jugement.

Le ministère de la Justice prépare la nouvelle loi sur la médiation en tant que moyen alternatif de résolution des conflits depuis plus de cinq ans. L'idée de base, la médiation faite ou non uniquement par les avocats, a évolué pendant le processus.

La loi prévoyant des médiateurs ayant une formation particulière devrait être promulguée en 2010.

2. LÉGISLATION

La loi ne permet pas au juge de désigner un autre juge comme médiateur ou conciliateur.

D'après l'amendement de l'acte de procédure civile tchèque (loi 295/2008), le juge peut, mais il n'y est pas obligé, ordonner une conciliation ou une médiation extrajudiciaire. La circulaire, publiée en attendant que la loi sur la médiation dans les matières non criminelles, fondement juridique de ces thérapies, entre en vigueur, ne permet au tribunal d'ordonner aux parties de participer à cette thérapie que si le financement de cette procédure extrajudiciaire ou de cette thérapie sont assurés.

---

31 Mise à jour 2009.

Le juge doit aussi tenir compte de l'accord des parties et de la façon prévue pour financer les coûts de ces procédures, quand cela est approprié, et que les deux parties prouvent qu'elles ont les moyens d'en couvrir les frais.

En pratique, cela sera possible des deux façons suivantes :

1° Les parents assument les frais, en montrant la preuve du payement anticipé des frais au tribunal.

2° Les parents peuvent consigner à la régie du tribunal et s'entendre avec ceux qui conduisent la thérapie (en fait, le tribunal ordonne des mesures intérimaires ou administratives à suivre, et elle demande si les rencontres thérapeutiques ou non judiciaires seront menées soit gratuitement grâce au paiement d'un organisme non lucrative ou par une autre entité.)

Le juge ne peut être désigné ni comme médiateur ni comme conciliateur.

La loi permet elle au juge de désigner un médiateur indépendant du système judiciaire ?

Pour cela le tribunal doit ordonner aux parties de participer à un processus extrajudiciaire. C'est l'art. 110/2 du Code de procédure civile qui donne ce pouvoir aux tribunaux (amendement à la loi 295/2008). La durée maximale de ce processus est de trois mois, période raisonnable pour mener à bien des discussions et des consultations, mais qui n'amène pas à rallonger la durée de la procédure, ce qui serait préjudiciable à l'enfant.

L'importance de cette proposition réside non seulement dans la possibilité de décharge partielle des tribunaux, mais surtout dans la possibilité d'une réconciliation non forcée des participants et dans le rétablissement des relations mutuelles. Pour accéder à ce processus et conduire les parties pendant son déroulement, il faut qu'elles demandent au tribunal de suspendre la procédure judiciaire pour aller en médiation ou en conciliation, un processus où seront prises en compte la garde principale de l'enfant et l'étendue des contacts de chacun des parents avec l'enfant. Si l'un des parents refuse à priori la possibilité de trouver un compromis avec l'autre parent en ce qui concerne leurs relations avec cet enfant commun, cette conduite sera considérée comme une information importante sur ses capacités éducatives ayant des conséquences sur le développement harmonieux de l'enfant.

Les conditions de base pour arrêter les procédures et leur reprise sont :

- Le consentement des parties pour l'arrêt des procédures devant le tribunal et pour commencer un processus extra judiciaire.
- Le consentement des parties et la possibilité qu'elles soient informées sur les procédures extra judiciaires.

Le tribunal autorise la suspension de la procédure judiciaire en tenant compte des différents facteurs composant l'affaire. Les juges fixent généralement une obligation d'information sur le processus et les différences fondamentales avec les procédures judiciaires lui permettant de répondre souplement, et comment éventuellement reprendre la procédure judiciaire. On ne peut pas demander aux participants d'une procédure extra judiciaire de dire ce qui s'est passé pendant les réunions de médiation ou de conciliation et qui ne ressort pas de l'accord trouvé au cours des négociations.

3. La pratique judiciaire

3.1 Le rôle des magistrats comme médiateurs ou conciliateurs

Généralement, le but des procédures civiles est de faire respecter les droits de façon équilibrée. L'article 99 du Code de procédure civile dit que si la nature des choses le permet, les parties peuvent arriver à un accord au cours des procédures. Les tribunaux recherchent un accord entre les parties ; dans une tentative de conciliation, le juge qui préside essaye de faire parler les parties sur leur affaire, en attirant leur attention sur la loi et sur la jurisprudence de la Cour Suprême et celle des autres tribunaux concernant leur affaire, il leur indique des possibilités pour s'entendre sur un règlement amiable. Le tribunal décide d'accepter ou non l'accord conclu ; le tribunal ne l'homologuera pas s'il est contraire à la loi. Dans ce cas le tribunal reprendra l'affaire pour la juger.

- La médiation\conciliation peut-être soit consensuelle soit ordonnée par un juge.
- Quelle est l'autorité du juge prescripteur de médiation (information, désignation du médiateur, homologation de l'accord) ?

Si les parties sont d'accord pour participer à une conciliation extra judiciaire ou à une médiation ou une négociation ordonnée par le tribunal qui aura désigné une personne physique ou morale pour une procédure extra judiciaire, et qu'elles ont demandé à être informés sur le processus, le tribunal suspend la procédure si la demande n'est pas abusive. Le tribunal peut aussi imposer les conditions de la poursuite de la suspension de la procédure judiciaire, en particulier pour donner aux participants l'obligation de l'informer de la progression et de l'accord obtenu dans la médiation extra judiciaire. Cette demande ne peut pas entrainer la révélation de faits découverts pendant la procédure extra judiciaire pour éclairer ce qui n'est pas dit dans l'accord qui suit les négociations.

3.2 Le rôle des avocats

Ils peuvent proposer la médiation, mais ils le font rarement une fois que la demande a été enrôlée au tribunal. Si une médiation est prescrite, ils y participent souvent. Habituellement, l'un des avocats rédige l'accord et le fait approuver par les parties. Les avocats désirent réellement devenir médiateurs en matière commerciale, cependant quand la procédure judiciaire est commencée, ils ne cherchent pas trop à pousser leurs clients vers un accord, mais préfèrent tout faire pour gagner. Mais cette tendance change aussi de plus en plus.

Le domaine commercial

Dans ce domaine pour qu'un accord soit exécutoire il faut qu'il soit homologué par un tribunal ou qu'il ait été rédigé par un notaire. Il est arrivé qu'un tel accord ne puisse pas être exécuté par manque de clarté.

4. Formation spécifique des juges en résolution de conflits

Ils sont les bienvenus à l'Académie judiciaire tchèque pour ce type de formation qui n'est pas obligatoire. La République tchèque s'est jointe au projet de la Commission Européenne pour soutenir le développement de la médiation en matières non criminelles. À ce projet participent le ministère de la Justice, l'Institut de médiation, le barreau des avocats tchèques, la Faculté de droit de l'Université Charles et l'Union des juges tchèques.

Ce projet inclut un colloque international, qui aura lieu à Prague en fin avril ou en mai 2010, sous les auspices du Doyen PF UK. Il y aura des groupes de travail pendant une partie du colloque, l'un de ces groupes sera axé sur les besoins spécifiques des juges tchèques. L'objectif est de mieux connaître les procédures de médiation disponibles dans les procédures judiciaires, et aussi comment "amener " les parties à utiliser la médiation extra judiciaire.

Une partie de cette conférence sera tenue par environ 20 formateurs en médiation certifiés par le Centre international JAMS ADR, dont les diplômés reçoivent un certificat valable dans toute l'Union Européenne, ce qui leur permet d'enseigner les techniques de médiation. Ceci semble être une bonne occasion pour rassurer les enseignants de la République tchèque sur le résultat des médiations directement ordonnées par les juges.

On a proposé une procédure d'autorisation ou d'accréditation pour les médiateurs ; ceux-ci réclament entre autres une formation spécifique à la résolution des conflits par la médiation, garantie par un centre de certification, mais la loi n'est pas encore votée.

ROUMANIE[32]

Sanda Helena LUNGA,
juge à la cour d'appel de Cracovie, section commerciale

En Roumanie, la médiation en matière civile et commerciale est naissante.

Le dispositif législatif a été adopté en mai 2006 seulement, avec la loi 192/2006 sur la médiation et l'organisation de la profession de médiateur.

En matière civile et commerciale, la médiation est possible dans tous les cas où la loi n'en dispose pas autrement, et le juge informe les parties de la possibilité d'y recourir. Il peut également leur conseiller d'y avoir recours, mais ne peut l'ordonner.

Les parties peuvent recourir à la médiation avant comme pendant le procès. Le médiateur est choisi d'un commun accord entre les parties. C'est une « personne autorisée », qui bénéficie de l'agrément du conseil de la médiation, chargé de la régulation de la profession.

Cette loi n° 192/2006 *concernant la médiation et l'organisation de la profession de médiateur* (« la Loi ») est parue dans le Journal officiel, Ière Partie, n° 441 du 22 mai 2006. Pour le législateur, la médiation *« représente une modalité facultative de résolution des conflits par voie amiable, par l'intermédiaire d'une tierce personne spécialisée en tant que médiateur, dans des conditions de neutralité, impartialité et confidentialité »*, et le médiateur est « *une personne apte à faciliter les négociations entre les parties et à les soutenir pour la résolution du conflit, par l'obtention d'une solution réciproquement convenable, efficiente et durable ».*

La loi réglemente expressément le droit des parties en conflit de recourir à la médiation de manière volontaire. Sauf disposition contraire de la loi, il reste possible de choisir la médiation après le déclenchement d'un procès devant les instances compétentes, tant pour résoudre de cette façon tout conflit en matière civile, commerciale, familiale, pénale, ainsi que dans d'autres matières. Par exception, les droits strictement personnels ne peuvent pas faire l'objet de médiation, pas plus que tous autres droits dont les parties, conformément à la loi, ne peuvent pas disposer par convention ou par autre modalité admise par la loi.

La loi stipule les conditions de l'obtention de la qualité de médiateur (y compris l'autorisation d'exercer), l'organisation et l'exercice de cette profession, ainsi que les droits et les obligations du médiateur. La loi prescrit que le médiateur ne pourra plus représenter ni assister une des parties dans une

[32] Mise à jour 2009.

procédure judiciaire ou arbitrale ayant comme objet le conflit soumis à la médiation.

La loi règlemente aussi la procédure de médiation, stipulant des dispositions spéciales dans le cas des conflits de famille et des dossiers pénaux. Enfin, la loi précise que la médiation des conflits de travail reste soumise aux dispositions prévues par les lois spéciales.

DÉFINITION

L'article 1er de cette loi de mai 2006 stipule que *« la médiation est un mode facultatif de résolution des conflits par voie amiable, avec l'aide d'une tierce personne spécialisée en qualité de médiateur, dans des conditions de neutralité, d'impartialité et de confidentialité »*.

DÉONTOLOGIE

Le statut du médiateur est celui d'une profession libérale, proche de celui des notaires publics. Il est rémunéré par ses clients dans le cadre d'un contrat de médiation. Les frais ne peuvent, actuellement, être pris en charge dans le cadre de l'aide juridictionnelle.

Le dispositif étant très nouveau, le ministère de la Justice est encore dans la phase de promotion de la médiation auprès des professionnels (un jumelage institutionnel Phare « light » est en cours, conduit par les Autrichiens).

L'accompagnement des négociations et le soutien du médiateur ont un caractère confidentiel à l'égard des tiers. Ils ne peuvent pas être utilisés comme preuves dans les procédures judiciaires ou arbitrales, sauf autrement convenu par les parties ou prévu par la loi. Le médiateur a l'obligation de garder le secret sur toutes les informations et tous les documents qui furent établis ou reçus au cours de son activité de médiation, même si sa fonction de médiateur a pris fin.

Le médiateur doit informer les participants à la procédure de médiation de l'obligation de maintenir la confidentialité et il peut demander qu'un accord de confidentialité soit signé à cet effet.

LES M.A.R.C. DANS LES AUTRES DOMAINES

Les domaines dans lesquels la procédure de la médiation est le plus souvent utilisée actuellement pour régler des conflits sont le domaine commercial et le domaine du droit du travail (médiation pour la conclusion des conventions collectives au niveau national, de branche ou d'entreprise).

ANNEXE : RAPPORT NATIONAL SUR LA MÉDIATION[33]

Prof. Dr Smaranda ANGHENI,
Université Titu Maiorescu Bucarest

En Roumanie, la médiation est régie par la Loi 192/2006 du 16 mai 2006 sur la médiation et l'organisation de la profession de médiateur qui établit les principes fondamentaux de la procédure de médiation, en accord avec une série de documents européens, ainsi qu'au statut de la profession de médiateur.

La médiation représente une des étapes de réduction du volume d'activité des juridictions et par conséquent elle les dégrève de nombreuses affaires. Le but de cette modalité de résolution des conflits est, d'une part, le règlement satisfaisant des intérêts des parties en conflit, et d'autre part, elle contribue à l'accroissement de la qualité de l'acte de justice.

NOTION. L'OBJET DE LA MÉDIATION. LES AVANTAGES DE LA MÉDIATION

La médiation est une méthode alternative de résolution des conflits par voie amiable, par une tierce personne spécialisée en médiation, en conditions d'impartialité, de neutralité et de confidentialité, dénommée médiateur, qui assiste les parties dans la négociation des problèmes qui font l'objet d'un litige et qui déploie toutes les diligences pour arriver à un accord.

Sauf si la loi le prévoit autrement, les parties, des personnes physiques ou morales, participent de manière volontaire, y compris après le commencement d'un procès devant les juridictions judiciaires, à la médiation qui, en règle générale, n'est pas obligatoire. De cette manière, les parties conviennent de régler tout conflit en matière civile, commerciale, familiale, et pénale, ainsi que dans toute autre matière prévue par la loi.

Pour les conflits ruraux, on considère que, même si la loi ne prévoit pas expressément la médiation dans les conflits ruraux, compte tenu que l'acte normatif la prévoit en matière civile et commerciale, et que les affaires rurales sont de nature civile ou commerciale le cas échéant, il est possible de recourir à la médiation. De même, par une interprétation *a contrario* du texte, compte tenu que la loi prévoit expressément les cas dans lesquels la médiation n'est pas permise et que le règlement des affaires rurales ne se trouve pas parmi ceux-ci, ont peut en conclure que la médiation dans ce cas est permise. *A fortiori,* si la loi

[33] Rapport national - XXIVe Congrès et Colloque Européens de Droit Rural – Caserta (Naples) – 26-29 septembre 2007-
http://www.cedr.org/english/documents/caserta/commission2/CII_ROM_FR.pdf

prévoit la médiation des certains conflits pénaux la médiation des affaires rurales est également possible.

Le médiateur n'a pas de pouvoir de décision sur la solution du litige. La médiation met l'accent sur les intérêts des parties et pas seulement sur les aspects juridiques de l'affaire.

En utilisant la médiation, les parties évitent les frais de jugement, les taxes de timbre, les honoraires des experts et tout autre frais judiciaire. De même, si le litige est réglé par le biais de la médiation, au cours de la procédure pénale, les taxes de timbre seront remboursées.

Les médiateurs sont des personnes autorisées par le Conseil de la médiation pour exercer la profession de médiateur. Les médiateurs sont des personnes indépendantes qui doivent exercer leur profession en respectant les obligations suivantes : la confidentialité des informations, la neutralité par rapport aux parties, l'impartialité et le respect de la liberté, de la dignité et de la vie privée des parties.

Il est possible de régler par le biais de la médiation les conflits relatifs aux relations de famille, aux rapports commerciaux, locatifs, de voisinage, de copropriété, aux successions ou concernant l'exécution des obligations contractuelles. De même, l'objet de la médiation peut être la violation des droits des consommateurs, la commission des certaines infractions pour lesquelles, selon la loi, le retrait de la plainte préalable ou l'accord des parties représente une cause de non - responsabilité pénale.

Par contre, dans les litiges de travail, les droits strictement personnels comme ceux relatifs au statut de la personne et tout autre droit pour lesquels la loi prévoit l'interdiction de disposer par convention ou transaction ou par tout autre moyen permis par la loi, la médiation n'est pas possible.

LA PROCÉDURE DE LA MÉDIATION

Toute personne physique ou morale a la possibilité de s'adresser à un médiateur. Deux ou plusieurs parties peuvent participer à la procédure de médiation, en fonction du nombre des personnes en conflit. Les parties intéressées peuvent s'adresser au médiateur avant l'initiation d'une procédure judiciaire, ainsi que pendant cette procédure.

Afin de pouvoir recourir à la médiation, les parties doivent conclure un contrat par écrit entre le médiateur et les parties en conflit. Le médiateur a droit à un honoraire fixé avec les parties.

La médiation est basée sur la coopération des parties et l'utilisation par le médiateur de certaines méthodes et techniques spécifiques, fondées sur la communication et la négociation. Le négociateur ne peut pas imposer aux parties une solution relative au conflit soumis à la médiation. Son rôle est d'assister les parties et les soutenir dans leur démarche commune de règlement du conflit, afin d'arriver à une solution convenable pour toutes les parties.

Le résultat de la médiation peut être, le cas échéant, la conclusion d'un accord entre les parties, la constatation par le médiateur que la procédure a échoué et la dénonciation du contrat de médiation par une des parties.

L'accord doit respecter la loi et l'ordre public. **Il peut être soumis à la vérification du notaire en vue d'authentification** ou, le cas échéant, à l'accord de la juridiction, dans les conditions de la loi.

Lorsque le litige est en train d'être solutionné par une juridiction, le règlement de celui-ci par le biais de la médiation peut être réalisé à l'initiative des parties ou à la recommandation de la juridiction, acceptée par les parties. À l'occasion de la clôture de la procédure de médiation, le médiateur a l'obligation d'informer la juridiction. Si les parties sont arrivées à un accord, la juridiction, en prenant acte de la transaction des parties, peut prononcer une décision et, à la demande des parties, décider de la restitution de la taxe de timbre.

ROYAUME-UNI

Ruben MURDANAIGUM,
Principal solicitor, médiateur, Écosse, Royaume-Uni

LÉGISLATION

La médiation n'est pas couverte par un texte spécifique. Cependant, le système judiciaire civil anglais repose sur le principe selon lequel la présentation d'une affaire devant un tribunal ne doit intervenir qu'en dernier ressort. Les parties sont donc fortement encouragées à utiliser des procédures de médiation, **en particulier depuis l'entrée en vigueur en 1999 de nouvelles règles de procédure civile (*Civil Procedure Rule (CPR)*.**

Celles-ci requièrent des tribunaux qu'ils « gèrent activement les dossiers », ce qui implique, notamment, le fait « d'encourager les parties à utiliser des procédures alternatives de résolution des conflits si les tribunaux considèrent cela approprié, et de faciliter l'utilisation de telles procédures ».

De plus, les règles générales relatives aux frais des procès contenues dans les *CPR* tendent à encourager la médiation. En effet, en déterminant les frais de justice, le tribunal doit prendre en considération « les efforts effectués, si c'est le cas, avant et pendant le procès, pour essayer de résoudre le conflit ».

DÉFINITION

La médiation est généralement définie comme la recherche d'un accord par les parties, sans obligation, sous l'égide d'un tiers impartial qui agit comme un conducteur d'échanges. Si un accord est effectivement trouvé, il est couché par écrit et signé par les deux parties et le médiateur. Toutefois, il n'est possible d'en demander l'exécution devant un tribunal que si les parties décident de le soumettre à une instance judiciaire afin d'en faire un contrat obligatoire.

Pour l'Académie britannique, la médiation appartient à la famille des ADR c'est-à-dire « toute méthode de résolution d'un litige par accord mutuel plutôt que par une décision imposée et contraignante ».

DÉONTOLOGIE

Les médiateurs ne peuvent donc communiquer des informations à des tiers qu'avec l'accord exprès des parties. D'autre part, ce qui est dit au cours de la procédure de médiation ne peut être produit plus tard devant un tribunal si la procédure a échoué. Ceci toutefois ne s'applique pas aux données factuelles telles que les informations relatives aux revenus ou aux biens des parties. Également, s'il apparaît que quelqu'un a été sérieusement blessé ou encourt des risques de mauvais traitement, le médiateur doit informer la police ou les services sociaux.

En matière commerciale, les médiateurs sont accrédités par un ou plusieurs organismes spécialisés tels que le service de médiation de la « Law Society » écossaise. Cet organe, par exemple, accrédite des « solicitors » qui ont suivi des formations concernant les techniques de médiation. Les membres de ces organismes sont généralement des professionnels (avocats, travailleurs sociaux et professionnels des services de santé).

Le Barreau, l'Université britannique des médiateurs familiaux et plusieurs universités offrent des cours de formation et forment des médiateurs.

CENTRE DE MÉDIATION

De nombreuses organisations commerciales offrent des services de médiation. Et depuis une dizaine d'années, *Her Majesty Courts Service* (*HMCS*), en partenariat avec ce secteur, a commencé à instaurer des services de médiation dans certains des plus importants centres judiciaires (*Court centres*) du Royaume-Uni, qui offrent à des prix modérés des séances de trois heures avec un médiateur.

Un service d'assistance téléphonique www.nationalmadiationhelpline.co.uk) a par ailleurs été introduit fin 2004, il répond aux questions générales du public, des entreprises et juristes, mais aussi des tribunaux, sur la médiation. Il met en contact les personnes intéressées, le cas échéant, avec des médiateurs professionnels accrédités. Les bénéfices de cette centralisation administrative et les taux de réussite élevés (85 % au 31 décembre 2005) ont conduit le *HMCS* à envisager l'instauration d'un service de médiation dans toutes les *County Courts*.

De nombreux projets pilotes, sans frais pour les utilisateurs, ont également été développés pour permettre de régler les litiges portant sur de faibles montants, avec des services de médiation internalisés ou externalisés selon les cas, notamment à Manchester, à Exeter, à Reading et à Wandsworth.

Les avocats ont organisé un service de médiation familiale en 1994 : il s'agit du « CALM », groupe de spécialistes de droit de famille reconnus par le barreau écossais (actuellement, 56 avocats sont accrédités).

Le barreau écossais a mis en place un service d'ADR appelé « *Accord* » pour la résolution amiable des conflits en matière commerciale (aujourd'hui, il y a 20 avocats spécialisés en médiation commerciale).

Déontologie

Chacun des organismes engagés dans la formation à la médiation a sa propre méthode de formation et son propre code de conduite. Chacun d'eux respecte des standards minimums et suivent des programmes de formation professionnelle continue.

Les M.A.R.C. dans les autres domaines

On peut faire appel à un médiateur dans de très nombreux domaines tels que le droit de la famille, du travail, les problèmes de voisinage, les litiges civils et commerciaux, les différends ayant trait aux personnes nécessitant des soins d'éducation spécialisée, ou les affaires de responsabilité délictuelle dans le domaine médical (*clinical negligence*).

ACAS (Advisory, Conciliation and Arbitration Service) (voir sous le chapitre institutionnalisation de la médiation, l'intervention de Ruben Murdanaigum). Un service de conciliation et arbitrage existe depuis 1896 sous la dénomination ACAS. Jusqu'en 1974 ce service était soutenu par le gouvernement. Aujourd'hui, il est structuré comme organisme indépendant et œuvre dans les litiges du travail. Grâce à son action, ACAS apaise environ 85% des conflits du travail qui lui sont soumis. ACAS est saisi en amont du judiciaire.

SUÈDE[34]

LÉGISLATION

Médiation judiciaire

Le Code de procédure suédois y fait référence dans son chapitre 42, section 17 ; le tribunal doit tout mettre en œuvre pour permettre au litige de se résoudre de manière aimable (§1)

En outre le juge a la possibilité de nommer un médiateur (§2).

L'utilisation de ces dispositions dépend de la formation du juge. Si le juge rapproche lui-même les parties (§1) il ne peut pas être trop actif, au risque de paraitre partial ; d'où la réticence de certains juges à utiliser cette disposition. Si le juge souhaite nommer un médiateur (§2) cela doit se faire avec l'accord des parties, car il ne peut pas forcer la partie récalcitrante à aller devant le médiateur.

La pratique de la médiation judiciaire est très développée en Suède et le taux de réussite est particulièrement satisfaisant.

Le gouvernement a introduit en 2005 de nouvelles dispositions dans le code de procédure judiciaire qui ne font pas référence à la médiation. Toutefois, une évaluation de ce mode de résolution des conflits est en cours dans le cadre de la réflexion sur le projet de directive européenne.

Médiation conventionnelle

Il n'y a pas de législation spécifique pour la médiation conventionnelle.

DÉFINITION

Il n'y a pas de définition légale : le terme de médiation et conciliation ne sont pas différents. En pratique, c'est celui de médiation qui est le plus utilisé : **la médiation est décrite comme toute intervention d'un tiers pour résoudre un litige, étant précisé que ce tiers n'a pas le pouvoir de rendre cette décision obligatoire.**

La médiation commerciale est une pratique encore peu répandue.

ORIGINE PROFESSIONNELLE DES MÉDIATEURS

Il n'existe pas de liste officielle de médiateurs.

---

34 Mise à jour 2005.

En revanche l'Institut de médiation de la Chambre de commerce de Stockholm recommande des médiateurs, selon leurs compétences et la nature du litige.

Les médiateurs sont en général des juristes, des avocats ou encore des juges, parfois des hommes d'affaires ou des experts dans certains domaines professionnels.

FORMATION

Formation publique

L'administration des Tribunaux et des Cours assure une formation permanente pour les juges.

Formation universitaire

Des cours de médiation sont dispensés à l'Université de Lulea et Göteborg. Un cours à l'université de Stockholm aborde aussi la matière à travers un enseignement de psychologie dans le monde des affaires.

Formation privée

L'Institut de médiation de la Chambre de commerce de Stockholm organise des stages de formation à la médiation d'une demi-journée.

DÉONTOLOGIE

Il n'existe pas de déontologie ni de règles officielles spéciales. Toutefois, un *Règlement de médiation* sert de référence.

Ce règlement de médiation émane de *l'Institut de médiation* de la Chambre de commerce de Stockholm. Le règlement stipule que le médiateur doit être impartial et indépendant.

De plus, les avocats doivent respecter leurs propres règles déontologiques lorsqu'ils agissent en tant que médiateurs à défaut de quoi ils pourraient être sanctionnés par le Conseil de l'Ordre.

CENTRES DE MÉDIATION

L'Institut de médiation de la Chambre de commerce de Stockholm qui fonctionne depuis avril 1999 est la seule institution de médiation en matière commerciale. Elle a adopté un règlement de médiation qui s'applique à tous les litiges internes et internationaux.

La pratique de la médiation s'est également développée dans les milieux d'affaires de Göteborg avec la rédaction de clauses types de médiation qui peuvent s'apparenter à un règlement de médiation. On recense trois autres organisations pour les médiateurs, mais qui n'ont pas une vocation spécifiquement commerciale : *Foreningen for Medling i Sverige, Medlarkollegiet*, Institut de médiation en droit de travail (*Office central of Stockholm*).

LES M.A.R.C. DANS LES AUTRES DOMAINES

Il existe des dispositions spéciales de médiation dans certains domaines du droit :

- **En droit de travail :** en juillet 2000, une loi a instauré l'Institut de médiation de l'État (remplaçant l'ancien Bureau de conciliation). Cet Institut doit intervenir dans les conflits collectifs (interdiction de la grève par exemple), l'institut nomme les médiateurs à partir d'une liste officielle qu'il établit pour un an. L'Institut peut également intervenir pour faciliter le règlement des conflits individuels du travail dans lesquels s'opposent une PME et l'un de ses employés.
- **En matière de droit d'auteur** (Lagen 1980, 612, Lagen 1997 ; 791)
- **En matière de télécommunication** (Telelagen 1993 ; 597)
- **En matière de baux** (Lagen 1973)

SUISSE[35]

Jean MIRIMANOFF,
ancien juge conciliateur, médiateur

LÉGISLATION

La Suisse est un État fédéral dont les vingt-six codes cantonaux de procédure civile sont condamnés à bientôt disparaître devant l'unification fédérale de la procédure civile suisse (PCS).

En revanche, les vingt-six lois d'organisation judiciaire survivront à raison de l'autonomie normative cantonale : cette coexistence posera problème parce que, dorénavant, on risque de trouver en Suisse, des dispositions relatives aux ADR, tantôt dans la procédure civile cantonale, tantôt dans la loi fédérale d'organisation, tantôt éparses dans les deux législations.

DÉFINITION

La médiation en Suisse est considérée comme une *négociation facilitée par un tiers.*

Trois concepts apparaissent contigus à la médiation : la <u>conciliation</u> (soit extrajudiciaire, soit judiciaire), <u>l'arbitrage</u> et les services d'<u>ombudsman</u> (par exemple, en matière de contrats bancaires, d'assurances, de voyage).

CONCILIATION

Quoique, souvent, les magistrats Suisses confondent conceptuellement *médiation* et *conciliation*, cette dernière se rencontre sous deux formes judiciaires dans la plupart des codes cantonaux :

- *la préalable tentative de conciliation* (dans 23 cantons sur 26) est une procédure dérivée de la Constitution française de 1790. Elle prévoit la séparation des personnes et des rôles : le magistrat conciliateur (notamment, le juge de paix) ne juge pas en cas d'échec, ou à tout le moins, pas nécessairement.
- *la conciliation en cours de procédure :* le juge de fond se mue en conciliateur, mais, en cas d'échec, il lui faut trancher.

Ces deux systèmes coexistent souvent dans les cantons, mais cette cohabitation encourage l'ambiguïté ci-dessus dénoncée au sujet du concept même de la conciliation.

---

[35] Mise à jour 2009.

Formation

La formation des médiateurs est essentiellement assurée par des instituts privés ; plus récemment certaines universités ont pris des initiatives dans ce sens (St. Gall, Neuchâtel).

Seule, la loi d'organisation du canton de Genève fixe des critères de qualification et de formation pour les médiateurs figurant sur le tableau officiel.

Les Centres de médiation

Quatre organisations sont particulièrement actives en matière de formation, de déontologie, de réglementation de la profession : Fédération suisse des avocats ; Fédération suisse des associations de médiation ; Chambre suisse de médiation ; Gemme Suisse.

Deuxième partie

PANORAMA DE LA MÉDIATION JUDICIAIRE EN AMÉRIQUE

CANADA (ONTARIO)

« L'ÉTAT DE LA LOI » AU CANADA

Warren K. WINKLER,
juge en chef de l'Ontario

GÉNÉRALITÉS

Au cours des 30 dernières années, la médiation (ou de façon plus large, la résolution alternative des conflits), s'est de plus en plus intégrée dans la procédure civile de la plupart de juridictions d'un côté à l'autre du Canada.

En Ontario, par exemple, la Law Society du Canada Supérieur demande aux avocats d'aviser leurs clients de l'existence et de l'utilité de la médiation. Virtuellement, chaque faculté de droit inclut dans son cursus universitaire des cours sur la médiation auxquels les étudiants affluent en grand nombre. Même pour ceux qui regardaient le procès avec un certain dédain, la médiation est devenue maintenant une solution originale alternative pour régler les conflits. Ceux qui continuent des études juridiques sont plus nombreux à chercher à se former en médiation. Plusieurs juges à la retraite ont prolongé leur carrière judiciaire en devenant experts en médiation privée. Aucun autre changement ou développement a eu un impact aussi important dans le système de justice de « common law », en matière civile.

En dehors de la profession judiciaire, par exemple dans le monde commercial, plusieurs sociétés multinationales exigent que la médiation soit utilisée avant d'entrer dans un long et coûteux litige. À l'intérieur de la profession judiciaire, les avocats spécialisés, non seulement en droit commercial, mais aussi en droit du travail, droit de la famille et droit des assurances ont cherché depuis longtemps d'autres chemins que la procédure judiciaire, pour procurer à leurs clients un accès à la justice moins onéreux.

La grande majorité des médiations civiles en Ontario interviennent en dehors de la cour. Les services de médiation sont amplement fournis par des praticiens indépendants, choisis par les parties en conflit. La tendance dans nos juridictions est de laisser aux parties le choix de procéder à une médiation indépendante avant de porter l'affaire devant les tribunaux.

Dans la majorité des affaires, dans les grands centres urbains d'Ontario, la médiation en matière civile (non familiale) est imposée par les règles de procédure. Lorsque ce type d'affaires se présente, les parties sont invitées à participer à une médiation préliminaire conduite par un médiateur indépendant avant de décider d'aller ou non devant les tribunaux. En d'autres termes, même lorsque la loi exige que les parties aillent en médiation, cette dernière est conduite par un médiateur indépendant, et non par un juge.

En Ontario, il n'existe pas de disposition légale particulière de procédure en faveur de la médiation judiciaire. Néanmoins, les juges ont progressivement transposé le processus de médiation à l'étape préliminaire de l'action en justice dans toutes les matières civiles. Les juges sont souvent appelés par les avocats à ordonner une audience préliminaire afin de fournir une évaluation neutre du cas ou d'apporter leur aide afin d'arriver à un règlement du conflit. Il en résulte que le système judiciaire au Canada applique la médiation judiciaire même si les règles de procédure ne disent rien à ce propos. Tenant compte du changement de culture des professions juridiques, les cours ont intégré les principes de la médiation dans leurs procédures.

Dans certaines affaires civiles très complexes, les parties peuvent demander au juge, ou celui-ci peut prévoir, une médiation *ad hoc,* avant le procès. Il n'existe pas de mécanisme à la disposition d'un juge, pour ordonner une médiation. Une médiation judiciaire dans ces circonstances va dépendre de l'inclination, de l'habilité et de la compétence du juge à qui on demande de faire la médiation.

D'une manière générale, les juges des cours d'appel en Ontario n'entreprennent pas de médiations à l'exception de très rares circonstances (ex : certains types des cas de droit de la famille).

L'utilisation croissante de médiateurs indépendants avant le procès et de médiations informelles au stade de la mise en état a aussi l'avantage d'engendrer des économies en augmentant le nombre des cas effectivement résolus avant d'aller au procès. Cela permet à la Justice d'utiliser ses maigres ressources de façon plus efficace. Il en résulte également que les tribunaux peuvent réduire leurs délais et fixer des dates précises pour la résolution des conflits non soumis à la médiation.

Bien que la médiation soit devenue une part importante du système judiciaire en Ontario et dans d'autres provinces du Canada, la principale fonction des cours civiles demeure l'administration de la justice à travers des procès opportuns et équitables en première et deuxième instance.

Questions actuelles

Le terme "médiation judiciaire" doit être compris ici dans son sens le plus large. Des terminologies différentes ont été utilisées dans diverses parties du Canada pour décrire le régime alternatif de résolution de conflits qui a été développé à l'intérieur de chaque juridiction. Par exemple, certaines règles de cours peuvent autoriser les juges qui président les audiences préliminaires à simplement écouter les parties, à évaluer le cas avec neutralité, ou à faciliter un règlement.

Sans tenir compte de la terminologie utilisée, il y a un accord de principe dans le système judiciaire canadien sur le fait qu'une utilisation appropriée et efficace des techniques de médiation est devenue une part importante du travail d'un juge. Cette reconnaissance a donné lieu à un dialogue national sur les meilleurs outils pour les juges qui entreprennent une médiation, car dans l'état actuel des choses il n'y a pas manuels d'instructions disponibles sur la façon de pratiquer la médiation.

Sujets importants discutés par les juges canadiens

Une médiation judiciaire doit-elle être faite lorsque les parties ne sont pas consentantes ?

La médiation judiciaire est normalement consensuelle, car les parties ne peuvent négocier ou régler leurs différences que si elles le font de leur plein gré. Une médiation qui est faite contre la volonté des parties a peu de chances d'aboutir.

Néanmoins, de nombreuses juridictions ordonnent en matière civile une audience préliminaire qui peut déboucher sur une médiation. Il y a une importante littérature pour dire que des médiations imposées réussissent en dépit du fait que les parties n'étaient pas d'accord au départ.

Le juge ne risque-t-il pas de faire une trop grande pression dans une médiation judiciaire ?

Un juge ne doit pas appliquer une pression inappropriée ou excessive sur les parties dans une médiation judiciaire, afin de les amener à prendre une position qu'ils ne veulent pas volontairement adopter.

Les juges peuvent apporter "l'autorité de leur fonction" à une médiation ce qui n'est pas le cas d'un médiateur non juge. Les juges doivent faire attention à ne pas appliquer, par inadvertance, une pression trop importante sur une négociation ou devenir une barrière aux droits des parties d'avoir leur litige réglé par les tribunaux, si tel est leur choix.

Néanmoins, les juges ont clairement la possibilité, dans des circonstances adéquates, de proposer directement une médiation et même de faire une pression « appropriée » sur les parties.

Un médiateur judiciaire doit-il dévoiler une information obtenue lors d'une médiation à un de ses collègues ou au juge chargé de l'affaire ?

Un médiateur judiciaire **ne doit pas** dévoiler le contenu d'une médiation **au juge** qui est chargé de l'affaire. Cela n'empêche pas le juge de demander un avis sur une médiation particulière à un de ses collègues.

Les parties dans une médiation judiciaire veulent souvent être assurées qu'en cas de procès, les discussions entourant la médiation seront confidentielles et ne leur porteront aucun préjudice.

Néanmoins, dans certaines juridictions, on demande aux juges qui participent à une audience préliminaire en vue d'une médiation d'apporter au procès des informations basiques sur le cas (ex. : liste des témoins, faits du conflit). Cette pratique peut éventuellement continuer, sous réserve de respecter la confidentialité des discussions, objets de la médiation.

Les médiations judiciaires avec des parties qui ne sont pas représentées par un avocat doivent-elles être conduites quand même ? Si oui, doit-il y avoir une différence sur la manière de conduire la médiation ?

Les médiations des parties sans représentant constituent un pourcentage élevé du nombre de plaintes contre les juges devant le corps de discipline judiciaire (Canadian Judicial Council). Beaucoup de précautions doivent être prises dans les procédures de médiation avec des parties non représentées.

Quelques solutions possibles peuvent inclure :

- d'obtenir le consentement de toutes les parties avant la médiation ;
- d'enregistrer en vidéo ou par écrit le développement de la médiation et demander à chaque partie de confirmer le résultat ;
- d'enregistrer tout "caucus" avec des parties non représentées (bien que certaines juridictions puissent ne pas avoir la technologie disponible pour enregistrer les sessions. Les enregistrements peuvent également refroidir la franchise des conversations, et la disponibilité d'un enregistrement peut amener à d'autres motifs d'appel ou à des plaintes disciplinaires) ;
- de ne pas continuer la médiation, si le juge considère que, dans ces circonstances, elle serait infructueuse.[36]

---

[36] Note : Les recommandations ci-dessus peuvent être également applicables aux cas de droit de la famille, car des plaintes disproportionnées peuvent surgir de ce type de cas, avec ou sans avocat.

Si un médiateur judiciaire conduit une évaluation neutre (par opposition à une négociation facilitée), l'évaluation doit-elle spécifier sur quelles affirmations, le cas échéant, l'évaluation est basée. L'évaluation doit-elle être écrite ?

Si un médiateur judiciaire conduit une évaluation neutre, l'évaluation doit spécifier sur quelles assertions l'évaluation est basée, et quelles sont les qualifications données.

Beaucoup d'experts suggèrent qu'une évaluation neutre ne doit pas être donnée par écrit par le juge, parce qu'un écrit peut polariser les parties et empêcher un règlement à long terme si l'évaluation aboutit à des attentes irréalistes. Un médiateur ne fait pas une recherche de faits ou de crédibilité qui pourrait avoir un effet déterminant sur le cas dans l'éventualité d'un procès.

Quelques experts, cependant, pensent qu'une évaluation neutre écrite peut s'avérer utile pour les parties qui tentent d'arriver à un accord, lorsque le juge est prudent en structurant ses arguments.

En faisant une évaluation neutre, un médiateur judiciaire peut vouloir vérifier ses idées en utilisant des termes comme « d'autres juges peuvent voir les faits d'une façon différente » ou « si le juge en charge de l'affaire préfère les preuves présentées par le plaignant à celles présentées par l'accusé » etc.

Les évaluations neutres peuvent ne pas être appropriées au niveau de la cour d'appel, car la recherche des faits a été déjà accomplie en première instance ; un juge unique peut avoir un point de vue qui n'est pas partagé par le corps collégial ; il est difficile d'agir avant de recevoir les faits ; et, il peut être regardé comme irrespectueux à l'égard du juge de première instance, de discuter des erreurs perçues dans un jugement, comme un moyen d'affecter une négociation.

Lorsqu'un juge n'a pas une bonne connaissance du sujet du conflit, peut-il donner une évaluation neutre du cas ?

Il y a un débat très vif au Canada sur le niveau de connaissance qu'un médiateur judiciaire doit avoir sur le sujet de la médiation. En effet, ce débat est une extension de la question plus importante sur la pertinence de juges généralistes par rapport aux juges spécialisés dans les cours à compétences multiples. Certains juges affirment qu'ils permettent à d'autres juges d'effectuer des médiations sans formation spécifique, car une évaluation neutre n'exige pas un niveau de connaissance très élevé de la matière.

Ceci dit, tout le monde s'entend pour dire qu'un médiateur judiciaire ne doit pas fournir une évaluation neutre s'il ne se sent pas à l'aise ou ne connaît pas assez les faits ou la loi pour accomplir correctement sa mission, même si les parties considèrent qu'une évaluation neutre pourrait bien être fournie.

Dans de petites juridictions, avec peu de juges, il serait impossible de demander aux juges locaux d'être des experts sur tous les sujets de la loi.

Certains vont encore plus loin en affirmant que trop d'expérience peut gêner la créativité.

Finalement, le médiateur judiciaire doit donner le meilleur jugement possible, et pour cela il faut qu'il trouve les conditions opportunes pour fournir une évaluation neutre sur le cas particulier qui lui est soumis.

Un juge doit-il déclarer et obtenir par avance l'approbation des parties sur le type de médiation qu'il compte entreprendre (s'il s'agit d'une évaluation neutre, d'une facilitation des négociations ou une combinaison des deux) ?

C'est une bonne pratique pour un médiateur judiciaire de déterminer et réaffirmer clairement aux parties la procédure et l'objectif de la médiation. Dans la plupart des circonstances, les parties dans une médiation judiciaire doivent être mises au courant de la procédure adoptée et donner leur accord sur le type ou méthode de médiation qui sera entreprise.

De la même manière, c'est une bonne pratique de réunir les parties d'une médiation afin qu'elles donnent leur consentement sur la participation de chaque partie à des sessions séparées (separate caucus). Avec ce consentement, on doit dire aux parties comment les informations obtenues pendant la session seront utilisées par le médiateur avec l'autre partie.

Certains médiateurs judiciaires considèrent qu'il n'est pas nécessaire d'obtenir l'accord ou le consentement des parties (qui peut être illusoire) du moment qu'aucun consentement n'est demandé au début d'un procès.

Est-il toujours nécessaire pour un juge de suspendre la médiation quand il est clair que l'une des parties est en train de détourner la médiation de son but ?

S'il apparaît au médiateur judiciaire à n'importe quel stade du procès que les parties sont en train de détourner la médiation de son but, le médiateur doit immédiatement mettre un terme à la médiation.

Un objectif impropre peut inclure une intimidation contre l'autre partie, une recherche de publicité, une recherche des aspects qu'elle ne connaissait pas, un test de la résolution de l'adversaire, l'obtention de concessions, et autres fins impropres. Tout cela sans l'intention de négocier.

Il peut être néanmoins difficile pour un juge d'identifier d'autres motifs.

Formation judiciaire

L'Institut national judiciaire, corps responsable de l'éducation judiciaire au Canada, a introduit la médiation judiciaire dans son programme. Non seulement la médiation judiciaire est une part obligatoire des nouveaux cours dispensés à tous les juges fédéraux, mais encore, il y a des cours de médiation judiciaire au niveau local et national à la disposition de tous les juges, sans tenir compte de leur expérience et de leur habilité en la matière.

En plus de l'enseignement des principes et de la pratique de la médiation, une attention spéciale a été portée dans le cursus, aux trois considérations spéciales ci-dessous, pour les médiateurs judiciaires :

- l'autorité de la fonction de juge en conduisant une médiation,
- le fait que la médiation judiciaire est d'une manière disproportionnée, l'objet des plaintes judiciaires et disciplinaires,
- la manière dont les juges mènent les médiations, a des répercussions sur la cour tout entière.

Bien qu'au Canada on ait réfléchi sur l'obligation de formation en médiation judiciaire, elle n'est pas une condition préalable pour procéder à une médiation. Il y a néanmoins un fort consensus pour que la formation en médiation pour tous les juges soit vivement recommandée.

CANADA (QUÉBEC)

UNE NOUVELLE FAÇON DE RENDRE LA JUSTICE

Michel ROBERT,
Juge en Chef du Québec

1. Au Québec, la mise en place d'un programme de médiation judiciaire, d'abord à la Cour d'appel du Québec, puis à la Cour supérieure et à la Cour du Québec, remonte à 1997, sous la direction de l'honorable Louise Otis, notre ex-collègue de la Cour d'appel du Québec.

2. Le programme a été lancé sur une base expérimentale (projet-pilote) sans chercher à répondre de façon complète à toutes les questions théoriques que posait cette nouvelle mission judiciaire. Nous avons alors choisi une approche pragmatique et fonctionnelle qui nous permettait de faire les ajustements nécessaires en cours de route et à l'aide de l'expérience vécue.

3. Rapidement, nous nous sommes aperçus que l'introduction d'un tel programme nous obligeait à revoir la façon même de rendre la justice.

4. Au lieu de mettre l'accent sur l'instance judiciaire et les procédures, nous avons adopté une approche plus globale en mettant l'emphase sur le conflit lui-même et la relation dysfonctionnelle entre les parties.

5. Nous avons pu alors dissocier le diagnostic du conflit entre les personnes et la mise en œuvre des moyens pour le résoudre.

6. Ainsi, il devenait possible, sur une base consensuelle, d'épuiser les moyens alternatifs de règlement des conflits avant de recourir à la procédure d'adjudication judiciaire classique et traditionnelle.

7. Le recours à cette procédure suivant les règles fondamentales de la justice contradictoires doit demeurer le dernier recours, quand les autres méthodes moins autoritaires ont échoué ou sont impossibles à mettre en œuvre dans les circonstances.

8. Pourquoi ? Pour plusieurs raisons qu'il est facile d'énumérer.

9. La procédure judiciaire traditionnelle est longue, coûteuse et souvent inaccessible pour les classes moyennes. La médiation permet de réduire les coûts et les délais. Elle permet aussi de régler le conflit à chaud.

10. La procédure judiciaire elle-même engendre un coût psychologique important pour les parties et a tendance à dégénérer en guerre totale et bataille tous azimuts. La médiation permet de cibler les éléments de discorde et de

provoquer des ententes sur les aspects qui ne sont pas véritablement conflictuels.

11. La décision judiciaire est imposée d'autorité et fabrique un gagnant et un perdant. La médiation judiciaire débouche sur une entente et une solution consentie par les deux parties dans une situation « gagnante-gagnante ».

12. La médiation judiciaire donne généralement davantage satisfaction aux deux parties, car ces dernières peuvent participer à définir elles-mêmes la solution du litige. Cette solution est souvent mieux adaptée aux besoins des parties que celle qui est imposée d'autorité par le Tribunal. L'entente est généralement mieux respectée que le jugement lui-même qui entraîne souvent des procédures d'exécution.

13. Au Québec, la procédure a été formalisée par des amendements apportés au Code de procédure civile.

14. L'article 4.3 a ajouté la conciliation des parties à la mission du tribunal en matière familiale et dans le recouvrement des petites créances.

15. Les articles 151.14 et suivants ont défini les grandes règles de la médiation judiciaire appelée aussi conférence de règlement à l'amiable.

16. La procédure est consensuelle, confidentielle, tenue en présence des parties et de leurs procureurs, si ces dernières le souhaitent.

17. La procédure ne suspend pas le déroulement de l'instance, mais le juge peut modifier le calendrier des échéances.

18. Si un règlement intervient, le juge, sur demande, homologue la transaction et cette dernière devient exécutoire comme un jugement.

19. Conclusion. Cette nouvelle façon de rendre la justice est porteuse d'avenir, tout en améliorant l'accessibilité à la justice elle donne à moindre coût et dans des délais plus courts, une plus grande satisfaction aux justiciables dans la résolution de leurs conflits.

CANADA (QUÉBEC)

PREMIER SYSTÈME DE JUSTICE MÉDIATOIRE INTÉGRÉ

Louise OTIS,
juge honoraire à la cour d'appel du Québec,
présidente et fondatrice de CIMJ

Au Québec, la médiation judiciaire s'entend du travail de composition à l'amiable effectué par les juges, au sein de leurs institutions respectives, alors qu'ils ont la saisine judiciaire d'un litige. Les dénominations *médiation*, *conciliation*, *conférence de règlement à l'amiable*, participent d'un contexte institutionnel différent, mais recouvre la même réalité dans la qualité de l'intervention. La médiation réalisée à l'extérieur du contexte judiciaire institutionnel se nomme, au Québec, médiation extrajudiciaire.

Les parties peuvent référer leur litige en médiation judiciaire dans presque tous les domaines du droit. Même le droit criminel fait désormais l'objet d'un programme pilote de facilitation pénale depuis le 1er mars 2004. Dans le cadre de ce programme, tous les aspects d'un litige pénal peuvent faire l'objet d'une séance de facilitation et non seulement la détermination de la peine. Toutefois, il faut préciser que certains litiges se prêtent plus difficilement à la médiation judiciaire. Il en est ainsi des litiges dont les déterminations de droit constituent les assises de la société comme, par exemple, les litiges reliés substantiellement aux chartes et, plus particulièrement, aux libertés fondamentales, aux garanties juridiques, et aux droits à l'égalité.

La médiation judiciaire a été développée en réponse aux faiblesses apparentes du modèle classique face à la mouvance des besoins et des exigences exprimées par la société à l'égard du système de justice. La médiation judiciaire, flexible, rapide et centrée sur la solution des litiges, comble plusieurs des défauts du système contradictoire. Elle constitue une alternative puissante à l'instrument tranchant et moins conciliant qu'est le procès. La médiation est parfaitement adaptée aux litiges qui ont résisté à toute forme de règlement extrajudiciaire.

Au Québec, les parties peuvent généralement obtenir une séance de médiation dans les 30 jours de la réception de leur demande conjointe de médiation ce qui a pour effet de réduire les retards institutionnels. Le système de justice traditionnel s'en trouve par le fait même amélioré puisque les causes réglées par la voie de la médiation judiciaire libèrent les rôles d'audition. Il faut souligner que les juges médiateurs règlent environ 75% des causes qui leur sont référées en 1 ou 2 séances de médiation qui durent en moyenne 4 heures.

Par la médiation, les parties vont se réapproprier le litige dont elles s'étaient dessaisies et, dans l'exercice de leur libre arbitre, vont tenter de le régler à la mesure de leurs intérêts. L'originalité est de le faire au sein même de l'enceinte judiciaire et avec le concours du juge qui se dépossède de son pouvoir de dire le droit afin de laisser aux parties un espace normatif pour qu'elles déterminent leur propre décision. Elles pourront ainsi dégager des solutions ingénieuses conformes au droit, mais que le juge décideur n'aurait pu retenir dans son mandat judiciaire. C'est un véritable transfert judiciaire, une réappropriation, par les parties, de leur responsabilité face à leur conflit. Volontairement, les parties vont reprendre le contrôle de leur destinée judiciaire et s'engager à chercher elles-mêmes une solution à leur problème. Elles trouveront, dans la présence du juge médiateur, la confiance nécessaire pour s'engager dans cette voie. Donc, deux principes novateurs de justice sont interpellés par la médiation : la capacitation des parties par les juges et la responsabilité des sujets de droit face à leurs conflits.

Si la médiation ne débouche pas sur une transaction et que les parties doivent revenir au système contradictoire, elles auront bénéficié d'un aperçu précieux des questions de fait et de droit pertinentes à leur litige. Le processus leur aura permis de distinguer les questions sérieuses de celles qui ne méritent pas l'examen attentif de la cour ; elles pourront ainsi conclure une entente partielle ou du moins concentrer leurs mémoires ou conclusions sur le véritable débat. Ceci sauvera des ressources matérielles tant aux parties qu'à la cour.

Finalement, la médiation permettra d'identifier les affaires qui doivent faire l'objet d'une audition par préférence étant donné l'urgence. Le juge médiateur agira alors comme juge des priorités en facilitant l'accès au rôle.

Au Québec, la collectivité a fait le choix de confier aux juges le soin d'agir comme médiateur lorsqu'un litige est pendant devant les cours de justice. Toutefois, les parties peuvent choisir la médiation extra judiciaire à condition d'en assumer les coûts.

Pour maintes raisons liées à la fois à la perception des parties et aux compétences spécifiques des juges, ces derniers sont des acteurs de premier choix pour agir comme médiateur.

La perception de la fonction judiciaire comme fondée sur les attributs d'impartialité et d'indépendance revêt un caractère significatif puisqu'elle confère au juge un degré supérieur d'autorité morale. Cette aura peut prévenir les abus de procédure par les parties ou leurs représentants et assurer la fluidité des négociations. Le juge médiateur est un négociateur façonné par l'usage, la pratique, et une connaissance approfondie du droit. D'une certaine manière, il agit tel un chef d'orchestre qui conduit habilement la négociation entre les parties. Il équilibre le rapport de force et devient un agent de réalité et de solution. S'il aide au développement des options de solution, il se garde d'imposer sa volonté aux parties. Dans une cause complexe, opposant plusieurs parties, l'autorité morale du juge constitue un atout majeur à la résolution du litige. Dans les dossiers ayant fait l'objet de médiations préalables à l'institution de procédures judiciaires, l'intervention d'un juge médiateur est souvent essentielle.

Dans une salle de médiation, le juge favorise le consensus, à titre de négociateur neutre, en permettant l'expression des normativités, des valeurs et des intérêts des parties. Il permet aux parties, à toutes fins utiles, d'écrire leur propre jugement. Il remet entre leurs mains la saisine de leur litige.

Gardien de la loi et de l'ordre public, le juge veille à ce qu'aucun accord ne les transgresse. Toutefois, il ne contrôle pas la solution judiciaire. Avec l'assentiment des parties, il contrôle le processus de médiation et le développement des options. Comme il se place en retrait du processus judiciaire formel et des garanties procédurales du procès, le juge se gardera généralement d'exprimer son opinion sur le droit. À cet égard, il faut se rappeler que l'essence de la médiation judiciaire est de réinvestir les parties de leur pouvoir décisionnel.

L'expérience de médiation en appel a démontré que l'investissement en temps d'un seul juge permettait de libérer deux autres juges qui peuvent consacrer leur temps à la solution judiciaire de litiges pendants devant la cour. Un système intégré de médiation par les juges crée également une synergie entre les tribunaux parce qu'ils sont appelés à collaborer pour la résolution globale des conflits. Il arrive fréquemment que la médiation en appel permette la solution judiciaire de litiges en attente d'audition devant d'autres instances.

Finalement, les médiations judiciaire et extrajudiciaire se développent de concert. Elles constituent les deux composantes fondamentales de la justice du XX1 siècle. Elles collaborent et se complètent dans une mission commune : favoriser la résolution des conflits humains. Ces deux modes de règlement des différends ne sont pas mutuellement exclusifs, non plus que ne le sont le système de justice traditionnel et les modes profanes de résolution des conflits basés sur l'intervention de membres de la communauté (famille, amis, clergé). Ils servent des buts différents tout en étant dirigés vers un objectif commun : résoudre les conflits en temps utile, de façon satisfaisante et économique. Le point crucial est de développer une synergie entre les processus de résolution des conflits.

USA

Professeur Sharon PRESS[37]*,*
Directeur de l'Institut de résolution des conflits,
faculté de droit de l'université de HAMLINE

LA MÉDIATION JUDICIAIRE

Quand on approfondit les rapports entre la médiation et les tribunaux, on peut se référer à l'expérience faite dans les tribunaux de l'État de Floride pour deux raisons : premièrement pour l'ancienneté de cette expérience, et deuxièmement à cause de l'institutionnalisation qui a suivi.[38] Des juges ont par eux-mêmes usé de l'autorité inhérente à leur fonction pour ordonner ou encourager la médiation depuis le milieu des années 70 et la législation qui l'a incluse, adoptée en 1987 (entrée en vigueur le 1er janvier 1988)[39]. Avec des chiffres, plus de 5500 médiateurs ont été certifiés[40] par la Cour suprême de Floride, et ils réalisent au moins 75.000 médiations judiciaires chaque année.[41]

MODÈLES

On peut adopter différents modèles pour la médiation Judiciaire, depuis la décentralisation complète (chaque tribunal organise ses propres procédures) en passant par une coordination légère (quelques points centralisés, comme la

---

[37] Sharon Press a travaillé pour le bureau d'administration du centre des ADR des tribunaux de l'État de Floride de 1988 à 2009, elle l'a dirigé de 1990 à 2009.

[38] Articles supplémentaires utiles à inclure dans celui-ci : Sharon Press, *Créer et entretenir un programme de médiation pour un État entier : Vue depuis le terrain,* 81 KY.L.J. 1029(1992-93) ; Sharon Press, *L'Institutionnalisation : sauveuse ou saboteuse de la médiation ?* 24FLA. St. U. L. Rev. 903(1997) ; Sharon Press, *L'Institutionnalisation de la médiation en Floride : à la Croisée des chemins,* 1 PENN St. L. Rev. 43 (2003).

[39] La législation initiale établissait la médiation dans : les tribunaux du comté (la juridiction habituelle est celle des affaires civiles jusqu'à 15000$ et inclue les petits litiges), affaires itinérantes (affaires civiles de 15.000$ et au-delà) affaires familiales (dissolution du mariage et affaires impliquant la responsabilité parentale, même si les parents n'ont jamais été mariés). Plus tard, la médiation en appel, et la médiation pour la dépendance (maltraitance et manque de soins) ont été ajoutées au schéma statutaire. *Voir 44. 1011, Statuts de la Floride.*

[40] Actuellement, on n'a pas besoin d'être certifié pour être médiateur en Floride (même pour les médiations ordonnées par un tribunal). Les conditions de certification sont établies par les règlements des tribunaux, on peut les trouver dans *Les règles de Floride pour les médiateurs certifiés et nommés par les tribunaux.*

[41] Ce chiffre provenant du bureau de l'Administrateur des tribunaux d'État, sous-estime beaucoup le nombre total d'affaires que le programme peut suivre. Ainsi il exclue systématiquement toutes les affaires itinérantes, toutes les affaires familiales si le revenu total de la famille est supérieur à 100.000$ et toutes les affaires dans lesquelles les parties ont choisi la médiation privée à la suite de l'ordre d'aller en médiation donné par le tribunal.

certification des médiateurs, tandis que d'autres sont décidés localement) jusqu'à la centralisation complète. L'approche de la Floride pour la médiation Judiciaire a été de créer une infrastructure importante pour soutenir son utilisation. Puisque les mêmes décisions doivent être prises par tous ceux qui désirent installer un programme de médiation judiciaire, ce texte se donne pour but d'identifier les décisions à prendre en décrivant le programme de la Floride, parce que c'est un exemple qui montre comment un organisme a résolu les problèmes inhérents à la création de ce programme de médiation judiciaire.

Si l'on choisit un système centralisé,[42] on placera au centre un bureau d'état pour la résolution des conflits pour superviser et coordonner tous les aspects de la médiation Judiciaire. En Floride ceci inclue[43] :

- s'occuper de la certification et de son renouvellement pour tous les médiateurs certifiés[44] par la Cour suprême de Floride.
- agréer les programmes de formation et de certification offerts aux personnes désirant devenir médiateurs certifiés par la Cour suprême de Floride.
- gérer la certification des programmes de formation[45] offerts aux personnes désireuses de devenirs médiateurs certifiés de la Cour suprême de Floride.

---

[42] Les avantages d'un programme d'État comprennent : uniformité d'une juridiction à l'autre ; prévisions connues ; accessibilité de la médiation à tous les plaignants ; économies d'échelle dans la fourniture d'assistance technique. *Voir* Sharon Press, *Créer et entretenir un programme de médiation pour un État entier : Vue depuis le terrain,* 81 KY.L.J. 1029(1992-93) page 1030.

[43] Ces tâches ne sont pas une liste exhaustive des activités du centre de résolution des conflits qui suit aussi les propositions de loi, finance une conférence annuelle, dirige des formations de base et continues, rassemble les statistiques, mais ces tâches mettent en lumière des décisions spécifiques que chaque tribunal désirant utiliser la médiation doit prendre.

[44] Si le tribunal ordonne la médiation aux parties, il doit au moins s'assurer que les parties ont des médiateurs qualifiés. Les programmes sont différents si le tribunal désigne le médiateur ou si les parties peuvent le choisir elles-mêmes. Si les parties n'arrivent pas à s'entendre sur le nom d'un médiateur, c'est généralement le tribunal qui choisira pour elles. Beaucoup de tribunaux ont accompli ceci en adoptant une certification type pour être médiateur. Ce minimum spécifique pour devenir médiateur a entrainé de nombreux débats au cours des années. La Commission de qualification de la société des professionnels en résolution des conflits (SPIDR) a fait un travail déterminant dans son rapport de 1989. Cette Commission a identifié trois principes centraux dans ce rapport : 1) une seule entité (mais plutôt une variété d'organismes) doit établir les critères de qualification pour les tiers neutres ; 2) plus le degré de choix des parties sur le processus de résolution du conflit, du programme ou du tiers neutre est grand, plus les critères de qualification doivent être légers ; 3) les critères de qualification doivent être basés sur les performances plutôt que sur la carte de visite. *Société des professionnels en résolution des conflits, Commission de qualification, principes sur la qualification, à 2(1989).*

[45] Beaucoup de schémas de certification demandent d'avoir terminé la formation pour obtenir la certification ; si on adopte ce modèle, cela entrainera probablement la révision et la certification du programme de formation. La Floride à basé ses qualifications pour la formation sur la

– fournir du personnel au comité des règles et des politiques ADR de la Cour suprême de Floride.
– fournir du personnel au bureau de certification des médiateurs qui traite les plaintes contre les médiateurs de la Cour Suprême de Floride, ou contre ceux qui acceptent des affaires ordonnées par la Cour, même s'ils ne sont pas certifiés par elle.[46]
– fournir du personnel pour la commission d'information et d'éthique des médiateurs pour qu'elle informe les médiateurs qualifiés et nommés par la cour, et qui sont soumis aux règles de la Floride, des différents avis et opinions éthiques les concernant.
– fournir du personnel au comité de révision de la formation à la médiation qui traite des griefs envers les programmes de formation ; et
– travailler avec le directeur des ADR et les coordinateurs du service de médiation de chaque tribunal.

BUTS DU PROGRAMME

Sans tenir compte de la centralisation ou de son absence, l'un des composant clé est l'identification des buts du programme et l'obtention d'un consensus autour de ces objectifs[47]. Les buts possibles sont de :

1. diminuer le nombre d'affaires du tribunal ;
2. accélérer la résolution des affaires ;
3. diminuer le coût de la résolution des conflits dans les tribunaux pour les plaideurs et pour les tribunaux ;
4. diminuer le nombre de juges nécessaires ;
5. augmenter la satisfaction des plaideurs en ce qui concerne le système judiciaire ;
6. fournir un meilleur moyen pour la justice ;
7. diminuer les récidives ; et
8. améliorer les relations entre les parties en conflit[48].

---

pédagogie, l'étude des objectifs, et la qualification des formateurs. *Voir formation à la médiation, standards et procédures.*

[46] Quel que soit le schéma de certification adopté il est fondamental de lui adjoindre une procédure disciplinaire permettant au tribunal de sanctionner les fautes de comportement, indiquer au médiateur le processus correct et lui donner le pouvoir de sanctionner ou de révoquer un médiateur qui n'aurait pas respecté les critères éthiques de sa fonction.

[47] En établissant son programme, l'État de Maryland a dépensé beaucoup de temps et d'énergie dans un processus de création de consensus à la fin duquel il établit un bureau d'état des plus performants pour coordonner non seulement les activités de la communauté et celles du tribunal, mais encore la politique publique de résolution des conflits et les programme de médiation scolaire par les enfants eux-mêmes.

Il est important de remarquer que ces objectifs ne s'excluent pas mutuellement, il faut trouver un équilibre entre eux. Par exemple, si l'attention que l'on porte au programme réduit le rôle des causes, l'amélioration des relations entre les parties ou la satisfaction des personnes en conflit peut en souffrir. Un autre point à surveiller est la grande dépendance des objectifs d'économies et de rapidité d'obtention des accords qui peut affecter de façons contraires le processus de médiation. La médiation qui repose sur l'auto-détermination des parties demande du temps et de la patience. Si les médiateurs sont obligés de pousser les parties à faire des efforts pour économiser de l'argent au tribunal et à trouver des solutions plus rapides, le processus de médiation peut être compromis.[49]

PORTÉE

Il est possible de créer un programme de médiation judiciaire pour un type particulier d'affaires (c'est-à-dire civiles, familiales, victime délinquant) pour une valeur spécifiée du litige (c'est-à-dire les petits litiges), pour toute la gamme des affaires (c'est-à-dire toutes les affaires civiles). Une autre option possible est de créer l'infrastructure pour la médiation puis de donner au juge chargé de l'affaire toute latitude pour ordonner ou suggérer la médiation. Et finalement, le programme peut être conçu pour que l'usage de la médiation soit entièrement laissé au choix des parties.

Si le programme est conçu pour inclure différentes options, il faut penser à d'éventuelles règles spécifiques en plus des règles générales. Par exemple, la Floride n'a qu'un seul chapitre dans ses statuts couvrant à la fois l'autorité pour se référer à d'autres instances, l'immunité des médiateurs, les décisions sur les ressources attribuées, la confidentialité[50] et un ensemble unique de règles pour les tribunaux concernant les qualités requise pour la certification[51], les règles de conduite[52] et les règles disciplinaires.[53] De plus, il y a des règles spécifiques à chaque tribunal concernant les différents types d'affaires[54].

ÉVALUATION PENDANT LE FONCTIONNEMENT

Une fois les objectifs et la portée du programme définis, il est fondamental de faire une évaluation continue du fonctionnement du système et d'identifier les occasions de réexaminer les règles, procédures et statuts le gouvernant.

---

48 *Créer et entretenir un programme de médiation pour un État entier : Vue depuis le terrain, supra note 6.*

49 Pour découvrir un merveilleux débat sur ces buts variés voir Robert A. Bush, *Résolution des Conflits et Idéologie par la Médiation et le Procès : Une Conversation Imaginaire,* 3 J. Contemp.Legal Issues 1 (1989).

50 Voir chapitre 44 des Statuts de Floride.

51 Règle 10,100-10,130, Règles de Floride pour les médiateurs certifiés et nommés par un tribunal.

52 Règle 10,200-10,900, Règles de Floride pour les médiateurs certifiés et nommés par un tribunal.

53 Règle 10,700-10,690, Règles de Floride pour les médiateurs certifiés et nommés par un tribunal.

54 Règle 1,700-1,750, Règles de Floride pour la procédure des mineurs.

Quand la Floride a adopté la médiation en rapport avec les tribunaux, elle a été l'une des premières à le faire. Comme il n'y avait pas beaucoup de modèles à regarder, la Cour suprême de Floride a établi des règles, des procédures et une structure pour suivre en continu le fonctionnement du système et être un moyen efficace pour suggérer des amendements et des révisions du programme. Plus de vingt après, la Cour suprême de Floride a toujours un comité permanent chargé de cette responsabilité[55]. Il est tout aussi important de pouvoir évaluer les opportunités de façon indépendante. Ceci s'est révélé difficile à réaliser pour les programmes des tribunaux U.S. qui, ayant des budgets limités, ont généralement choisi le fonctionnement du programme au détriment de l'étude de celui-ci. Le problème est qu'en agissant de la sorte on s'appuie sur des preuves anecdotiques pour soutenir la programmation et les révisions ce qui n'est pas tout à fait aussi efficace et approprié que de faire des révisions basées sur une réelle recherche.

CONCLUSION

Bien qu'il soit instructif de passer en revue les expériences des autres tribunaux, ainsi que les différents statuts et règles promulgués, finalement les choix à faire doivent tenir compte de la culture locale, et rester en contact avec ceux qui seront les plus concernés par ce programme : les juges, les avocats, les parties et les tiers neutres.

[55] À l'origine, la Cour avait créé un Comité de la Cour Suprême pour la formation en Médiation et en Arbitrage et un Comité pour les Règles de Médiation et d'Arbitrage. Plus tard les comités ont été modifiés en Comité pour les Règles d'ADR et Comité pour la Politique d'ADR. Maintenant il n'y a plus qu'un seul comité, le Comité pour les Règles d'ADR et la Politique, à cause du développement d'autres formes de résolution des conflits et de l'imbrication naturelle des règles et des politiques dans lesquels la politique doit amener à la création de règles et que les règles jouent sur les décisions politiques. Sans s'occuper du nom qu'on lui attribue, le fait d'avoir un comité en place permet à la Cour Suprême de répondre rapidement aux besoins de révision des règles.

USA

M. Robert LEVY,
Magistrate Judge du District Est de New York
et professeur de droit à l'Université de Columbia

La loi de 1998 sur les ADR impose à chaque tribunal fédéral de district d'établir les règles autorisant l'usage d'ADR dans toutes les affaires civiles. (Pub. L. N° 105-315, 112 Stat 2993 (codifié à 28 U.S.C. §§ 651-658 Sup. 1998). Ceci montre l'importance pour le Congrès du rôle des ADR dans les tribunaux fédéraux.

La loi donne à ces tribunaux le droit d'établir un large panel de programmes d'ADR, incluant la médiation, de créer un poste d'administrateur des ADR, qui est soit un juge soit un fonctionnaire, pour administrer, superviser, et évaluer les programmes d'ADR du tribunal.

La loi autorise les juges aussi bien que le personnel du tribunal formé pour cela, et des professionnels du secteur privé à servir de tiers de neutre. Chaque tribunal est libre d'adopter ses propres règles et pratiques. Par exemple, certains tribunaux ont un administrateur ADR à plein temps, d'autres ont des juges pour superviser les ADR, et quelques-uns ont les deux. Un petit nombre de tribunaux ont des médiateurs dans leur personnel, d'autres ont un tableau des médiateurs disponibles pour faire des médiations dans les affaires où on les désigne. Dans pratiquement tous les tribunaux, les juges font aussi fonction de médiateur ; il se dégage de la plupart des comptes qu'ils font la majorité des médiations des tribunaux fédéraux.

Il est bien connu, dans les milieux du droit américain, que moins de 3 % de toutes les affaires civiles fédérales vont au procès et qu'environ 98 % des affaires sont réglées par des motions ou un accord des parties. L'une des raisons de ce grand nombre de règlements est le fréquent usage par les tribunaux de réunions de conciliation et de médiation. Beaucoup de juges commencent par une réunion de conciliation à la première réunion de mise en état de chaque affaire et continuent la discussion à toutes étapes de la procédure. Ils attendent des avocats qu'ils soient prêts à poursuivre la conciliation de l'affaire en même temps qu'ils préparent le procès.

Puisqu'ils supervisent la préparation des affaires, les juges, connaissant les décisions prises, peuvent souvent évaluer le travail nécessaire pour présenter l'affaire au procès, ainsi que les forces et les faiblesses des arguments des deux bords. En tant que personne neutre, riches de leur grande expérience des procès, les juges se trouvent dans une position unique pour rappeler aux avocats et à leurs clients les coûts et les risques du procès et les inviter à envisager d'autres moyens moins onéreux de résoudre leurs conflits, comme la médiation.

COMMENT UN JUGE PEUT-IL ÊTRE À LA FOIS LE MÉDIATEUR ET ÊTRE CELUI QUI PREND LA DÉCISION ?

Ces rôles ne sont-ils pas contradictoires et ne s'excluent-t-ils pas mutuellement ? La réponse vient du fait que dans tous les tribunaux fédéraux de district, il y a deux juges par affaire, un juge de district et un « Judge Magistrate ». Le juge qui fait la médiation n'est presque jamais celui qui tranche le cas. Dans mon district par exemple, les « Judge Magistrate » sont responsables de toute la mise en état avant le procès. Ils rencontrent les avocats peu de temps après le dépôt de la demande en justice pour identifier les décisions clés pour ce cas, ils établissent un plan pour régler cette affaire et explorer les pistes de solutions. Au fur et à mesure que l'affaire avance, le « Judge Magistrate » se réfère à ses découvertes, décide de motions et oriente les parties vers le règlement, tout en préparant le procès. Les parties trouvent qu'il est agréable de discuter d'un accord avec les « Judges Magistrate » parce qu'ils peuvent garder la confidentialité de leurs négociations par rapport au juge de district, qu'elles peuvent lui demander sur un point ou un autre ou sur l'ensemble de rendre une décision judiciaire ou de prendre le procès en main. (Dans le cas où les parties acceptent un procès devant un juge magistrat, celui-ci demande souvent à un autre juge magistrat de faire une réunion de conciliation pour garder la séparation entre la conciliation et le procès).

Ainsi, les « Judge Magistrate » cherchent une conciliation aussi souvent que possible à partir de la réunion initiale, en continuant de même à chaque réunion avec les parties et finalement programment une réunion de conciliation plus longue quand ils trouvent que le moment est propice. Il est bon de faire remarquer que dans la plupart des districts, le succès des juges médiateurs dans les affaires civiles des Tribunaux fédéraux coïncide avec l'augmentation des recours aux « Judge Magistrate ».

Le Centre de Justice Fédérale « FJC », qui est l'outil de formation des Tribunaux fédéraux, apporte un soutien extensif à la médiation judiciaire. En premier, il offre des formations à la médiation aux juges fédéraux, leur enseignant la théorie et développant leurs dons pour les rendre meilleurs médiateurs. De plus, il fournit des guides écrits pour les médiateurs et fait des recherches pour aider à déterminer les pratiques les meilleures et les plus efficaces. Finalement, le FJC a créé un groupe de consultants en médiation qui sont à la disposition des tribunaux qui veulent mettre sur pied des programmes de médiation ou améliorer ceux qu'ils ont déjà élaborés.

À travers ces programmes, les tribunaux soumettent des listes de questions et de problèmes en relation avec la médiation dans leurs districts. Le FJC trouve des consultants connaissant les décisions dans la matière en question, et les met en rapport avec les tribunaux demandant de l'aide.

Les consultants s'adressent au tribunal et écrivent un rapport confidentiel, évaluant le programme du tribunal et font des recommandations pour son amélioration. Les consultants du FJC ont été particulièrement utiles pour équilibrer l'utilisation des juges et des médiateurs du tableau.

J'ai participé à ce programme de deux façons différentes : comme consultant pour d'autres tribunaux, et en demandant de l'aide à d'autres consultants pour améliorer l'utilisation de la technologie et des sites Web à créer à cause du manque de personnel pour le programme de médiation de mon tribunal.

Je siège dans le district Est de New York situé à Brooklyn. Comme mes collègues, je mène plusieurs centaines de médiations chaque année. En tant que « Judge Magistrate » je supervise tout le travail de mise en état du dossier. Pour les affaires qui me sont confiées et avec le juge qui connaît le mieux ce type d'affaires quand je ne suis pas le juge chargé du procès, les parties me demandent souvent de diriger la médiation, expliquant qu'elles préfèrent avoir un juge comme médiateur parce qu'elles attendent du juge qu'il leur donne son avis sur la force ou la faiblesse de leur position. Parfois je le fais.

Le tribunal offre aussi les services de médiateurs privés qui se sont inscrits sur le tableau des médiateurs après avoir présenté à l'administrateur des ADR les preuves de leur formation et avoir été choisis après un entretien avec lui. En tant que juge chargé des ADR, c'est moi qui dois approuver le choix avant que le candidat ne soit inscrit sur la liste. Les juges peuvent envoyer des affaires en médiation habituellement avec l'accord des parties. Les parties choisissent un juge ou un médiateur de la liste. Dans ce dernier cas, ils choisissent ensemble un médiateur sur le site Web du tribunal. Les médiations, qu'elles soient faites par un juge ou un médiateur privé sont confidentielles. Si des questions d'éthique, de problèmes sur les frais de la médiation, ou d'autres questions de droit surgissent pendant que la médiation est conduite par un médiateur de la liste, c'est le juge des ADR, et non pas le juge chargé de l'affaire qui, pour des raisons de confidentialité, tranchera le litige. Chaque année le tribunal publie des lettres d'information sur la médiation organise des sessions d'entretien à la médiation pour les juges et les médiateurs et essaye de suivre de prés la qualité des médiateurs du service.

Dans le district Est de New York, les juges font beaucoup plus de médiation que les médiateurs de la liste. Bien qu'ils règlent un grand nombre de cas, il n'y a pas de statistiques sur leur taux de succès. Par contre, le tribunal suit la performance des médiateurs de la liste : ils règlent environ 68 % des affaires qui leur sont proposées.

BRÉSIL

Maria Cristina ZUCCHI,
Juge à la Cour d'appel de São Paulo

PANORAMA SUCCINCT DE LA MÉDIATION AU BRÉSIL

I. PRÉSENTATION DU BRÉSIL

Le Brésil (officiellement la République fédérale du Brésil) est constitué par l'union de 26 États fédérés et du District Fédéral. Il y a 5564 Municipalités sur un territoire de 8.514.876,599 km2 (47% de la surface de l'Amérique du Sud et cinquième plus grand État du monde), avec 189.612.814 habitants (le 5° état mondial pour sa population). Résultant de la colonisation portugaise, le Brésil est le seul État du Continent Américain à parler le portugais. La société brésilienne est l'une des plus multiraciales du monde, elle est constituée d'Européens, d'Indiens, de descendants africains et d'Asiatiques.

Le pilier du fédéralisme brésilien est la décentralisation du pouvoir, partant du gouvernement central (fédéral) vers les gouvernements locaux (états et municipalités) (fédéralisme centrifuge), en fonction des attributions de compétence déterminés par la Constitution. Les entités fédérales doivent coexister à partir de bases indépendantes et harmonieuses.

Le fédéralisme au Brésil est fondé sur des principes inscrits dans la constitution comme la séparation des pouvoirs. Dans le principe de séparation tripartite des pouvoirs, la branche judiciaire a autorité à la fois dans la sphère fédérale et dans celle des états.

La branche judiciaire a traditionnellement été investie du pouvoir judiciaire dans un système de tribunaux essayant toujours d'interpréter et d'appliquer la loi aux affaires qui leur sont présentées. Cependant, le système traditionnel des tribunaux voit s'élever un crescendo de protestations contre sa faible efficacité, causant des problèmes qui vont de l'inadaptation des magistrats à l'inefficacité ou au manque (rareté) de personnel dans les tribunaux ou à l'absence d'efficacité du processus administratif des tribunaux dans l'exécution des décisions. Au Brésil, les citoyens doivent se tourner vers la justice essentiellement par la faute du gouvernement lui-même qui ne respecte pas ses obligations, ce qui entraine une augmentation absurde du nombre de procès et du délai pour obtenir la solution judiciaire.

À côté du système judiciaire traditionnel, les tribunaux commencent à penser que la médiation est une alternative à l'énorme retard qui devient de plus en plus insurmontable. C'est ainsi que la médiation judiciaire est regardée, considérée, de plus en plus comme une méthode alternative potentiellement complémentaire et innovante, pour affronter un procès.

II. La Médiation et le pouvoir judiciaire au Brésil

Alors qu'aux USA la médiation a été établie par la société civile elle-même, pour résoudre ses propres conflits, la médiation au Brésil est une conséquence des obstacles à l'accès au droit et à l'inefficacité du système judiciaire brésilien pour arriver de façon satisfaisante à la solution des conflits les plus variés de la population.

Au Brésil, les procédures de médiation ont été présentées par la Constitution Brésilienne Impériale de 1824. Le préambule de la Constitution, l'actuelle « Carta Magna », votée en 1988 et son article 98, paragraphes I et II, prévoient l'utilisation de solutions pacifiques pour résoudre les conflits. Dans la partie de la loi concernant la procédure, la conciliation (considérée comme un aspect de la médiation) est aussi présentée comme un des moyens qui peuvent être essayés à n'importe quel moment de la procédure.

Dès que les tribunaux se sont intéressés à la médiation, la question de savoir d'où leur vient l'autorité d'ordonner ce processus s'est posée. On peut soutenir qu'il entre dans la mission inhérente à la fonction de juge de demander aux parties d'aller en médiation et dans sa compétence d'instruire les dossiers. Ce serait une extension de l'autorité judiciaire, incluant les procédures de médiation dans la solution des litiges. Les fonctions de médiateur et de juge s'excluraient-elles mutuellement ?

La pratique de la médiation judiciaire ne démontre pas cela, en particulier dans certains pays comme les USA et le Canada, où la médiation judiciaire s'est fait remarquer comme un moyen pour résoudre des contentieux avec succès, et qui a aidé les tribunaux à réduire leur retard.

La médiation judiciaire est une évidente menace pour d'importantes valeurs exprimées par certaines cultures juridiques, elle remet en question le rôle des juges qui utilisent ce nouvel outil. Les cultures juridiques modernes résistent à l'introduction de ce mécanisme humain révolutionnaire dans le système judiciaire traditionnel et soulèvent des difficultés pour mettre en place la médiation judiciaire.

La médiation judiciaire, paradoxe dans la fonction judiciaire, est considérée par beaucoup de juges comme une menace pour leur autorité et leur rôle qui est de rendre des décisions de justice et de donner la norme à suivre. Quel pourrait être ainsi pour les tribunaux, du point de vue du juge, l'intérêt d'installer un programme de méthodes alternatives ?

Il faut tout d'abord tenir compte de l'économie de temps et d'argent obtenue en évitant d'alourdir un système judiciaire déjà surchargé. Les délais entrainés par les nombreux procès peuvent être justifiés au Brésil par le formalisme procédural excessif, par le manque de moyens et de personnel. En second lieu, les méthodes alternatives peuvent entrainer de « meilleures » procédures, plus ouvertes et plus souples, plus à l'écoute des besoins des parties elles-mêmes. Les formalités rigides pourraient être remplacées par une meilleure compréhension des affaires, non limitée aux conclusions des avocats, mais plutôt par les éléments donnés par les parties en cherchant à trouver une solution à leur conflit. Troisièmement, elles devraient donner de « meilleurs » résultats, en accordant les intérêts des parties et ceux de la société. Quatrièmement, cela suppose l'engagement des communautés à résoudre les conflits, les entrainant à s'impliquer pour l'exécution de la solution trouvée. Et finalement, cela signifierait un élargissement de l'accès à la justice. En offrant un programme de méthodes alternatives aux citoyens, les tribunaux réduiront la durée des procès, sans abandonner l'autorité judiciaire, mais au contraire, en la renforçant et en l'élargissant.

III. Installation de la médiation judiciaire au Brésil

1. - Le projet « Concilier est facile ».
2. - Le Conseil National de Justice.
3. - Le Tribunal Fédéral Régional (3° Région).
4. - Le Tribunal de Justice de l'État de São Paulo.
5. - Le « PACE » Poste Avancé de Conciliation Extrajudiciaire.

Le premier projet fut le projet « Concilier est facile ». Il comprenait en 2006 « la Journée de la Conciliation », et en 2007 et 2008 « la Semaine Nationale de la Conciliation ».

En 2008, la semaine nationale de la conciliation a eu lieu du 1° au 5 décembre, et le Conseil National de la Justice a réalisé l'enquête suivante :

		Organisme	Les premiers résultats
		89,6%(25.661) Tribunaux Fédéraux	11% (33.733) Tribunal Régional Fédéral
	(76,8%) 305.591 nombre de séances	87,4%(101.100) Tribunaux du Travail	
		70,5%(178.830) Tribunaux des États	9%(28.024) tribunal de Justice du Matós Grosso 7%(21562) São Paulo
398.012			
		9%(11.830) tribunal de justice du Matós Grosso	
	(42,8%) 135.337 accords obtenus	4%(11.194) Tribunal régional du travail de São Paulo	
		3%(9.533) tribunal de justice de Ceara	

Au moment où les résultats de la Semaine Nationale de Conciliation de 2008 étaient présentés, les Centres de Médiation Communautaires furent installés, promouvant un dialogue effectif entre les membres des communautés, entrainant finalement la paix sociale. Ils ont montré une belle organisation et de merveilleux résultats dans l'État de Ceara situé au nord du pays.

Le TRIBUNAL FEDERAL REGIONAL (3° région) a structuré ses services de médiation à sa façon sous la présidence de Dona Marli Ferreira (desembargadora), coordinatrice générale – 1 juge assistant – 2 conseillers – 1 groupe de 12 conciliateurs et 2 praticiens.

Le secteur d'action de médiation du Tribunal Régional de la 3° Région a le planning stratégique suivant :

Diffusion des actions de conciliation => son site internet permet de suivre les séances de conciliation, le lieu où elles se passent, la date, les résultats, une image des efforts effectués par tous, les statistiques des procès, les sujets et les lieux.

Objectif : inciter la population à se tourner vers la conciliation.

Toutes les données sont informatisées fiabilité des sources, rapidité de calcul des résultats, analyse des performances et perspectives de croissance.

En première instance, la conciliation s'effectue sur une multitude de sujets que suit avec attention l'Office de Conciliation. En appel, cet Office s'occupe des résultats concernant le Système de Financement des Logements, l'Institut

National de Sécurité Sociale (en particulier pour les bénéficiaires handicapés et leur retraite), et la Banque Fédérale de l'Économie.

Voici les résultats de la dernière enquête :

	Bénéficiaire	Système Financier	Accords
Programme de Sécurité Sociale	Retraite des agriculteurs	8.723	(30%) 2.602
	Assistance Sociale	5.016	(18%) 903
Total		13.739	3.505
Système de Financement des Logements	SFH	1.830	(61%) 1284

Dans l'ÉTAT de SÃO PAULO a été créé le Secteur de Conciliation, en première instance et en appel, dont voici les résultats de 2008 pour les appels :

Du 01.01 au 31.12.2008

	Acceptés	Rejetés	Absence des parties	Rejetés moins absence des parties	Acceptés %	Rejetés %
Janvier	66	245	44	201	24,72	75,28
Février	87	240	60	180	32,58	67,42
Mars	75	298	66	232	24,43	75,57
Avril	114	394	100	294	27,94	72,06
Mai	88	296	51	245	26,43	73,57
Juin	112	330	83	247	31,20	68,80
Juillet	72	278	41	237	23,30	76,70
Août	91	304	102	202	31,06	68,94
Septembre	95	424	107	317	23,06	76,94
Octobre	122	381	90	291	29,54	70,46
Novembre	63	371	110	261	19,44	80,56
Décembre	99	343	115	228	30,28	69,72
Total	1082	3902	969	2933	26,95%	73,05%

Dans le tribunal de Justice de São Paulo, le Secteur de Conciliation est composé d'un « desembargador » (juge d'appel), de deux chefs et auxiliaires de justice et de conciliateurs désignés, qui travaillent volontairement sur la base d'un compromis. Ils offrent la conciliation aux 42 tribunaux de la capitale São Paulo. Ceci veut dire que les juges ne font pas de conciliation, seuls ceux qui ont été désignés les font. Les conciliateurs sont choisis parmi les avocats, les magistrats retraités, les psychologues, les travailleurs sociaux et les agents administratifs du Tribunal de Justice de São Paulo (TJSP). Ce type d'activité est proposé aussi bien en première instance qu'en appel.

À côté de ce service de « Conciliation Judiciaire », le 12-02-09 le TJSP par un effort collectif a aussi créé le « PACE » poste avancé de conciliation extra procédural, pour des séances de conciliation avant le procès. Il effectue 34 séances par jour, et le Tribunal Spécial des Plaintes pour les petites entreprises (micro entreprises ou entreprises de petite taille) a le record avec 200 séances par jour. Ce Tribunal Spécial des Petites Plaintes, issu conjointement du Tribunal de Justice de São Paulo et de l'Institut Presbytérien Mackenzie, a pour but de régler l'énorme masse des 4.000 affaires qui attendent leur tour après celles qui sont déjà enrôlées dans ce secteur.

Ces quelques notes sur le système judiciaire Fédéral et d'État au Brésil, montrent la marche vers une culture de la pacification qui cherche à adoucir la culture du procès dans laquelle nous sommes profondément enracinés.

Les résultats sont visibles, l'immensité de la population entraine de grandes difficultés, les problèmes publiques sont énormes, mais de grands et sérieux efforts sont faits et programmés, et le processus mûrit, si bien que le Brésil va se montrer capable d'adopter les méthodes et systèmes des Modes Alternatifs de Résolution des Conflits dans les sphères judiciaire et extra judiciaire, entrainant des bénéfices et des avantages qui profiteront à toute la population Brésilienne, mais aussi au Pouvoir judiciaire.

Continuons d'avancer !

ARGENTINE

Elena HIGHTON,
Vice – Président de la Cour Suprême d'Argentine

En tant que juge (et appartenant à la Cour Suprême), je suis très heureuse d'avoir été invitée à partager mes vues dans l'important secteur des ADR au cours de ces premières assises internationales de la Médiation Judiciaire.

J'ai travaillé dans ce domaine depuis le début des années 90, en essayant de faire démarrer les ADR non seulement en Argentine, mais encore dans les autres pays d'Amérique latine. L'effort a été fait ensemble par les juges, les Ministères de la Justice, les Universités, les Barreaux et les autres professionnels.

L'Argentine offre actuellement une assistance technique et de formation en médiation à d'autres pays d'Amérique latine comme le Brésil, le Costa Rica, le Chili, l'Équateur, le Salvador, le Honduras, le Mexique, le Nicaragua, Panama, le Pérou, l'Uruguay, etc. Et c'est à partir du secteur judiciaire que nous avons développé ce mouvement dans d'autres secteurs.

MÉDIATION OBLIGATOIRE AVANT LE PROCÈS DANS LES TRIBUNAUX FÉDÉRAUX

Le mouvement fut le résultat de notre échange avec des juges nord-américains au Judicial College, à Reno, Névada. J'étais alors un juge qui tranchait les litiges, et avec mon collègue Gladys Alvarez, qui à partir de ce moment devint mon partenaire dans cet engagement, nous étions très préoccupés par la crise de notre système judiciaire et nous avons décidé d'aller au Judicial College à la recherche de nouvelles approches. À notre retour nous avons établi le Plan National de Médiation d'Argentine.

Ici je dois être claire sur le fait que la Constitution argentine est basée sur la Constitution Américaine, de telle sorte que nous avons un système fédéral, c'est-à-dire une structure de gouvernement à deux étages. Ceci veut dire qu'en dehors des autorités nationales principales (Président de la Nation, Congrès National et Cour Suprême), chaque province a dans son gouvernement, une branche Exécutive, une branche Législative et une branche Judiciaire.

À la suite de notre ébauche, un projet pour la médiation a été mis en place par le Ministère de la Justice et la Cour d'Appel Nationale pour les Affaires Civiles. Des lois ont rapidement été votées. Il en est résulté la médiation obligatoire avant le procès, mise en vigueur dans les Tribunaux Fédéraux de la ville de Buenos Aires en 1996. En 13 ans, plus de 300.000 affaires ont été envoyées en médiation, en retour un tiers seulement s'est terminé par un procès. Environ 4000 médiateurs sont inscrits sur le Registre du Ministère National de la Justice.

Réactions des avocats

Les avocats ont eu des réactions mitigées : beaucoup, surtout parmi les jeunes, ont été intéressés dès le début. Les avocats plus anciens ainsi que tous ceux qui travaillent particulièrement dans les procès étaient opposés à la médiation. Certains croyaient par erreur que c'était ce qu'ils avaient fait pendant toute leur vie ; d'autre semblaient penser que si la médiation se répandait, c'était de l'argent que l'on retirait de leur poche ; d'autres jugeaient que la médiation obligatoire était anticonstitutionnelle ; d'autres prétendaient simplement que les médiateurs n'étaient pas assez formés, etc., etc.

Mais le temps passant, quelques-uns au moins commencèrent à découvrir certains des avantages de la méthode. Ils trouvèrent un nouveau domaine de travail, puisque pour être inscrit sur la liste des médiateurs autorisés à participer à la médiation obligatoire avant le procès, il fallait être avocat. Ils comprirent qu'ils pourraient gagner plus en réglant rapidement les conflits par la médiation plutôt qu'en se battant pendant des années dans des procès.

Quand ce mécanisme devint mieux reconnu, les clients commencèrent à demander une réponse plus rapide et moins chère par la médiation et se présentèrent à des réunions mieux préparées pour des options et des solutions possibles à leurs problèmes ; les avocats apprécièrent la satisfaction de leurs clients.

Position des Juges

Comment réagirent les Juges ?

Beaucoup de Juges se sont trouvés impliqués tout de suite. Les juges argentins ont été utilisés tout de suite pour des audiences de conciliation. Ces audiences font partie de l'activité judiciaire comme définie dans les codes de procédure. C'est-à-dire que les juges ne sont pas et ne peuvent pas être médiateurs, mais ils ont le pouvoir de convoquer les parties pour tenter d'arriver à un accord.

Cependant, tous les juges ne sont pas enclins à agir de la sorte ; certains prétendent ne pas avoir le temps ou qu'ils préfèrent rédiger des décisions au lieu de « perdre » du temps à parler avec les parties. Et en particulier, tous les juges n'ont pas le don ou la formation nécessaire pour y arriver.

Les Programmes de Médiation dans les Provinces

Les tribunaux étaient surchargés, et le travail judiciaire vraiment lourd ; ceci a amené un grand nombre de juges à embrasser cette cause et à travailler depuis avec les ADR (particulièrement la médiation), pour lancer et implanter différents mécanismes.

Aujourd'hui, presque tous nos 24 districts ont des programmes de médiation. En général, les Cours suprêmes Provinciales sont impliquées dans des projets de développement en fonction des besoins.

Du fait que le pays n'est pas seulement grand, mais qu'il comporte des conditions différentes suivant les endroits, les besoins sont très différents. Il y a de grandes villes, et des zones sous-peuplées ou de petites villes à peine développées. Ainsi, en fonction des circonstances locales, nous présentons un tableau complet des options ADR ou de modèles de tribunaux multi portes, de médiation volontaire ou obligatoire, avec ou sans loi locale, de Justice de Paix, de Maisons de la Justice dont les professionnels vont d'une petite ville à l'autre, etc.

Certains parmi eux sont intéressants et créatifs. Par exemple, les Tribunaux Supérieurs des deux provinces de Patagonie ont développé des projets relatifs à l'ouverture de Maisons de la Justice pour faciliter l'accès à la justice où l'on propose des ADR, ce qui correspond aux besoins de la population qui vit loin des tribunaux.

La première a été installée dans la Province du Rio Negro, dans le sud de la Patagonie, au milieu de merveilleuses montagnes, à 160 km du tribunal le plus proche.

La seconde se trouve dans une minuscule citée minière, et la « Maison » se déplace ou voyage périodiquement d'un lieu à l'autre ; certaines villes sont si petites qu'elles ne comportent que quelques pâtés de maisons. Des gens très pauvres y vivent ainsi que des Indiens des populations aborigènes.

Une autre « Maison » se situe dans la Province de la Terre de Feu, la partie la plus septentrionale de l'Amérique du Sud (ils sont fiers de dire qu'ils vivent « au bout du monde »). Quelle est l'une des personnes les plus importantes et représentatives de cette région, l'un des chefs de la ville qui soutient ce projet ? : le boulanger ! Cependant, le Tribunal Supérieur de la Province est derrière ce projet, et il envoie des médiateurs et des experts, qui viennent tour à tour y travailler.

Dans ces derniers cas, on a créé un système d'ADR qui ressemble au modèle multi portes, offrant non seulement la médiation faite par des médiateurs formés par le Tribunal, mais encore raccordé à différents services pour les voisins, comme l'école, l'hôpital et d'autres services sociaux. Le Ministère du Travail y a aussi sa « porte ».

MÉDIATION, VICTIME, DÉLINQUANT

Bien que la nature de notre système criminel entraine certaines objections ou au moins des obstacles légaux à une généralisation totale, nous développons aussi un programme de médiation victime délinquant, particulièrement dans certaines Provinces.

DIVERSITÉ

Comme vous pouvez le voir, la résolution des conflits par les tribunaux peut être variée et organisée d'un tribunal à l'autre de façon très diverse.

ACCÈS À LA JUSTICE

Les moyens alternatifs de résolution des conflits peuvent être approchés sous plusieurs angles et nous sommes convaincus que, dans la perspective judiciaire, le mouvement en faveur des ADR occupe une place de choix dans la modernisation et la réforme du secteur judiciaire.

Dans le monde entier, les crises des systèmes judiciaires ont été un facteur déterminant de la renaissance de pratiques anciennes pour régler les conflits interpersonnels et collectifs, pratiques qui ont été améliorées par de nouvelles approches et de nouvelles théories.

On a reconnu que le système de justice formaliste et traditionnel n'était pas toujours le chemin le plus satisfaisant pour résoudre les conflits, et que les concepts de justice et d'administration de la justice doivent être redéfinis avec des critères plus larges. Ainsi quand, par exemple, il est certain que les seuls moyens possibles d'accès à la justice pour des citoyens est d'aller demander à un juge de rendre une décision, nous travaillons sur la base du concept judiciaire légal, ignorant une justice plus intrinsèque qui peut être trouvée et employée par les parties concernées, indépendamment de toute intervention de l'État, aussi longtemps que cela n'interfère pas avec l'ordre public ou toute autre raison supérieure.

Il y a un besoin urgent de relever le défi d'apporter la justice aux membres les plus nécessiteux et les plus vulnérables de nos sociétés et de transformer les systèmes judiciaires en source d'égalité. Ceci implique d'ouvrir la couverture judiciaire, en améliorant les systèmes d'aides juridictionnelles et en permettant à chacun de présenter ses problèmes devant les institutions locales, et par là même renforcer l'idée que l'administration de la justice est un service public. La couverture judiciaire doit être rendue plurielle et présenter d'autres options que le procès, comme la médiation et l'arbitrage quand il est raisonnable de le faire. Dans certains cas ces méthodes sont plus rapides, moins chères et plus appropriées que les procès. Notre Cour Suprême elle-même a une nouvelle porte : un bureau de la violence domestique (dépendant aussi de cette Vice-Présidence ci), qui à l'aide de plus de 60 professionnels (avocats, psychologues, travailleurs sociaux et médecins), assistent non seulement les juges, mais est ouvert aux victimes 24 heures sur 24.

Cette approche d'ADR comme objectif de justice publique montre que nous ne sommes pas en face d'une privatisation de la justice, mais d'un devoir à accomplir en soutenant l'institutionnalisation de ces mécanismes alternatifs et en sécurisant des services ADR appropriés.

Avec une perspective de politique judiciaire définie sur la base de critères de bien être social, ces solutions qui sont les moins onéreuses pour élargir l'accès à la justice doivent être prises en compte sérieusement.

L'ACCÈS À LA JUSTICE ET LES ADR, UNE POLITIQUE JUDICIAIRE

Depuis deux ans, la résolution des conflits est une politique d'état pour le système judiciaire mise en place par la Cour Suprême. Un groupe de travail sur l'accès à la justice et la résolution des conflits a été créé au cours de notre dernière conférence Juridique ; il dépend de la vice-présidence de la Cour Suprême. Les juges de tout le pays : Fédéraux, Nationaux et Provinciaux, et de tous les niveaux : juges de Paix, juges de première instance, juges d'appel et juges de la Cour Suprême travaillent dur.

Nous commençons le travail avec une carte ou un diagramme pour identifier quelles sont les méthodes de résolution des conflits existant dans le pays en lien avec les tribunaux. La carte des ADR judiciaires de tout le pays que nous avons dessinée se trouve sur le site web de la Cour Suprême : http://www.csjn.gov.ar (mapa acceso a justicia).

Nous avons mis cela sur l'internet pour que tous nos juges puissent partager leurs expériences, développer des mécanismes là où il n'y en a pas, ou renforcer ceux qui sont déjà en place. Et quand nous aurons assez d'informations et de consensus, notre politique d'accès à la justice prévoit de développer des programmes de compréhension nationaux. Et bien entendu, les avocats, les juges, les médiateurs ou les citoyens du monde entier pourront voir qui nous sommes, d'une façon publique et transparente. L'idée étant, pourquoi pas ? de partager nos expériences avec le reste du monde.

Troisième partie

PANORAMA DE LA MÉDIATION JUDICIAIRE EN AUSTRALIE ET EN ASIE

AUSTRALIE

Du procès à la résolution des conflits

Neil TWIST,
Directeur du Département de Justice de la résolution des conflits,
État de Victoria

GÉNÉRALITÉS ET CONTEXTE

Le procureur général de Victoria, Rob Hulls, a une vision ambitieuse et inspiratrice pour le système judiciaire de Victoria, axée sur les éléments importants suivants : accès à la justice, prise en compte de désavantages et protection des droits de l'homme.

Ces principes fondamentaux ont été articulés dans la Déclaration de Justice (2004) et la Déclaration de Justice 2 (2008).

Comme d'autres juridictions, nous nous battons avec les délais, le coût et la complexité des procédures. Les déclarations de justice cherchent à rendre la résolution de conflits moins chère, plus juste et plus simple.

En 2009, les tribunaux de Victoria ont entrepris le premier pas vers l'incorporation de la médiation judiciaire et d'autres formes de résolution des conflits dans le processus judiciaire proprement dit.

La Cour Suprême et les autres tribunaux du comté ont commencé un programme de deux ans englobant la participation des juges dans un processus de résolution des conflits qui embrasse les conférences de règlement, l'évaluation prompte et neutre, la médiation.

D'une manière significative, le Gouvernement de Victoria a développé la législation pour confirmer que les juges sont totalement protégés par la loi quand ils résolvent les conflits dans le cadre de cette voie innovante. Cette intervention résume le développement de la loi de résolution judiciaire des conflits de 2009.

Étape 1 – Consultation

La consultation des tribunaux sur la façon dont la résolution judiciaire des conflits pouvait être conçue a commencé à la fin de l'année 2007. Cette consultation a permis de déterminer le niveau de ressources requis. Une fois les ressources confirmées, la deuxième phase de la consultation a commencé par la législation, dans le but d'assurer les protections judiciaires et immunités nécessaires à résolution judiciaire du conflit. De plus vastes consultations sur ces deux éléments ont été nécessaires, afin de garantir le soutien des différents Tribunaux.

Étape 2 – Ressources

En 2008, le Gouvernement a alloué $A 3,2 Millions (1,8 euros) à la Cour Suprême et aux autres tribunaux de Victoria pour la résolution judiciaire des conflits, en incluant juges supplémentaires, personnel administratif et formation judiciaire à la médiation.

En juillet 2008, le ADR « Directorate » a été créé pour faciliter le développement de la résolution judiciaire des conflits. A partir de ce moment, le « Directorate » a eu un dialogue avec les tribunaux et nous avons développé un sentiment de responsabilité partagée afin de garantir l'implantation graduelle de la résolution judiciaire des conflits.

Les tribunaux se sont fortement engagés avec le gouvernement pour garantir le succès de la résolution judiciaire de conflits.

La création d'un « Directorate » spécial afin de consulter les tribunaux a été un facteur déterminant pour que la réforme proposée de résolution judiciaire des conflits soit aujourd'hui une réalité.

Étape 3 – Législation

La loi sur la résolution judiciaire des conflits est entrée en vigueur le 15 septembre 2009.

LA LOI DU 15 SEPTEMBRE 2009

- confirme que toute protection ou immunité continue lorsque le juge quitte le prétoire pour assumer la négociation d'un conflit,
- assure la confidentialité du processus de résolution judiciaire d'un conflit,
- procure de la flexibilité, les tribunaux pouvant déterminer le genre de procédure qu'elles veulent adopter.

La loi a été votée par le Parlement de Victoria sans aucune opposition, recueillant le support des deux partis de la classe politique. Cela montre l'ampleur du soutien dont les tribunaux ont besoin pour être plus impliqués dans la résolution des conflits.

Cette loi est un panneau indicateur vers une nouvelle direction pour la justice dans notre État.

Comme nous sommes la première juridiction qui développe la résolution judiciaire des conflits, cette loi est également un panneau indicateur pour notre pays.

La médiation en Chine, de Confucius à nos jours

Xiao Lin FU-BOURGNE,
Avocat, Bignon Lebray & Associés

La loi sur la médiation et l'arbitrage concernant les litiges du travail, adoptée le 29 décembre 2007, est entrée en vigueur le 1er mai 2008. Elle marque un retour à la tradition ancienne de Confucius (1) : le fondement légal et l'organisation de la médiation en Chine y trouvent leur assise (2).

LA TRADITION DE CONFUCIUS

Confucius est reconnu comme philosophe, penseur et éducateur. Il est né en 551 avant Jésus-Christ dans le pays de LU, dans la province du Shandong. Son enseignement est ancré de façon indélébile dans les mœurs, comme dans les esprits.

L'essentiel de la pensée immanente de Confucius est le suivant :

1) l'homme est la valeur suprême, il doit toujours être respecté ;
2) l'harmonie et la fidélité, s'inscrivent inlassablement dans la collectivité ;
3) « zhong yi », exalte la fidèle amitié et le sacrifice de soi pour l'ami ;
4) « zhi de » énonce la fin qui est d'arriver à la vertu ;
5) « He wei gui » fait briller l'idée que l'harmonie doit être au-dessus tout.

Confucius insiste sur le fait que l'important est de parvenir à l'harmonie en suivant des règles. L'harmonie doit pénétrer en tout et régner partout : entre les hommes, entre soi et la collectivité.

« zhong yong » : zhong, c'est la juste voie de l'univers ; yong, c'est le bon accord entre le ciel et la terre.

Ne laisser ni déborder son bonheur, ni éclater sa colère ; ne s'abandonner ni à sa tristesse, ni à sa joie, tel est le « zhong ». Il s'agit de dominer ses émotions et d'exprimer ses sentiments selon des règles déterminées.

Le Président Mao, que les Chinois nommaient « le Timonier », a considéré Zhong yong, l'invariable milieu, comme étant une intuition importante de Confucius et il en a prôné l'étude et la pratique.

« xi song » : le terme xi, enveloppe et compose en lui les verbes : reposer, calmer, éteindre ; le terme song, en désigne le déploiement : le « dis-cours », le procès.

Le règlement des litiges par la médiation vise donc à les calmer pour arriver ainsi à l'idéal d'une société sans procès, c'est-à-dire purgée de l'avidité revancharde et procédurière.

LE FONDEMENT LÉGAL ET L'ORGANISATION DE LA MÉDIATION

Le premier projet de loi sur la médiation date de 1995 lorsque le Ministère de la Justice a remis son projet à l'Assemblée populaire nationale signifiant ainsi clairement que les conditions pour légiférer en matière de médiation se trouvaient réunies.

Depuis, le projet a été discuté chaque année à l'Assemblée populaire nationale et le Comité permanent de l'Assemblée a organisé à deux reprises des études et recherches en vue de l'adoption de la loi sur la médiation.

La Cour suprême et le ministère de la Justice ont publié, en 2002, un Avis et un Règlement pour accélérer les travaux préparatoires à la loi sur la médiation et guider la pratique de la médiation en matière civile ; ce texte instaure la force obligatoire de la convention des parties à la médiation.

Si le projet de loi, enregistré à l'Assemblée populaire nationale depuis 2007, reste à l'ordre du jour des travaux parlementaires, la loi chinoise sur la médiation se fait encore attendre.

Aujourd'hui, outre la nouvelle loi chinoise sur la médiation au sein de l'entreprise, les textes de référence se trouvent dans la Constitution, le Code de Procédure civil, la loi sur l'arbitrage et la loi sur les contrats.

Traditionnellement, il y a, en Chine, quatre types de médiation :

1 - La médiation populaire, au sein des comités des ruelles et des villages, pour les litiges civils et familiaux ; c'est la forme la plus ancienne de la médiation, à l'origine de toutes autres formes de médiation.

2 - La médiation commerciale, qui comprend la médiation par les centres de médiation et la médiation ad hoc. Le centre le plus important et le plus connu est né en 1987 à Beijing au sein du CCPIT et il est à la tête d'un réseau d'une trentaine de centres de médiation au sein des bureaux locaux du CCPIT dans les grandes villes et provinces de Chine.

3 - La médiation administrative par l'administration de tutelle ; destinée à régler les litiges entre l'administration des gouvernements locaux et les administrés.

4 - La médiation judiciaire dans les procédures judiciaires et pendant la procédure d'arbitrage : les textes de loi prévoient que les juges et les

arbitres emploient systématiquement la médiation judiciaire pendant ces procédures.

Actuellement, avec le développement continu des activités économiques en Chine, la médiation, en tant que mode privilégié de règlement des litiges, a connu un progrès remarqué : les comités des ruelles et des villages ont instauré leur groupe de médiation ; des organes de médiation sont nés au sein des entreprises et des organisations interprofessionnelles ; un grand nombre d'avocats, de juristes et de magistrats en retraite, sont devenus médiateurs ; la médiation, en tant qu'outil de règlement des litiges, est de plus en plus employée dans différents secteurs économiques, dans les domaines commercial, financier, d'investissement, de propriété intellectuelle, de transfert de technologie, immobilier, de construction, de transport et d'assurance… Les praticiens de la médiation sont de plus en plus inventifs : les méthodes de la médiation dite « populaire » sont employées dans la médiation administrative et la médiation judiciaire.

La pratique actuelle de la médiation en Chine

Le terrain chinois est donc propice au développement de la médiation, car le fait de « traîner l'autre devant le tribunal » est toujours mal considéré et à éviter. Le réflexe de la médiation peut donc être considéré comme acquis (1) et la médiation associée aux autres modes de règlement des litiges est de plus en plus pratiquée (2).

Le réflexe de la médiation

C'est un réflexe acquis pour beaucoup de Chinois ou Asiatiques. Cette acquisition est d'abord le résultat du pragmatisme. Parmi les avantages que présente la médiation, le premier est la rapidité.

Mais le pragmatisme n'explique pas tout. Il faut prendre en compte la dimension sociale et humaine. Les parties chinoises évitent même de recourir à la sentence prononcée par l'arbitre, parce que cette sentence ne manquera pas de faire perdre la face à la partie perdante. Et faire perdre la face à l'autre, c'est oublier l'idée que l'harmonie doit être par-dessus tout.

Pouvoir reconnaître son propre tort et savoir faire confiance à l'autre vont de pair.

On constate statistiquement plus de réussites lorsque la médiation a lieu entre Chinois et Japonais : les Japonais, comme les Chinois, connaissent[56] l'expression « He wei gui » et dans la pratique, autour d'une table de négociation composée de Chinois et de Japonais, on constate rarement les comportements de perte de contrôle des émotions comme laisser tomber le poing sur la table

[56] Cf. Cui Bing Quan, ancien secrétaire de la CIETAC.

en interrogeant à haute voix son interlocuteur. Car la tradition veut que l'on accueille l'autre avec le sourire[57].

Nos clients Français qui s'investissent en Chine croient peu à la médiation. Je prends l'exemple d'une société française de textile qui a découvert sur un salon à Beijing qu'une société chinoise exposait des produits qu'elle considéra comme des copies par la société chinoise de ses propres produits français. La société chinoise ne reconnaissant pas avoir commis d'actes de contrefaçon proposa de se concilier avec la société française par le biais d'une médiation. La société française, décidant de « taper fort »[58] pour en finir, gagna seulement d'y perdre son temps, son énergie et l'argent des frais qu'elle dût engager.

Or les deux sociétés française et chinoise auraient dû se réconcilier en s'associant, car l'une et l'autre avaient sur les marchés en Europe et en Asie des atouts professionnels complémentaires qu'elles pouvaient mettre en valeur à leur profit.

La médiation associée aux autres modes de règlement des différends

Les deux modes essentiels en sont la médiation « au cours de la procédure d'arbitrage » et la médiation « pendant la procédure judiciaire ».

– La médiation au cours de la procédure d'arbitrage.

L'article 40 du Règlement de l'arbitrage de la CIETAC permet la médiation au cours de la procédure d'arbitrage.

Le nouveau texte de la Cour suprême mentionne en premier l'arbitrage en tant que mode non judiciaire de règlement des litiges devant la médiation populaire, la médiation commerciale, la médiation interprofessionnelle ainsi que d'autres modes non judiciaires.

– La médiation au cours de la procédure judiciaire.

La médiation par le juge est en Chine une obligation. Le Code de procédure civil dispose dans son article 9 que « Le tribunal populaire doit, pendant l'examen du dossier, procéder à la médiation lorsque les parties sont d'accord et que la loi le permet ; lorsque la médiation échoue, le tribunal doit statuer sans délai ».

Le cas du divorce d'un couple chinois par la médiation judiciaire d'un tribunal de base à Beijing en est un exemple. Les deux époux résidaient en France et avaient engagé une procédure de divorce par consentement mutuel devant le Tribunal de Grande Instance de Paris : saisine d'un avocat dont le ministère est obligatoire devant le TGI en France, rendez-vous, rédaction par l'avocat de la requête conjointe…Pendant que le temps passait et que les

[57] La célèbre expression « xiao lian xiang ying ».

[58] En saisissant un cabinet d'avocat de Beijing pour engager la procédure judiciaire devant le Tribunal intermédiaire de Beijing.

honoraires d'avocat augmentaient, les époux en instance, tous deux de nationalité chinoise, décidèrent de saisir le tribunal de base dans le quartier de Haidian à Beijing ; ce dernier ayant constaté le consentement des époux rendit une décision de médiation selon l'accord des parties. Cette décision fut rendue en moins d'un mois et insusceptible d'appel.

Ces pratiques ont été confirmées par le nouveau texte de la Cour suprême intitulé « Avis pour établir un mécanisme de règlement des différends associant les procédures judiciaires et les modes non judiciaires de règlement des litiges ». S'adressant à tout type de tribunaux en Chine[59], ce texte promeut les modes non judiciaires de règlement des litiges plus efficaces et considérés comme le but final d'une société harmonieuse.

La méthode développée par la haute autorité judiciaire chinoise est de permettre aux tribunaux, administrations de tous niveaux, organisations non gouvernementales, entreprises et entités à but non lucratif, de jouer pleinement leur rôle en ayant recours à leurs propres organismes de médiation, afin d'obtenir plus d'efficacité dans la résolution des litiges.

Ainsi, les tribunaux chinois se voient attribuer la tâche, non seulement de trancher les litiges, mais aussi d'aider[60] à la constitution des commissions de médiation là où elle fait défaut et de déléguer[61] le pouvoir de résoudre les litiges à ces commissions déjà nombreuses en Chine.

---

[59] Ce texte vise expressément aux « *tribunaux populaires de tout niveau, tribunaux militaires de tout niveau, tribunaux de transport ferroviaire de second degré et de base, tribunaux des affaires maritimes de tout niveau et tribunaux des groupements militaires de construction et production de Xinjiang* ».

[60] Cf. l'art. 10 des « Avis » de la Cour suprême du 24 juillet 2009.

[61] Cf. les articles 14 et 15 des « Avis » de la Cour suprême du 24 juillet 2009.

JAPON

Shusuke KAKIUCHI,
Professeur adjoint à la faculté de droit de l'Université de Tokyo

1. Survol historique

Le pouvoir du juge de tenter la conciliation en tout état de cause (Art. 89, code de procédure civile) remonte à l'article 221 de l'ancien code de 1890, qui fut inspiré du droit allemand. En outre, la conciliation "*infra*-judiciaire" ("*chôtei*") menée par une commission d'échevinage, composée d'un juge et de deux non professionnels, a été créée, pour la première fois, en 1922, en matière de baux de terrain et de maison et a été généralisée en toute matière civile, par la loi de 1951.

2. Législation

L'article 89 du code de procédure civile autorise le juge à tenter la conciliation en tout état de cause.

Il permet aussi au juge de désigner un autre juge comme conciliateur.

En l'état actuel, il n'existe aucun texte légal permettant au juge de désigner un médiateur indépendant du système judiciaire.

3. La pratique judiciaire

3.1 Le rôle des magistrats

a) Comme médiateurs ou conciliateurs.

Le juge peut tenter de concilier les parties en tout état de cause. En général, il entend l'une et l'autre partie séparément pour dégager leur sentiment franc et pour savoir quelles sont les concessions réciproques possibles. Il leur donne son impression sur le procès s'il l'estime nécessaire et leur conseille souvent d'accepter la solution qu'il considère comme raisonnable.

b) La médiation/conciliation est-elle consensuelle ou peut-elle être ordonnée par un juge ?

L'accord des parties n'est pas nécessaire pour la tentative de conciliation par le juge saisi d'un procès civil.

Il peut en outre envoyer l'affaire d'office à la procédure de la conciliation "infra-judiciaire", devant une commission d'échevinage, composée d'un juge et de deux non professionnels ("*chôtei*"). Cependant, ce renvoi n'est plus possible que sur accord des parties, après la clôture de la phase préparatoire du procès.

En matière familiale, le juge peut renvoyer l'affaire à la procédure de conciliation (*chôtei*) en tout état de cause et sans accord des parties.

c) Quelle est l'autorité du juge prescripteur de médiation ?

Puisque la conciliation infra-judiciaire est une procédure indépendante du procès, le juge saisi du procès ne peut que décider de soumettre son affaire à cette procédure. Il n'a pas de pouvoir de choisir les membres de la commission de conciliation. L'homologation appartient également à la fonction de celle-ci et ne relève pas du juge originaire.

3.2 Le rôle des avocats

Il n'y a pas de données empiriques montrant dans quels et combien de cas les avocats proposent à leurs clients de recourir à la procédure de conciliation infra- ou extra-judiciaire en matière civile. À mon opinion, cela reste assez rare, tandis que les avocats n'hésitent pas à encourager leurs clients à accepter la tentative de conciliation par le juge.

Bien que les parties soient tenues de se présenter en personne à la procédure de la conciliation infra-judiciaire, cela n'exclut pas que leurs avocats les accompagnent. Mais, dans la plupart des cas, elles ne sont pas assistées par un avocat. En 2008, seuls 9,2% des requérants en conciliation infra-judiciaire civile étaient accompagnés par un avocat devant les tribunaux de l'instance sommaire.

Quant à la tentative de conciliation par le juge en cours d'instance, il est normal que les avocats accompagnent les parties, tant qu'elles sont assistées par eux. En 2008, 70,5% des demandeurs et 34,8% des défendeurs étaient assistés par un avocat devant les tribunaux locaux.

Dans le cas où les parties sont arrivées à un accord en cours d'instance ou à l'issue de la procédure de la conciliation infra-judiciaire, l'accord est mentionné dans le procès-verbal qui a la même valeur qu'un jugement. Cela appartient à la fonction non pas des avocats, mais du greffier au tribunal.

En principe, les avocats sont favorables au règlement amiable de conflits. Cependant, comme ils possèdent, en l'état actuel, le monopole dans le tout domaine de la résolution des conflits, ils se montrent souvent négatifs à l'égard de la participation d'autres professions dans la médiation comme médiateur ou de la possibilité de créer une nouvelle profession de médiateur.

3.3 Principaux domaines d'application

La procédure de la conciliation infra-judiciaire est ouverte à toutes les affaires civiles et commerciales. En matière familiale, la conciliation préliminaire est obligatoire. Dans le domaine du travail, la loi prévoit des procédures variées en faveur de la résolution amiable de conflits.

3.4 Connaissez-vous des contentieux ou difficultés réelles nés des accords de médiation ?

À ma connaissance, non.

4. Les juges médiateurs/conciliateurs doivent-ils recevoir une formation spécifique à la résolution de conflits ?

Les juges ne sont pas tenus de recevoir une formation spécifique en résolution de conflits. Il existe, cependant, divers séminaires de nature facultative pour améliorer leur compétence.

5. Les médiateurs doivent-ils recevoir une formation spécifique à la résolution des conflits ?

À l'égard de la conciliation infra-judiciaire, la commission est composée d'un juge présidant la commission et de deux non-professionnels qui sont des conciliateurs assesseurs.

Les conciliateurs assesseurs sont désignés comme fonctionnaires à temps partiel. La loi exige qu'ils satisfassent à l'une de trois conditions suivantes : (i) qu'ils soient qualifiés pour être avocat (ii) qu'ils possèdent des connaissances utiles pour la résolution de conflits (iii) ou bien qu'ils aient beaucoup d'expérience de la vie humaine en général.

Toutefois, aucune formation spécifique en résolution de conflits n'est requise en l'état actuel.

JUSTICE POUR TOUS :
Introduction des ADR au Bangladesh

Dr JOY BELAL,
Avocat à la Cour Suprême du Bangladesh,
Président du Bangladesh Institut of Legal Advancement

Je suis reconnaissant, comme des millions d'autres personnes, au souci de l'autorité qui a préparé et publié le rapport de l'UNDP déclarant que les anciens des villages réglaient 60 à 70% des conflits mineurs entre villageois qui n'osent pas affronter le système judiciaire par crainte des délais et des dépenses.

Je suis doublement reconnaissant à la BBC Bengali Radio pour ses programmes intitulés « Bangladesh Sanglap 1 » où elle dévoile un nombre alarmant de chiffres comme : 1million de cas en attente au Bangladesh, dont 80% sont des affaires civiles, particulièrement des conflits concernant des terres. Dans la seule région de Dhaka, il y a approximativement 100 affaires qui durent depuis 35 ans et plus. Une affaire à Khulna a été ajournée 1.266 fois.

Un grand nombre d'années avant les découvertes de la BBC, Mr Justice Mustafa Kamal, un ancien juge en chef du Bangladesh, exprimait son inquiétude au sujet du système judiciaire, le 24 juillet 2003, dans un discours intitulé « introduction des ADR au Bangladesh » il déclarait que « notre système judiciaire est ainsi devenu inattentif, non fiable et formaliste. Il rend une justice solennelle, et il oublie les souffrances et les plaintes des parties, à cause de leurs pertes d'argent, de temps et d'énergie et de la voie où on les engage vers des activités improductives, parfois pour des dizaines d'années quand elles gagnent une affaire le résultat est pire que si elles l'avaient perdu… »

Mr. Justice Mustafa Kamal ajoutait « nous dérivons vers un stade d'indécision, d'inertie, d'inaction et de désespoir. Beaucoup de juges et d'avocats consciencieux ont fait ce qu'ils pouvaient en fonction des circonstances, mais leur sincérité s'est noyée dans le marais général du dysfonctionnement du système judiciaire ».

Dans ces conditions, les citoyens sont extrêmement inquiets pour leur vie, leur liberté, leurs propriétés et leur sécurité à cause d'une sérieuse injustice actuelle dans les procès et/ou de la défaillance dramatique du système judiciaire du pays ; les victimes en sont, pour la plupart, les pauvres.

Précisément, c'est une des raisons pour lesquelles je me suis lancé dans l'entreprise d'écrire cet article intitulé « Justice pour Tous ». Voici les faits : les plaideurs sont ignorants de toute Alternative Judiciaire pour la Résolution des Conflits, ils se retrouvent victimes dans les mains d'interprètes de la loi incompétents, de représentants légaux, de bureaucrates, et dans certains cas dans les mains de ceux qui font les lois.

Tous les gouvernements au pouvoir, au moins jusqu'en 1991, ont été au courant des faits et des chiffres précédents, mais ils n'ont montré aucun désir, sinon un désir très limité, pour résoudre la montagne de problèmes dont souffraient les plaideurs victimes dans les procès judiciaires. L'indépendance de la Justice est dit-on une approche efficace pour résoudre ce problème. La formation et l'augmentation du nombre des avocats et des magistrats représentent aussi une autre solution, proposée ces dernières années à travers les programmes de développement des capacités de la Justice avec l'aide du gouvernement US.

Toutes les initiatives se sont montrées inefficaces, et le moment est venu où le peuple, particulièrement les plus déshérites, doit prendre ses propres initiatives pour régler ses propres conflits avec l'aide de ses propres négociateurs, médiateurs ou arbitres en qui il a confiance. Cet article a ainsi été écrit pour aider ceux qui sont en conflit et les plaideurs à trouver eux-mêmes, en suivant le « système de justice traditionnel pour la résolution des conflits », en apprenant la psychologie qui se trouve derrière les disputes et les conflits, en décidant de régler les conflits qu'ils ont entre eux, le chemin pour trouver un médiateur impartial, les étapes du procès que doivent suivre les médiateurs, le rôle des parties impliquées dans la résolution d'un conflit, en trouvant un accord et en s'engageant à le respecter, etc....

Ce système est communément appelé ADR – (Aletrnative Dispute Resolution) MARC = mode alternatif de règlement des conflits dans le monde occidental, mais je l'appelle TDR « Mode Traditionnel de Résolution des Conflits », plus approprié à notre sous-continent Indo-Pak-Bangla, qui existe déjà dans notre société depuis le tout début d'un système de justice informel grâce à l'aide de notre propre « Morubbis » - anciens respectés et personnes présentant les qualités nécessaires pour juger de façon impartiale en comprenant la sensibilité des parties impliquées, en relation à la société ou elles vivent, à leur religion, à leur richesse ou leur pauvreté, à leur niveau d'instruction, etc. Nous avons réellement besoin de retourner à la base, pour le salut de la justice pour remplacer l'injustice qui sévit aujourd'hui dans notre système judiciaire protocolaire.

Qu'est-ce que le TDR ? Pour moi le terme générique « Résolution Traditionnelle des Conflits » est une approche réelle, concrète et traditionnelle qui s'exerce hors des tribunaux, économise du temps et de l'argent, utilise le simple bon sens des gens ordinaires de la société se laissant guider par des anciens et experts respectés ; il respecte les croyances de la communauté et ses valeurs ; agit pour préserver la paix et l'harmonie entre les parties ; règle les conflits à l'aide de personnes neutres ; implique les parties à l'aide d'un panel de processus comme la négociation, la médiation, l'arbitrage, la conciliation, l'ombudsman ou même une commission de recherche des fautes professionnelles selon le cas ; fait respecter les dispositions constitutionnelles ; fait appliquer les lois et les décisions des tribunaux en s'intégrant dans le système juridictionnel légal, préservant ainsi l'autorité statutaire des tribunaux et juridictions pour qu'ils puissent traiter le cas si le TDR échouait ; il crée une dimension innovante chez les gens de loi pour une efficacité plus grande de l'ensemble du système judiciaire, et en plus il est facile à utiliser par ceux qui ont peu de moyens.

L'aide juridictionnelle n'a rien à faire du concept de « Justice pour les pauvres ». Elle est considérée comme une simple approche pour aider les classes désavantagées à avoir accès au système judiciaire officiel grâce à l'assistance des donateurs. Elle ne garantit pas une meilleure justice pour la partie qui en bénéficie : une fois l'affaire enrôlée, le sort de celui qui en bénéficie n'est pas différend de celui des autres parties ne bénéficiant pas de l'aide juridictionnelle.

Les ADR ne sont pas nouveaux. Ce système quasi judiciaire sans cérémonies est aussi vieux que la civilisation. Différents types d'ADR existent depuis des milliers d'années. Le premier Acte sur l'arbitrage (un type d'ADR) a été édicté en 1698 sous William III, pour « mieux valider la rémunération des arbitres dans tous les cas de décision finale, pour les controverses opposant marchands, commerçants et autres personnes ».

En 1854, l'acte créant la procédure de « Common Law » donne expressément aux tribunaux le pouvoir d'attribuer une rémunération aux arbitres lorsqu'on y recourait. Il a aussi donné le pouvoir aux tribunaux de déclarer irrecevable une affaire si les parties avaient préalablement accepté de régler le conflit par l'arbitrage.

En effet, « l'Arbitration Act » de 1940 offre des voies modernes à suivre pour se mettre d'accord sur les conflits. Les parties rémunèrent les arbitres et les tribunaux peuvent aussi accorder des rétributions aux arbitres si les parties ont omis de le faire. Les arbitres tranchent le conflit de façon informelle, peuvent attribuer des dommages-intérêts, ou régler le conflit par la médiation, un compromis, ou n'importe quel autre moyen ; les tribunaux rendent une décision dans les mêmes termes s'ils estiment que l'arbitrage a été fait correctement ; un tribunal arbitral est compétent pour désigner un expert ou un conseiller rapporteur pour lui soumettre un rapport sur une question spécifique, ou un assesseur pour l'assister sur les questions techniques.

Plus tard, l'Arbitration Act de 1950 a renforcé ceux de 1889 et de 1934. Il a donné aux tribunaux le pouvoir de déclarer irrecevable toute action dans une affaire où il y a un accord d'arbitrage applicable. De plus, l'Arbitration Act de 1975 donne la force exécutoire à la Convention de New York sur la reconnaissance et l'application des sentences arbitrales étrangères.

En 1976, le Professeur Frank Sander écrivait dans son livre « Les variétés des règlements des conflits », que dans le futur, il y aurait non plus un simple tribunal, mais un centre de résolution des conflits, ou un tribunal multi portes où les parties en litige seraient triées et dirigées vers une grande variété de processus de résolution des conflits comme la médiation, l'arbitrage, la recherche des faits, la commission de recherche des fautes professionnelles, la Cour d'appel, ou un ombudsman.

En 1976, au Bangladesh, la loi Gram Adalat a été votée sous les auspices de l'Union Parishad pour régler les conflits mineurs en matière civile et criminelle. Elle a conféré à un Premier Président ou au Président de Gram Adalat le pouvoir d'un magistrat de troisième classe. Le tribunal comprend cinq membres y compris le président, deux membres ordinaires et deux membres choisis par le plaignant et par le défenseur. Le jugement de ce tribunal sera valide s'il recueille l'unanimité ou une majorité de 4/5. La légalité de ce verdict ne sera pas contestable.

L'Arbitration Act de 1979 traite principalement du pouvoir des tribunaux pour contrôler les indemnités accordées par l'arbitrage et pour résoudre les problèmes de droit en cours d'arbitrage.

En 1980, le gouvernement en place au Bangladesh a fait une proposition de loi pour introduire l'ombudsman dans la constitution. À la fin de l'année suivante, le gouvernement a adopté une politique d'ombudsman par secteur, et en a désigné un immédiatement pour les impôts.

En 1981, considérant les dépenses et les délais de règlement des litiges par le système judiciaire indien, la Cour Suprême de l'Inde a rendu un arrêt dans l'affaire « Guru Nanak Foundation contre M/s Rattan Singh &Sons,AIR 1981 SC 2075 », aux termes duquel « les procédures judiciaires, complexes, interminables, aboutissant à des pertes de temps, entraînant des dépenses prohibitives, amenaient les juristes à rechercher une solution alternative, moins formelle, plus efficace pour régler le conflit en évitant les discours infinis ce qui les amenait à… »

En 1982, Richard Abel résume l'ambiguïté politique imprégnée dans l'histoire des ADR dans « Les Politiques de la Justice Informelle » : bien que les buts de la justice informelle soient contradictoires, et bien qu'elle soit incapable de s'en rendre compte à cause de contradictions inhérentes au capitalisme avancé, le non-formalisme ne doit pas être répudié de façon simpliste comme un démon auquel il faudrait résister, ou mis de côté comme un phénomène marginal qui peut être ignoré sans danger. La justice informelle est défendue par les réformateurs et accueillie par les parties en litige précisément parce qu'elle exprime des valeurs qui méritent bien de recevoir une grande allégeance : la préférence de l'harmonie au-delà du conflit, pour un mécanisme qui offre un égal accès à tous plutôt qu'un privilège à certains, qui opère rapidement et à faible coût, qui permet au citoyen de participer à la décision au lieu de donner autorité à des « Professionnels », qui est familial plutôt qu'ésotérique, qui s'efforce d'arriver et obtient une justice satisfaisante plutôt qu'une justice frustrante au nom de la forme.

En1982, l'ancien Juge en Chef de la Cour Suprême des États Unis, W. Burger demandait dans le rapport annuel sur l'état des juridictions de l'American Bar Association : « cette voie n'est-elle pas meilleure ? ». Le Juge en Chef Burger faisait un plaidoyer auprès des professionnels du droit pour qu'ils s'intéressent à leur rôle traditionnel de « guérisseurs des conflits humains » et utilisent plus à fond les possibilités de l'arbitrage et de la négociation, suivies de près par de nombreuses initiatives aux États-Unis qui recherchaient des alternatives au procès devant les tribunaux.En comparaison, le Bangladesh n'était pas en retard. L'ordonnance sur les tribunaux de la famille de 1985 avait donné au juge le pouvoir de concilier les parties aussi bien avant qu'après le procès. Et cette ordonnance concernait le divorce, la restitution des droits conjugaux, la maison familiale, l'entretien et la garde des enfants. L'ordonnance traitait des points importants comme : (a) une fois la déclaration remplie par écrit, le tribunal de la famille doit fixer une date, qui ne va généralement pas au-delà de 30 jours pour l'audience préalable au procès (b) après la mise en état, le juge de la famille peut faire un nouvel essai pour trouver un compromis ou une conciliation entre les parties, et (c) si le conflit est réglé par compromis ou conciliation, le tribunal doit faire une ordonnance ou rendre une décision, en respectant les termes du compromis ou de la conciliation acceptée par les deux parties.

Le Salish Ain de 2001 ou l'Arbitration Act de 2001 prévoient l'arbitrage commercial international : entre un citoyen du Bangladesh ou une société du Bangladesh contre un étranger, un résident étranger, une compagnie étrangère, une compagnie dirigée de l'étranger, ou une firme ou un gouvernement étranger. Cette décision s'ajoute à celle qui autorise l'arbitrage entre citoyens ou sociétés du Bangladesh et la force exécutoire d'une décision d'arbitrage est la même que celle d'une décision du tribunal.

La loi étend aussi, sous certaines conditions, les dispositions du Code de Procédure Civil qui permettent au tribunal de rendre exécutoire la décision d'un arbitrage étranger. Les parties devront rémunérer leur arbitre. Au cas où une partie n'aurait pas payé son arbitre dans le cadre d'un arbitrage commercial international, le Juge en Chef, ou par délégation tout juge du Tribunal Suprême désigné par le Juge en Chef, indemnisera cet arbitre. Effectivement, l'Arbitration Act de 2001 amène le Bangladesh à être le lieu de règlement par l'arbitrage des conflits internationaux commerciaux et d'investissement.

Le 31 octobre 2002, au cours de la réunion d'un groupe de travail national sur « Les ADR : recherche d'une nouvelle dimension dans le système de justice civile au Bangladesh », Mr. Justice K M Hassan, ancien Juge en Chef du Bangladesh disait au cours d'un discours introduisant les ADR au Bangladesh : Guide pratique, que ADR ne signifiait pas remplacement du procès, mais un mécanisme complémentaire pour réduire la charge de travail ou la pression qui s'exerce sur les tribunaux.

En 2003, Mr. Justice K M Hassan, ancien Juge en Chef du Bangladesh disait au groupe de travail de formation sur les techniques de médiation introduisant les ADR au Bangladesh, que le système d'ADR était en cours de mise en place, de façon expérimentale dans de nombreux endroits du Bangladesh. Des douzaines de juges, d'avocats et de personnes compétentes étaient en formation sur l'administration des tribunaux et la gestion de leurs dossiers, etc. par l'Institute for the Study and Development of Legal Systems (ISDLS), à San Francisco, USA.

L'acte d'Amendement du Code de Procédure Civile, de 2003, (sections 89 et 89b) permettait d'utiliser les ADR, comme en Inde et au Pakistan, spécialement la médiation et l'arbitrage et de les rendre plus efficaces dans tous les procès ne concernant pas la famille. À tout moment, après l'enregistrement par écrit de l'affaire, si toutes les parties ou leurs avocats sont présents en personne devant le tribunal (a) la Cour peut faire une médiation (b) ou soumettre le conflit aux avocats engagés par les parties (c) ou aux parties elles-mêmes si elles n'ont pas d'avocat (d) ou à un médiateur de la liste préparée par le Juge du District, en accord avec le Président de l'Association du Barreau du District…les tribunaux civils ont commencé les médiations dans les matières autres que familiales, depuis le 1° juillet 2003. Ainsi au 31 juillet 2003, 3432 procès autres que familiaux ont été réglés par la médiation.

En 2003, le Juge en Chef Mainur Reza Chowdhury confirmait qu'environ 150.000 cas étaient en attente dans les deux divisions de la Cour Suprême. En mars, la Cour en avait écoulé 2600 alors que 3000 nouveaux cas étaient inscrits. En sa qualité de Juge en Chef, il demandait à tous d'utiliser les mécanismes des ADR pour régler les conflits hors des tribunaux pour atténuer les souffrances du peuple et réduire le nombre d'affaires en attente.

Le Parlement du Bangladesh vota une loi appelée « La conciliation des conflits (zones Municipales) Board Act 2004 » pour s'assurer que les plaideurs puissent avoir la possibilité de résoudre leurs conflits, différends et plaintes avec l'aide de représentants municipaux sans avoir besoin d'aller devant les tribunaux.

En juin 2005, pour être en accord avec l'article 77 de la Constitution du Peuple de la République du Bangladesh, Mr Saifur Rahman, ministre des Finances du Gouvernement du Bangladesh, en présentant son budget 2005-2006 annonça la création du poste d'Ombudsman des Impôts du Bangladesh. L'ombudsman est aussi un système d'ADR, et l'Ombudsman des Impôts étudierait les plaintes des citoyens (qui payent les impôts) contre les services du gouvernement.

En août 2005, pour aider la réalisation matérielle de l'Arbitration Act de 2001, le « Conseil d'Arbitrage du Bangladesh (BCA) » a formulé de nouvelles règles d'arbitrage sous les auspices du FBCCI, et mis sur pied un centre d'arbitrage moderne et efficace. Mr Abdul Awal Mintoo, Président du BCA, espérait que ce centre servirait le mieux possible les intérêts nationaux et internationaux de la communauté des hommes d'affaires pour régler leurs différends commerciaux.

Le système d'ADR a encore besoin d'être rendu plus familier pour les juges et les avocats et surtout pour les parties en litige et les plaideurs au Bangladesh. Les raisons pour lesquelles les parties en litige doivent s'intéresser aux ADR sont décrites dans le livre du Dr Belal Husain Joy intitulé « Law Management Skills »(2005) comme : (1) ouvrir un plus large éventail de solutions en comparaison du procès ; (2) apporter une contribution substantielle à un usage plus efficace des ressources judiciaires ; (3) économiser du temps et de l'argent pour les deux parties ; (4) économiser du temps à la justice, en accélérant l'expédition des affaires et en réduisant nombre des affaires en retard ; (5) préserve l'autorité statutaire des tribunaux en cas d'insuccès des ADR ; (6) l'ADR ne lie pas, les arbitres et les médiateurs prennent aussi bien le rôle d'enquêteur que celui de juge impartial ; (7) les processus d'ADR sont confidentiels, et on ne peut pas révéler dans un procès ce qui s'est dit pendant l'ADR.

Pour que les ADR s'appliquent pleinement au Bangladesh, il est important d'instaurer un système rendant la justice exempte de corruption, détournée de l'injustice et sans interruption déraisonnable. Une information type à l'intention des personnes en litige doit être faite par les avocats et les membres du corps judiciaire. Elle doit être reprise par le LJCBP, le BCA, les ONG, les institutions de formation professionnels et judiciaires. Il faut aussi faire une réforme pour incorporer les ADR comme sujet prioritaire au cours de l'instruction et des programmes de formation, en insistant sur la « formation des formateurs », pour encourager les avocats intéressés à se centrer sur les ADR et en devenir des spécialistes.

En considérant les bénéfices apportés par les ADR, système traditionnel avec son approche moderne et surtout son efficacité pour régler les conflits, commerciaux ou non commerciaux, domestiques ou internationaux, nous ne pouvons pas permettre à la justice d'être retardée, et finalement rejetée, nous devons assurer la responsabilité, la transparence et l'intégrité de l'arbitre suprême qui doit rester au-dessus de tout reproche dans le processus de rendre la justice.

Quatrième partie

PANORAMA DE LA MÉDIATION JUDICIAIRE EN AFRIQUE ET AU MOYEN-ORIENT

Profond et immense : le TRC sud-africain et la médiation qui transforme

Mark YOUNG[62],
consultant, formateur et écrivain

PROFOND ET IMMENSE : LE TRC D'AFRIQUE DU SUD, UNE MÉDIATION RESTAURATRICE

Pendant environ deux ans, de 1996 à 1998, le monde a été le témoin quotidien du processus qui se déroulait en Afrique du Sud pour rechercher la vérité et la réconciliation. Le modèle de la Commission pour la Vérité et la Réconciliation (TRC), unique parmi les 15 essais similaires faits dans le monde, a été très étudié et commenté en tant qu'exemple positif d'arbitrage public et de justice rendue à des sociétés soumises à un changement de régime cathartique.

Mais le TRC, peut aussi être regardé comme une forme intéressante de *médiation.* Car ce qui s'est passé ici, par essence, était un effort volontaire pour amener les victimes et les auteurs à se parler directement dans une organisation publique de soutien, déchargeant ouvertement leur colère et leurs souffrances du passé, explorant avec créativité les possibilités de solution et décidant conjointement d'aller de l'avant dans un partage du pouvoir grandement changé.

Cette forme de médiation était uniquement restauratrice. Dans cette situation historique, les parties étaient encouragées et poussées à aller au-delà des intérêts et des perspectives traditionnelles avec pour objectif de trouver l'exacte vérité. En même temps, le TRC cherchait non seulement à résoudre le conflit ouvert, mais aussi à le transformer en permettant aux parties de transcender ce qui s'était passé, et de poser les fondations d'une relation différente entre victimes et auteurs pour créer la nouvelle Afrique du Sud.

Cet effort de médiation « profond et immense », même s'il n'est qu'une réussite partielle, a sûrement beaucoup à nous apprendre sur les efforts de transformation des conflits pour d'autres lieux troublés du monde. Bien qu'une

---

62 Mark Young est un consultant indépendant, formateur, écrivain et conférencier dans le domaine de la médiation et de la négociation ; sa société, Rational, Games Inc, (www.rationalgames.com) sert des clients variés dans les secteurs publiques et privés aux USA, en Grande-Bretagne et en Allemagne. Mark Young a voyagé en Afrique du Sud, il s'intéresse toujours au développement des techniques de résolution du conflit exceptionnel de ce merveilleux pays, plein d'espoir, mais toujours troublé.

partie de ce qui en ressort ne corresponde certainement qu'à la culture sud-africaine pure, l'auteur a vraiment glané quelques « leçons plus universelles » utilisables dans d'autres contextes.

Médiation Restauratrice

Comme l'art et la science de la médiation ont muri ces dernières années, les praticiens et les théoriciens sont de façon croissante passés de l'idée d'un simple modèle de résolution des conflits basé sur les intérêts à une approche plus complexe et plus ambitieuse, visant plus haut vers une vraie *transformation du conflit.* Plutôt que d'apporter simplement de l'aide aux parties en litige en les amenant à « déplacer leurs positions vers les intérêts » ou même au-delà des perceptions et des valeurs, le défit est d'aller plus profond encore, comprendre et changer les racines, le contexte et le système du conflit qui est à portée de main.

Ken Cloke a nommé ce travail « médier dangereusement ». En osant permettre aux parties en conflit et même en les encourageant à aller profondément dans leur souffrance, jusqu'aux racines du conflit, nous risquons c'est certain, que les choses aillent encore plus mal. Les émotions dangereuses que sont la honte, la colère et le désir de vengeance ne doivent pas être supprimées, selon lui, au nom d'un règlement rapide du conflit, mais plutôt déchargées et exprimées. Ce n'est qu'à partir de là que nous pouvons aller vers un vrai pardon et une transformation du conflit, et à partir de là, vers un changement systémique qui va modifier le contexte qui avait amené ce combat à la première place.

Ce type de médiation commence, littéralement, par une *catharsis.* Reconnaissant que le règlement rapide d'un conflit peut être en lui-même une sorte de répression, on encourage et on forme les médiateurs pour qu'ils amènent d'abord les parties à toucher le fond de leur souffrance. Avant de pouvoir exprimer une « position », la victime doit d'abord écouter toutes les voix discordantes qui sont en elle, y compris celles qu'elle préfèrerait oublier. Elle doit oser parler de ce qu'on ne peut pas dire, ne serait-ce que pour apprendre à avoir du chagrin et à l'évacuer.

Ceci est, en reprenant les mots de Ken Cloke, « une magie dangereuse ». Ce type de médiation n'amène pas à un accord en toute sécurité, en découvrant ce qui se passe au fur et à mesure du processus, les prédictions sont difficiles et tous peuvent avoir des surprises. Il y a un risque puisque nous encourageons les parties à laisser s'exprimer de dangereuses émotions telles que la honte, le chagrin ou la colère, nous aussi les médiateurs, devons être prêts à supporter les destructions que cela peut occasionner. Les médiateurs ne sont pas des thérapeutes, même si les limites entre les deux professions sont parfois difficiles à marquer.

Mais nous devons le faire, car le statu quo est encore plus dangereux. En permettant aux parties de passer sur les différences à court terme, nous risquons de plus fortes éruptions du conflit plus tard. Si nous nous arrêtons là, nous rendons un mauvais service à nos clients. La vraie médiation doit oser aller plus loin.

Ici, l'art veut que nous conduisions une sorte de réaction en chaine, déchargeant les forces destructrices des émotions refoulées et des souvenirs dans un espace contrôlé. Alors que le cadre du dialogue doit être bien fixé, nous devons laisser aux parties la liberté d'exprimer sans contrainte les blessures qu'elles ont ressenties, même si cela fait souffrir encore plus. Le médiateur doit être capable de laisser cela se produire, sans jamais être sûr des conséquences, parce qu'il est certain que c'est essentiel pour ce qui va suivre.

Le but poursuivi est en effet la transformation du conflit. Nous ne nous arrêterons pas à une espèce de compromis ni noir ni blanc entre les positions et les intérêts, en constatant que cela ne produit qu'une ombre grise peu attrayante. Mais comment mettre des couleurs dans ce processus, en changeant entièrement le jeu du conflit ?

La réponse consiste à exploiter le pouvoir du *pardon*. Loin de montrer de la faiblesse, les victimes prennent réellement le contrôle de la situation quand ils se trouvent capables de pardonner. En faisant quitter la victimisation aux parties, en transcendant le passé et en permettant à tous des choix pour être responsables du futur, les médiateurs leur permettent non seulement de traiter de ce qui a été fait, mais encore permettent aux victimes et aux auteurs de créer de nouvelles possibilités de travailler ensemble. En ouvrant le processus créatif, nous relâchons le piège du passé.

Mais pardonner n'est pas oublier. Loin de l'oubli, les médiateurs transformatifs s'efforcent d'aider les parties à se souvenir, de la façon la plus nette possible. Les parties ne seront vraiment en bonne position pour changer de jeu qu'une fois le passé mis à nu. Avec de nouvelles règles et sur un nouveau terrain, le conflit n'est pas seulement résolu, mais transcendé.

Ceci est vrai au moins tant que les parties, aidées par le médiateur, y arrivent, car la découverte finale à laquelle le médiateur transformatif va les amener est que le conflit est *systémique*. Il ne suffit pas de trouver un consensus entre les parties en question. Pour vraiment changer la situation, les médiateurs doivent comprendre les interactions et le contexte du conflit, les leviers de commande qui ne sont pas dans la salle de réunion. Ils doivent arriver à comprendre les relations entre les intentions et les effets, et les conséquences qui peuvent jouer sur toutes les parties de façon inattendue.

Parfois la violence est plus grande. Dans ces cas-là, les efforts de médiation doivent faire partie d'un programme plus large de transformation du conflit, un programme englobant l'ensemble des sociétés. Ils doivent appuyer leurs réflexions sur des institutions comme le TRC sud-africain.

PROFONDÉMENT : LA RECHERCHE DE LA VÉRITÉ

Différentes Commissions de la Vérité agissent sous différents mandats, depuis les commissions assez faibles d'Argentine, du Chili et du Sri Lanka jusqu'à celles aux missions plus larges et buts plus ambitieux mis en place par d'autres organismes dans d'autres pays. En Afrique du Sud, la plage d'investigation était extensive et les mandats couvraient :

« Puisqu'il a été trouvé nécessaire d'établir la vérité en relation avec les événements du passé, ainsi que les motifs et les circonstances correspondants dans lesquelles de graves violations des droits de l'homme se sont produites, et pour faire connaître ce qui aura été découvert pour prévenir la répétition de tels actes dans le futur…le TRC est chargé d'enquêter sur les grosses violations des Droits de l'Homme, y compris les meurtres, les rapts d'enfants, la torture et tous les mauvais traitements importants…la Commission aura le pouvoir…de rechercher les lieux et les preuves, citer à comparaître et organiser un programme de protection pour les témoins. »

Ce corps était chargé de rien moins que la recherche de la *vérité,* indépendant de myriades d'interprétations, plaintes ou griefs de chacune des parties au conflit. Le TRC était chargé de mettre en lumière le maximum de faits, sans tenir compte de la souffrance entrainée pour les victimes par le rappel de ces souvenirs, et des dommages que subiront les auteurs. Son mandat consistait à trouver la vérité, pratiquement aussi loin que possible.

En langage de médiation, ceci signifie *au-delà des intérêts vers la réalité objective,* but que la plupart d'entre nous dans ce domaine ont abandonné comme illusoire et futile. Car la sagesse classique a appris à la plupart des praticiens de la médiation que la conversation sur « ce qui s'est passé » est tout à fait hors de propos et inutile ; ce qui importe n'est pas tant de creuser dans les différentes perceptions du passé, mais de comprendre les intérêts et d'être créatif pour trouver des solutions au conflit préparant l'avenir. Nous sommes fixés sur les perceptions subjectives, et nous nous en écartons.

Le défi du TRC est de montrer cette vérité simple. La vérité objective peut en fait être philosophiquement illusoire ; il n'y a jamais une seule vérité, puisque nous avons chacun nos propres souvenirs qui sont parfois mutuellement contradictoires. Il faut démystifier les mensonges et affronter la malhonnêteté et la négation des faits, pour que nous puissions au moins nous fixer sur une version précise de l'histoire.

Alors, le TRC montre ce qu'il a vu comme une sorte de « vérité relationnelle » stratifiée. Comme les enquêtes et les auditions creusaient toujours plus profond, il a cherché à construire une mémoire commune du passé, un récit partagé et choisi parmi les voix discordantes criant pour raconter leur histoire. Le but n'était pas un simple consensus, mais quelque chose de factuel et solide, validant le passé, une vérité plus riche, plus humaine aux facettes multiples.

Dans ce travail, l'accent a été mis en premier lieu sur la *victime*. Le TRC a utilisé toutes les incitations possibles pour amener ceux qui ont été blessés d'une façon ou d'une autre (comme le précise le mandat du TRC) soient encouragés à venir témoigner. Au cours d'audiences publiques, dont on a critiqué l'atmosphère en trouvant qu'elle soutenait trop les victimes et qu'elles étaient trop sympathiques, thérapeutiquement incomplète et irresponsable, celles-ci étaient encouragées à décharger leur colère et à exprimer les outrages subits. Dans le sens réel de médiation transformative, elle correspond à un questionnement cathartique, en pratique un mélange entre l'enquête, un travail d'église et une thérapie.

On laisse aux émotions toutes leurs dimensions, dans des scènes qui au départ étaient touchantes, fascinantes et larmoyantes.

Mais par ailleurs, et cela uniquement dans les commissions de vérité d'Afrique du Sud, on a remarqué aussi une forte insistance du côté des auteurs. Dans un grand effort pour les regarder en face, les audiences ont été tenues de la même façon avec ceux qui ont choisi d'aller de l'avant et d'admettre leur crime. Dans la même atmosphère de soutien, sans contre-interrogatoire, ces personnes aussi étaient encouragées à raconter leurs histoires, expliquant pourquoi elles avaient fait ce qu'elles avaient fait, et comment elles voyaient cela avec le recul du temps. Ceci était aussi une part essentielle de la vérité (réfléchie).

C'est là que le TRC faisait de la médiation. Car un dialogue s'en suivait, les deux narrateurs conversant ensemble, dans une recherche commune de vérité. Dans ces audiences du TRC, on entendait les paroles des deux côtés et la « vérité dans la relation » commençait à émerger. Le conflit existait encore, mais au moins le passé avait été mis à nu afin que tous puissent voir et comprendre.

Mais quelle valeur donner à ces histoires ? Puisque le TRC n'était pas un tribunal, comportant une recherche de preuves beaucoup légère qu'un procès criminel, il était important de juger la véracité, de mesurer l'écart entre le subjectif et la réalité objective, si la « vérité » devait bien être le but. Ce défi, habituellement pas relevé par la médiation basée sur les intérêts, était immense. Celui qui édictait la norme avait besoin d'une base.

On avait beaucoup accompli, non seulement dans le domaine de la médiation, mais encore sur le point de la négociation narrative et de la validation des histoires. Bien que le TRC ne semble pas s'être consciemment engagé dans cette sorte de réflexion, il semble clair qu'il a utilisé des critères d'authenticité, de cohérence et de contrôle intersubjectif. Une fois le tri fait entre les témoignages, permettant aux parties de réfléchir et de réagir publiquement l'une en face de l'autre, la narration commune était créée. Les fondations de la réconciliation étaient posées.

IMMENSE : L'IDÉAL DE LA RÉCONCILIATION

Dans la médiation transformative (comme dans la négociation gagnant gagnant), l'accent est placé au moins autant sur la relation que sur le travail. Ce qui compte n'est pas seulement d'établir une vérité mutuellement acceptable et de briser le cycle haine vengeance, mais aussi « de changer de jeu » et de préparer la place à une nouvelle relation entre des parties qui veulent avancer. Le conflit doit être transformé aussi bien que résolu.

C'était aussi le rôle attribué au TRC, une fois encore dans des termes beaucoup plus catégoriques que ce que l'on trouve dans des institutions similaires. Les actions concertées de cette Commission n'étaient qu'un premier pas dans le processus de construction d'une nouvelle Afrique du Sud. Victimes et bourreaux ne devaient pas seulement être entendus et guéris, mais transformés en partenaires de races différentes, qui se sont entièrement pardonnés pour tout ce qui est apparu, en se centrant sur la construction d'une nouvelle société. Ce que Monseigneur Tutu traduisait dans ces mots inoubliables : « Il n'y a pas de futur possible sans pardon ».

Ce qui fut possible ici, contrastant de façon saisissante avec d'autres Commissions sur la Vérité dans le monde, était en partie le résultat d'un phénomène culturel. Car cette société est l'une des plus religieuses sur terre, la grande majorité des citoyens, de toutes races, proclament qu'ils vont régulièrement à l'église. Monseigneur Tutu n'était pas le seul à donner ouvertement un ton religieux aux procédures du TRC, ouvrant et fermant les séances par des prières et des chants et faisant même le rapport final en langage théistique.

Le théisme n'était même pas nécessaire. On a beaucoup écrit sur la notion africaine d'« ubuntu », ou interconnexion de tous les hommes. Cette société croit très profondément que nous sommes tous affectés par les actes de chacun d'entre nous, de sorte que la distinction entre bourreau et victime est parfois brouillée, parfois inversée. Nous avons tous une tendance naturelle au pardon, en tant que membre de la grande famille humaine. Une fois les démons du passé.

GABON

La médiation judiciaire au Gabon

Sébastien ONDOUO,
Procureur Général adjoint près la Cour de cassation,
ancien conseiller technique du ministre de la Justice,
Garde des Sceaux, Directeur Général des Affaires judiciaires

C'est avec un réel plaisir qu'en ma qualité de représentant de Madame le Garde des Sceaux, ministre de la Justice du Gabon, je participe à ces premières assises internationales pour la médiation. À titre préliminaire, je voudrais rendre un hommage appuyé aux organisateurs de cet important colloque, et particulièrement à Madame Béatrice BLOHORN-BRENNEUR, maillon essentiel de la médiation judicaire en France.

Sous son impulsion, et ce parfois contre l'avis de certains professionnels du droit, la médiation judiciaire a connu une évolution significative à la chambre sociale de la cour d'appel de Grenoble. La publication, en 2006, aux éditions Le Cherche Midi, de son ouvrage « *Justice et médiation* », constitue le couronnement des efforts déployés, depuis longtemps, en faveur de cette nouvelle forme de justice.

La médiation, langage universel de règlement des conflits, est une pratique traditionnelle en Afrique, et particulièrement au Gabon. Comme vous le savez, l'oralité constitue le fondement de nos sociétés africaines, ce qui explique que la médiation a toujours été utilisée dans le cadre de l'apaisement du climat social, et a souvent permis de dédramatiser les situations. Aussi, nous évoquerons d'abord la médiation sur le plan traditionnel (I), avant d'envisager son évolution (II).

I. L'IMPORTANCE DE LA MÉDIATION JUDICIAIRE SUR LE PLAN TRADITIONNEL

Dans nos sociétés traditionnelles, la solidarité était l'un des piliers importants. Celle-ci reste le fondement de son organisation. La médiation avait pour objectif essentiel la préservation de l'équilibre social et de l'harmonie entre les habitants du village. La principale inquiétude des sages en charge de cette pratique était, en effet, de préserver cette chaîne de solidarité et de rassurer leurs concitoyens.

En cas de conflits, la médiation commençait d'abord de nuit et dans certains endroits sacrés, avant de se poursuivre dans la journée. On peut légitimement s'interroger sur le choix de cette procédure aussi délicate que complexe. Les sociétés initiatiques africaines imposent encore aujourd'hui cette démarche en raison du poids de nos traditions qui influencent sérieusement notre existence. La nuit, les esprits des ancêtres sont toujours présents pour inspirer et éclairer les sages chargés de conduire cette médiation.

Par ailleurs, avant de commencer ces démarches, les membres du collège des anciens, souvent au nombre de six devaient, pour des raisons de purification et de spiritualité, être privés de relations sexuelles pendant une certaine période d'environ sept jours. À cet effet, le corps de garde, lieu sacré pour la circonstance, était spécialement aménagé pour accueillir ce collège. Le but poursuivi par ces sages était la recherche permanente de l'esprit du consensus ; le consensus étant la voie de l'apaisement, voie de la sagesse.

Toutefois, l'évolution de nos sociétés a fait apparaître une autre forme de médiation judiciaire, dont les principales caractéristiques sont basées sur la formation de ceux qui sont chargés de l'animer.

II. La médiation judiciaire en droit moderne

Aujourd'hui, au Gabon, avec le droit positif, grandement inspiré du droit français, la médiation est encadrée et codifiée par le législateur. Mais pour autant, la médiation des juges coutumiers n'a pas complètement disparu. Ils poursuivent, à leur rythme, cette justice de proximité. Il convient de souligner que l'importance de la médiation judiciaire moderne est effective en matière sociale. Elle est réglementée par les dispositions des Art. 361 et suivants de la loi n°3/94/ du 21 novembre 1994, modifiée par la loi n° 12/2000 du 12 octobre 2000, relative au code du travail en vigueur actuellement au Gabon.

La médiation est une procédure amiable, destinée à clarifier les données d'un conflit et à le dépassionner. Proposée par un juge, elle peut porter sur tout, ou une partie de litige ; elle repose sur le compromis. C'est en cela qu'elle rejoint la médiation judicaire traditionnelle. Elle peut être confiée à une personne physique ayant une formation requise. Au Gabon, il s'agit essentiellement des magistrats et des inspecteurs du travail.

En outre, la procédure de la médiation peut être engagée par les parties au conflit ou par le ministre en charge du travail. Dans ce cadre, les parties désignent d'un commun accord un médiateur aux fins de favoriser le règlement amiable de leur conflit.

Le médiateur convoque les parties, conformément à la loi. Il dispose des plus larges pouvoirs pour s'informer de la situation économique des entreprises mises en cause et de la situation professionnelle des travailleurs concernés par le conflit. Il peut procéder à toutes les enquêtes nécessaires auprès des entreprises et syndicats des travailleurs et requérir des parties la production de tout document d'ordre économique, financier ou administratif, susceptible de l'éclairer dans l'accomplissement de sa mission. Il peut également avoir recours aux experts.

Les parties doivent remettre au médiateur un mémoire concernant leurs observations. Chaque mémoire est communiqué à la partie adverse.

Le médiateur est tenu au secret professionnel des informations dont il aura eu connaissance à l'occasion de sa mission.

Si le législateur gabonais a codifié la médiation judiciaire en matière sociale, force est de constater que les juges professionnels, accrochés à la démarche contentieuse, appliquent rarement cette procédure de justice amiable. Il en résulte un contentieux élevé de cette matière dans nos juridictions.

Avec la réforme du code de procédure pénale, en vigueur depuis 1963, la médiation judiciaire pénale, dans le cadre des affaires relativement simples, concernant notamment les mineurs poursuivis pour la première fois, sera désormais instituée.

SÉNÉGAL

La médiation en Afrique, l'exemple du Sénégal

Amady BA,
Magistrat, Ancien Directeur du Centre de Formation Judiciaire de Dakar, Sénégal (CFJ), Chef de la Coopération internationale au Bureau du Procureur la Cour Pénale Internationale

INTRODUCTION

La médiation est un Mode Alternatif de Résolution des Conflits (MARC). Les MARC sont une alternative au mode juridictionnel classique.

Ils sont complémentaires à la justice de l'État, cette dernière étant indispensable pour répondre à des besoins précis (par ex. répression des crimes).

Modes anciens de résolution des conflits, les MARC sont réapparus pour remédier aux limites du système juridictionnel, notamment pour répondre à la lenteur de la justice à son coût, sa complexité et sa distance. Les MARC prennent trois formes : la médiation, la conciliation et l'arbitrage.

La médiation s'est développée de manière empirique en Afrique. Utilisée dans la pratique, elle a ensuite été reconnue par le droit pour être formalisée et encadrée. Par exemple, le Sénégal s'est beaucoup inspiré du modèle français de la médiation, de sorte que les législations sont très similaires.

La médiation est associée à la manière dont on conçoit les relations interpersonnelles. Elle est une autre pratique sociale, envisageant un système de régulation sociale reposant sur le dialogue et la négociation.

On parle ainsi de « justice négociée », dans la mesure où la solution n'est pas imposée mais elle a émergé des parties elles-mêmes. La médiation caractérise une justice douce - souple. Or, de nos jours, l'idée prédominante consiste à penser que le droit négocié est meilleur que le droit imposé, en raison de la transformation de l'autorité puissance publique qui valorise la négociation au commandement.

La médiation est une vision à long terme des relations humaines. Elle tend à fabriquer de la confiance entre les individus et cherche l'apaisement en favorisant une solution de compromis, à l'amiable. Il s'agit d'un système « gagnant – gagnant » (« Win Win »).

Seront ainsi développées, l'histoire de la Médiation en Afrique (Chapitre I) puis la pratique contemporaine de la Médiation à travers l'exemple du Sénégal (Chapitre II).

CHAPITRE I. HISTOIRE DE LA MÉDIATION EN AFRIQUE

La médiation a toujours été pratiquée en Afrique. Existant sous une forme traditionnelle, non formalisée, non encadrée, elle a été institutionnalisée d'abord en Occident avant de réapparaître sous une forme nouvelle en Afrique. Ce succès de la médiation s'explique par sa vocation pacificatrice des relations sociales.

Section I : Le choc de deux Justices, comme expression de deux visions du monde

La société française, malgré le principe de la laïcité, est fondée sur une vision du monde judéo-chrétienne selon laquelle un Dieu omniscient et omnipotent est à la source de toute la Création. La religion monothéiste valorise un ordre supérieur et extérieur. De plus, en l'absence d'une justice à portée des citoyens, le cadre de vie des quartiers s'est détérioré et l'insécurité s'est installée. Dans ce type de société, on en appelle au juge pour régler les différends entre les individus.

En revanche, dans les sociétés animistes africaines, le monde est organisé sur un modèle ternaire, les « trois pierres du foyer » que sont l'homme, la femme et l'enfant.

Ce pluralisme favorise les relations interpersonnelles, et la pratique de la médiation.

Section II : La médiation traditionnelle africaine

La médiation est très valorisée en Afrique. L'anthropologue M. Etienne LE ROY explique que « les sociétés africaines associent l'organisation de la vie en société au rôle d'un héros qui est un médiateur pacificateur ».

La médiation est née de façon empirique en Afrique. Il s'agissait d'une forme informelle, non organisée, non formalisée. Aujourd'hui, cette forme traditionnelle continue et coexiste avec la médiation contemporaine

En Afrique, la pratique de la négociation médiation est ancestrale. Elle puise ses origines dans la parole, l'oralité, la « palabre ».

La palabre participe à la régulation des relations sociales. L'arbre à palabres est un mode traditionnel, qui perdure aujourd'hui, permettant de résoudre les conflits au village. « En Afrique, la "palabre" autour du sage et de la communauté villageoise permet de réguler les tensions ».

Aujourd'hui, la palabre occupe une place importante dans la médiation commerciale.

CHAPITRE II. LA PRATIQUE CONTEMPORAINE DE LA MÉDIATION, L'EXEMPLE DU SÉNÉGAL

La médiation, sous une forme contemporaine, a été reconnue par le droit positif du Sénégal, et s'est développée au sein de Maisons de Justice.

En effet, l'urbanisation rapide de la région de Dakar a provoqué de fortes concentrations d'individus souvent éloignés des tribunaux et méconnaissant leurs droits. e à un manque de proximité des services publics en charge de la sécurité et de la justice dans les quartiers de Dakar et de résorber le sentiment d'abandon social qui avait germé parmi la population, l'État du Sénégal a décidé ainsi la création des Maisons de Justice.

La création des Maisons de Justice dans trois communes pilotes, à savoir HLM, Diamaguène Sicap Mbao et Rufisque s'est insérée dans la mise en œuvre d'un projet du Bureau Régional de l'Office des Nations Unies contre la Drogue et le Crime (ONUDC). Ce projet, intitulé R36 « Prévention de la délinquance urbaine à Dakar », avait pour ambition, outre la mise en place de Maisons de Justice, la création et la formation d'unités de police de proximité dans l'objectif avoué de « lutter contre le problème de la criminalité urbaine à Dakar et de prévenir l'émergence de la criminalité organisée ».

Signé en 2002, ce Projet a enregistré près de deux ans de retard en raison des délais très longs nécessaires à la réaffectation des locaux. Cependant, dès 1999, différents textes législatifs sont venus donner corps à la création de structures de justice de proximité. Ainsi, la loi n° 99-88 du 3 septembre 1999 a institué la médiation pénale, le décret n° 99-1124 du 17 septembre 1999 a établi la médiation civile et la conciliation, tout en entérinant la création des Maisons de Justice.

Enfin, c'est par l'arrêté du 17 juillet 2003 que les Maisons de Justice se sont peu à peu implantées comme cadre de base légal de l'engagement de justice de proximité par l'État sénégalais.

Concrètement, les Maisons de Justice ont pu ouvrir leurs portes en mai 2004 avec la réunion constitutive des Comités de coordination et la nomination d'un Coordinateur - Animateur et d'un Médiateur - Conciliateur dans chacune des trois Maisons de Justice.

Depuis 2004, les Maisons de Justice se sont intégrées au milieu local en créant des liens privilégiés avec les pouvoirs publics et l'ensemble des forces vives des quartiers ou villes ciblés. Depuis 2006, l'ensemble des Maisons de Justice a pu bénéficier du soutien de la Coopération française via le Projet d'Appui au Programme Sectoriel Justice (PASEJ) qui prévoit, notamment, le soutien au dispositif de justice de proximité, la multiplication des Maisons de Justice à travers le territoire national ainsi que la création de bureaux d'accueil et d'orientation dans les juridictions et de bureaux d'information dans les universités et dans d'autres localités.

Section I : Les caractéristiques de la médiation au Sénégal

La médiation a été encadrée par les textes législatifs sénégalais à la fin des années 90.

La réforme des codes de procédure civile et de procédure pénale a introduit des articles concernant la médiation judiciaire.

Avec le Décret No 1124 du 17 novembre 1999, une forme de médiation para judiciaire, réalisée dans les Maisons de Justice du Sénégal, s'est développée, s'inspirant des Maisons de Justice et du Droit françaises.

L'article 14 du Décret No 1124 du 17 novembre 1999 relatif aux maisons de justice, à la médiation et à la conciliation énonce les conditions requises pour être médiateur. Il s'agit d'un ensemble de garanties professionnelles qui permettent d'assurer la neutralité et l'indépendance du médiateur. Notamment, le médiateur doit respecter les règles d'éthique et de déontologie. Le médiateur est un tiers neutre, impartial et indépendant.

Il est habilité par le Procureur de la République et est coopté sur une liste. Ce qui importe, c'est l'intuitu personae.

Section II : Les types de médiation

Il existe différents types de médiation :

La médiation privée ou conventionnelle a lieu lorsque deux personnes décident spontanément d'un commun accord de faire une médiation, sans intervention du juge, et choisissent elles-mêmes le tiers médiateur.

La médiation judiciaire s'inscrit dans le cadre d'une procédure / instance judiciaire, acceptée par les parties, ordonnée par le juge qui désigne et mandate le médiateur.

La médiation para judiciaire ou para juridique est celle réalisée à l'extérieur des tribunaux, dans les Maisons de Justice.

A) La médiation judiciaire au sein des tribunaux

La médiation est réalisée en matière civile (1) et pénale (2).

1. La médiation civile

Le Décret No 1124 du 17 novembre 1999 relatif aux maisons de justice, à la médiation et à la conciliation, en son article 21 dispose « la médiation peut intervenir en matière civile dans les conditions prévues par le Code de Procédure civile ». Ainsi, le Décret No 1125 du 17 novembre 1999 a modifié certaines dispositions du CPC.

L'Article 7 ter (nouveau) dispose que « le Juge saisi d'un litige peut, à tout stade de la procédure, après avoir recueilli l'accord des parties, désigner un médiateur

2. La médiation pénale

La médiation pénale a été mise en place en 1999, par la Loi No 99-88 du 3 septembre 1999 et le Décret No 1124 du 17 novembre 1999. Le Code de

Procédure Pénale a ainsi été modifié pour intégrer des dispositions sur la médiation pénale.

Il s'agit d'une mesure alternative aux poursuites pénales, au procès ou au classement sans suite.

Elle est ordonnée et contrôlée par le Procureur de la République ou la Juridiction de jugement.

La médiation suppose trois conditions : le dépôt d'une plainte, une infraction pénale caractérisée, l'identification des parties.

Les crimes sont exclus du domaine de la médiation pénale, qui ne s'applique qu'aux infractions les plus mineures.

B) La médiation para judiciaire dans les Maisons de Justice

En juillet 2004, l'État sénégalais a entrepris un Programme Sectoriel Justice (PSJ), avec un plan décennal 2004-2013, pour la modernisation et la réforme du système judiciaire. L'objectif est de renforcer la formation des magistrats, promouvoir la justice de proximité (les Maisons de Justice) et la médiation judiciaire, afin d'améliorer le fonctionnement de l'appareil judiciaire.

La création des Maisons de Justice a été rendue possible dans le cadre de partenariats avec d'abord l'Office des Nations Unies contre la Drogue et les Crimes (Projet du Bureau Régional de l'ONUDC dans la région urbaine de Dakar), puis surtout la Coopération française, du ministère des Affaires étrangères français, à travers l'Agence Française de développement.

La Coopération française finance les MJ grâce au Fonds de Solidarité Prioritaire, dans le cadre du Projet d'appui au Programme Sectoriel Justice (PASEJ).

Elle travaille en collaboration avec le Bureau International du Travail pour soutenir la stratégie de développement des MJ.

Trois premières Maisons de Justice ont été ouvertes en mai 2004 avec l'arrêté du 17 Juillet 2003. Aujourd'hui, les MJ existent dans les villes suivantes : Rufisque, Diamaguene, Sicap Mbao, HLM, Parcelles Assainies, Dakar et sa banlieue, Mbour et Ziguinchor, ainsi que dans deux autres villes du Sénégal.

Les Maisons de Justice ont été créées pour répondre à différentes difficultés d'éloignement des tribunaux, de méconnaissance du droit, d'insécurité juridique et judiciaire. Les MJ participent au développement d'une justice de proximité, poursuivant l'objectif de rapprocher la justice du justiciable, notamment dans les quartiers défavorisés, et de renforcer l'Etat de droit.

Conclusion

La médiation permet un gain financier et procédural considérable. Elle permet de désengorger les tribunaux et de répondre aux besoins de justice des justiciables, mais la médiation dans le cadre des Maisons de Justice présente aussi des limites. En effet, il y a :

- d'abord une limite géographique, étant donné que les MJ ne se sont pas développées dans les zones rurales ;
- ensuite, des limites financières, en raison de l'absence ou insuffisance du budget.

Ce manque de budget rend les MJ entièrement dépendantes des subventions publiques, ce qui permet un contrôle étatique sur ses activités. Ici encore, le médiateur présente moins de garanties que le juge, en ce qui concerne son indépendance.

- la faible coordination des bailleurs de fonds (ONUDC, Coopération française) ;
- l'absence de professionnalisation des médiateurs judiciaires remédiant aux frais coûteux et aux longs délais d'instruction d'une plainte devant les tribunaux.

Ainsi, pour remédier à certaines difficultés, notamment concernant la question de la professionnalisation des médiateurs judiciaires et les Maisons de Justice, la formation permanente des acteurs de justice pourrait être une solution.

TOGO

La pratique moderne des médiations traditionnelles chez les Ewés

Corinne LAWSON[63],
Conseillère emploi, coordinatrice et médiatrice

Voici le procès verbal d'un conflit réglé par la conciliation menée par Roi Lawson VIII, chef traditionnel de l'ethnie Mina au Togo, dans une affaire de meurtre, entre les membres de la famille du défunt et les auteurs du meurtre :

« Procès-verbal de conciliation (terme utilisé par le secrétaire du Roi Lawson)

Dans l'affaire de coups et blessures ayant entraîné la mort du nommé Lawson Latégan le 16 février 2005 à Lomé au quartier Bè.

A la suite d'une plainte déposée par la famille Lawson Monor contre les présumés auteurs ; Messieurs : Danku Guy, Lawson, Teyi, Alawoe Kossi ont été arrêtés et déférés à la prison civile de Lomé sur instruction du juge.

La famille du disparu et celles des auteurs du crime relèvent toutes du royaume Lolan. Aussi, les parents des accusés ont-ils eu recours à Sa Majesté le Roi Lawson VIII. Celui-ci a reçu les deux parties à son Palais de Lolan le 29 juillet 2005.

A l'audition des deux parties un compromis s'est dégagé :

présenter une demande de retrait du corps du défunt de la morgue de Lomé pour son inhumation,

---

[63] Corinne Lawson est conseillère emploi coordinatrice et médiatrice, elle a travaillé 4 ans comme médiatrice avec la Croix Rouge. Elle a assuré des médiations entre les étrangers et les autorités françaises dans la zone d'attente de Roissy Charles de Gaulle. Dans le cadre de sa formation de médiatrice à l'Université Catholique de Paris, elle a effectué des recherches et fait des interventions sur la médiation interculturelle et sur le règlement traditionnel des conflits chez les Ewé au Togo.

Auparavant elle a travaillé au sein du service administratif d'organismes humanitaires tels que Handicap International, la Chaîne de l'espoir où elle a développé des relations avec le terrain, les donateurs.

Elle travaille sur le développement de l'intermédiation et de la médiation dans le domaine de l'emploi, qui n'est autre chose que le rapprochement entre les demandeurs d'emplois et les entreprises et l'établissement de la communication entre ces 2 mondes qui se rencontrent difficilement. Elle s'est occupée des relations entreprises, de négociations de partenariats.

participation des familles accusées aux frais des obsèques d'un montant de trois cent mille francs CFA,

rencontre après les funérailles de Lawson latégan pour discuter du dédommagement réclamé par la mère et l'épouse du disparu.

Cette rencontre a eu lieu ce jour 09 décembre 2005 au palais royal de Lolan en présence du roi Lawson III entouré de ses notables.

Suite au rapport présenté par les deux parties à propos de l'organisation des obsèques de Latégan, il ressort que chaque partie a respecté l'engagement pris devant le roi le 29 juillet 2005. À propos du dédommagement les deux parties ont convenu de ce qui suit :

Se retrouver devant le Roi pour finaliser des décisions prises à savoir :

- un versement d'une somme de 150.000F CFA des familles accusées à la famille de la victime séance tenante,

- présenter une demande de libération des trois détenus au juge,

- un deuxième versement d'un montant de 200.000 CFA en avril 2006 ; le total de la somme versée par les familles des accusés s'élèvera alors à 650.000F CFA ; D'autres versements suivront…

- pour la suite, les deux parties seront toujours ensemble pour assurer l'éducation et l'entretien des orphelins au nombre de 9 enfants.

Le Roi s'est réjoui du bon déroulement des obsèques et des nouvelles dispositions qui viennent d'être prises pour dédommager la famille du défunt. Il a précisé à l'intention des deux parties que plus que l'argent, ce qui importe, est le fait d'œuvrer ensemble pour assurer une bonne éducation aux orphelins. Les deux parties ont pris devant le Roi de fermes engagements de respecter scrupuleusement les décisions prises et d'effectuer ensemble des démarches auprès des autorités judiciaires en vue d'obtenir la libération des détenus dans un meilleur délai.

Le premier versement d'un montant de 150.000FCFA a eu lieu devant le roi séance tenante. »

Secrétariat du Roi LAWSON VIII d'Aného

COMMENT UNE TELLE INTERVENTION DU CHEF EST-ELLE POSSIBLE ? QUELLE EST LA PLACE DE L'ÉTAT ?

Deux systèmes de justice cohabitent au Togo. La justice moderne importée pendant la colonisation et la justice traditionnelle propre à la culture Éwé et assurée par les chefs traditionnels.

Les chefs traditionnels sont les garants des us et coutumes. Ils règlent les conflits de la société depuis le temps précolonial à nos jours. Cette pratique a survécu à l'occupation étrangère parce qu'au moment de l'indépendance du Togo, le Code civil a légalisé le droit des successions traditionnelles.

Le chef assure la pérennisation des valeurs ancestrales. Il a également un rôle de maintien de la paix et de facilitation partout où il est sollicité. Depuis la colonisation, des missions administratives se sont greffées à leur rôle de protection et de valorisation des coutumes. Le chef est vu comme un représentant administratif qui joue un rôle intermédiaire entre le gouvernement et la population. La chefferie représente le corps suprême de la société après le gouvernement.

Le chef traditionnel est nommé par décret présidentiel. Il est celui qui rapproche les administrés de l'administration. Il garantit les valeurs traditionnelles, assure les prérogatives et les obligations entre l'État et le canton, ou le village. Il veille à l'harmonie et à la cohésion sociale. Il a un pouvoir d'arbitrage et de conciliation des parties selon la coutume. Il est consulté par les autorités administratives sur les questions de développement local, de l'environnement, de la santé des populations, de la sécurité à l'éducation et enfin du foncier. Il reçoit et exécute les instructions des autorités administratives de l'État.

La chefferie est le lieu d'expression du pouvoir traditionnel. On plonge dans les représentations culturelles, les croyances d'un peuple, la mémoire des ancêtres. Dans un kodzo, on est loin de la civilisation. L'histoire de cette autorité coutumière, remonte très loin dans le temps. Elle a ses règles propres et fait appel à la sagesse.

L'AUTORITÉ DU CHEF TRADITIONNEL

Il représente les ancêtres. Comme le Roi Lawson, il gère son peuple comme sa propre famille : « le linge sale se lave en famille ». Il représente l'autorité traditionnelle et toute la sagesse de la culture. Il est respecté et s'impose. Le tribunal c'est l'étranger.

Le chef est le seul à avoir le droit de hausser le ton pendant qu'il est recommandé aux belligérants de rester sobre et de se maîtriser. C'est une force et une autorité accompagnée de courtoisie et de beaucoup d'égards, bien sûr, il faut montrer le bon exemple. Il faut obéir, sinon la sanction tombe, et il n'est pas souhaitable d'attiser la colère des ancêtres, car on ne sait pas jusqu'où ils peuvent aller ! Alors, il faut toujours demander pardon. Même avant d'exprimer les idées, on demande pardon pour le tort que l'on pourrait éventuellement causer.

Sanctions et Réparations pour affaires relevant du Droit pénal

Dans la coutume et la sagesse Éwé et Mina, le but visé lorsqu'une infraction a été commise, ce n'est pas de châtier, mais de réparer les torts. Il ne faut pas punir, mais éduquer. Il y a une absence totale de cruauté. On répond au mal par le bien, de façon à contribuer à l'édification de la personnalité du sujet.

Au centre des préoccupations : la vérité, la réconciliation, mais aussi la réparation et la réhabilitation. L'idée est que les torts sont toujours partagés et que les deux parties ont à apprendre de la situation. Même lorsqu'un crime a été commis, la victime, en interaction avec l'agresseur, a nécessairement joué un rôle. Tout est lié et s'imbrique. L'agresseur peut payer une amende très symbolique.

Les chefs de famille cherchent à arranger le problème dans un esprit de réconciliation qui maintient la cohésion.

Réparations et rituels de réconciliation pour les affaires relatives au Droit civil et les affaires coutumières

Selon les chefs, un conflit peut être réglé de plusieurs manières : inviter les parties à se présenter, les écouter, après analyse des informations, s'il s'agit de délits selon le droit moderne, les transférer à une institution judiciaire.

S'il s'agit d'un conflit civil, les relations entre les personnes, la famille, entre client et commerçant, la réconciliation est le principal but visé pour maintenir l'unité du groupe, l'harmonie dans la collectivité. Certains sujets, comme la sorcellerie, le refus de paternité, l'avortement, l'humiliation, ne peuvent être traités au tribunal.

Réconciliation

Le « Si Tu Tu » est un acte de réconciliation après un règlement de conflit familial, professionnel, pour effacer les mauvaises paroles et les malédictions et commencer de nouvelles relations.

Cette dimension réparatrice, moralisatrice et éducative peut constituer l'apport du kodzo à la justice occidentale.

Conclusion

La méthode utilisée par les chefs dans la résolution des conflits est une méthode hybride comprenant à la fois les pratiques anciennes fondées sur la coutume et le droit moderne. De plus en plus de nos jours, le droit de la personne prime sur le droit de la collectivité.

Le retour et le maintien des valeurs humaines dans nos sociétés est important à rappeler aussi bien aux Africains qu'aux Européens si l'on veut espérer et conserver un minimum de pacifisme dans ce monde, et dans ce phénomène de mondialisation. Eric Julien (2007)[64] affirme que les peuples traditionnels pratiquent le développement durable depuis toujours. Au sommet de la terre de Rio étaient présents des peuples indigènes qui ont donné ce message : « Nous, peuples indigènes, pouvons vous aider sur la voie du

---

[64] *TGV magazine*, N° 93, les sociétés traditionnelles peuvent-elles éclairer les impasses de notre temps ?, avril 2007.

développement durable. Mais il faut bien que vous compreniez au préalable que ce n'est pas le développement qui doit être durable, mais l'humanité et la nature ».

Maroc

Hassan ALAMI,
Président exécutif du Centre Euro-Méditerranéen de Médiation et d'Arbitrage

1. Survol historique

Comme dans les autres pays de culture arabo - musulmane la médiation est une pratique ancestrale.

Elle est prescrite par de nombreux versets coraniques aussi bien dans les relations de famille que dans les relations entre commerçants. Elle a été plus présente dans les corporations professionnelles où les conflits sont rarement soumis aux juridictions étatiques. Le premier texte législatif relatif à la médiation structurée date de la fin de l'année 2007. Les autorités publiques manifestent actuellement un net encouragement, après une période de réticence vis-à-vis des ADR.

2. Législation

Au Maroc, la médiation a été introduite par la loi 08-05 (30 novembre 2007) abrogeant et remplaçant le chapitre VII du titre V du code de procédure civile.

Les deux premières sections de cette loi traitent de l'arbitrage et la troisième section, à travers ses 15 articles, traite de la médiation conventionnelle (articles 327-55 à 327-69 du code de procédure civile).

- La loi permet-elle au juge de concilier les parties ?

La législation marocaine n'a pas prévu la médiation judiciaire.

- La loi permet elle au juge de désigner un autre juge comme médiateur ?

Non.

- La loi permet elle au juge de désigner un médiateur indépendant du système judiciaire ?

Non.

3. La pratique judiciaire

3.1 Le rôle des magistrats

Comme médiateurs ou conciliateurs, ils n'ont aucun rôle.

La médiation est consensuelle. La convention de médiation peut être prévue dans une convention principale (clause de médiation) ou bien être conclue après la naissance du litige (compromis de médiation).

Il n'existe pas de juge prescripteur de médiation. Par contre, étant donné que la transaction entre les parties a la force de la chose jugée, elle peut être assortie de la mention d'exequatur qui relève de la compétence du président du tribunal territorialement compétent pour statuer sur l'objet du litige.

Le juge saisi de l'affaire ne peut pas agir comme médiateur. Par contre si la médiation conventionnelle intervient en cours d'instance, elle est portée à la connaissance du juge qui interrompt la procédure.

Également, la juridiction saisie d'un litige sur une question au sujet de laquelle les parties ont conclu une convention de médiation, doit déclarer l'irrecevabilité jusqu'à épuisement de la procédure de médiation.

3.2 Le rôle des avocats

a) Proposent-ils la médiation/conciliation ?

C'est rare, c'est la raison pour laquelle un grand travail de sensibilisation est fait à l'adresse des avocats dans ce sens.

b) Accompagnent-ils leurs clients aux réunions de médiation/conciliation ?

C'est une pratique récente.

c) Rédigent-ils les accords issus de médiation/conciliation ?

C'est plutôt le médiateur qui rédige la transaction de médiation. Il arrive qu'il en laisse le soin aux avocats.

d) Que pensent-ils de la médiation ou de la conciliation ?

La majorité pense que les ADR signifient Alternative Decrease Revenue.

3.3 Principaux domaines d'application

La médiation n'intervient pas en matière pénale ou familiale. Elle se limite aux affaires commerciales ou aux relations de travail.

3.4 Connaissez-vous des contentieux ou difficultés réelles nés des accords de médiation

L'essentiel des difficultés réside dans le retard ou l'impossibilité par une partie signataire d'exécuter ses obligations. Ce qui ouvre la voie à une nouvelle médiation pour régler la question de l'exécution.

4. Les juges médiateurs/conciliateurs doivent-ils recevoir une formation spécifique ?

Les médiateurs reçoivent une formation spécifique par des centres d'accréditation. Le CEMA (Centre Euro-méditerranéen de Médiation et d'Arbitrage) de Casablanca se propose de devenir un centre d'accréditation. Sinon les médiateurs marocains actuels ont subi une formation à l'étranger.

MAROC

Reconstruire une culture de la médiation au Maroc

Abou El MAHASSINE FASSI-FIHRI[65],
Ancien Directeur de la Recherche pour un Terrain Commun (SFCG)

La résolution des conflits a été pratiquée pendant des siècles de façon traditionnelle. C'est dire que les techniques de médiation, de conciliation et d'arbitrage font partie de l'héritage de la majorité musulmane de la société marocaine. Cependant, pour relever le défi engendré par les trois millions et demi d'affaires qui se présentent annuellement devant les tribunaux marocains (pourvus de 3000 juges seulement, et écrasés par un fardeau de 1000 affaires chacun par an) avec les délais et la faible confiance dans le système judiciaire que cela entraîne, il était pertinent et urgent de promouvoir des modes innovants et bien intégrés culturellement pour régler les différents commerciaux, civils et communautaires, et au-delà, de créer un renouveau de la culture de la médiation au Maroc.

Je me souviens avoir dirigé des études informelles au Maroc pendant l'été 2004 avec l'aide de nombreuses personnes représentant tout le spectre socio-économique et toutes les générations pour apprécier leur degré de familiarité avec le champ de la résolution des conflits, et en particulier les principes de la médiation. Que l'on discute avec ses connaissances ou des praticiens choisis au hasard, les réponses vont de : *« Conflit ? Nous n'avons pas de conflits au Maroc, sauf peut-être au Sahara occidental » ; jusqu'à : « la médiation a existé dans notre culture – mais il n'y a plus de médiateurs » ; ou encore : « je n'arrive pas à comprendre pourquoi vous proposez cet atelier de formation à la médiation – les Marocains ont besoin de développer des projets, pas des projets de résolution des conflits ».*

La résolution des conflits est une discipline nouvelle au Maroc. Cependant, elle a été utilisée pendant des siècles dans des formes plus traditionnelles, et en conséquence, les techniques de médiation, de conciliation et d'arbitrage font

65 Abou El Mahassine Fassi-Fihri est le Représentant Européen de la Recherche pour un Terrain Commun (SFCG), une ONG consacrée à la transformation des conflits et à la construction de la paix dans 20 pays. Abou El Mahassine a travaillé comme directeur de la SFCG pour le Maroc de 2005 à 2008, période pendant laquelle il a dirigé les programmes destinés à faciliter l'institutionnalisation des mécanismes de médiation à différents niveaux de la société marocaine en visant particulièrement les niveaux judiciaires et communautaires. Abou El Mahassine a énormément travaillé en Belgique, au Maroc et aux États-Unis, et il poursuit encore des études supérieures à l'Institute for Conflict Analysis and Resolution" de l'University George Mason en Virginie.

bien partie de l'héritage collectif de la majorité musulmane de la société marocaine. Historiquement, les chefs de tribus, arbitres (*amghar* ou *anacham*) choisis par les parties en conflit et par les leaders religieux musulmans (*imams)* conciliaient les conflits[66] civils et familiaux, tandis que des marchands d'âge mûr élus réglaient par la médiation les conflits d'affaires[67] (*prévôt des marchands* en français ou *amine* en arabe).

Le protectorat français au Maroc, entre 1912 et 1956, en aidant à établir le système judiciaire moderne et le contexte légal en usage dans le Maroc contemporain, a transformé la façon dont le peuple marocain gère ses conflits. D'après les statistiques fournies par le Ministère de la Justice marocain, trois millions d'affaires ont été enrôlées devant les tribunaux marocains en 2004 (pour environ 3000 juges). Chaque affaire impliquant au moins deux parties, on peut en conclure qu'au moins six millions de Marocains sont directement concernés par les décisions des tribunaux. Si l'on considère aussi les familles et les relations des parties, le système judiciaire touche directement ou indirectement une grande part des Marocains (environ 33 millions). La charge des tribunaux et les délais qui s'ensuivent montrent un haut niveau de confrontations où l'esprit gagnant – perdant peut jouer négativement sur le sens de la modération qui caractérise traditionnellement les Marocains. Comme le faisait remarquer gentiment un avocat casablancais : « *les Marocains adorent « se battre » au tribunal* ». Mais il y a plus. Si ce système judiciaire encombré se montre incapable de répondre aux besoins du peuple marocain, la conséquence en sera probablement une perte de confiance dans la Justice d'État, et une poursuite de la « bataille » à l'extérieur des tribunaux, par des moyens variés. Cependant, faire au système judiciaire marocain une réputation de « pestiféré » serait prendre une responsabilité inutile dans un pays qui s'efforce, parce qu'il en a un grand besoin, d'encourager les investissements locaux et étrangers. Comme l'expliquait Lara Goldmark, Directrice du programme « augmenter le climat des échanges commerciaux au Maroc » soutenu par les fonds de l'USAID : « *au Maroc, la médiation commerciale peut prendre le relais deux ans avant que l'on obtienne une décision qui coûtera cher si c'est un tribunal qui doit la rendre. Alors qu'en un mois les affaires peuvent être réglées par la médiation.* »

Ce sont les raisons pour lesquelles il était urgent et opportun de développer des moyens innovants et culturellement acceptables de résoudre les conflits commerciaux, civils et communautaires, et par là même de reconstruire une culture de la médiation au Maroc.

---

[66] Voir Mohamed El Habib Fassi Fihri, L'itinéraire de la Justice marocaine (1997), pp. 54-56.
[67] Voir United States Agency for International Development and Development Alternatives, Inc, résolution alternative des différends commerciaux au Maroc : Assessment and options for technical assistance, (2006), p 3. http://pdf.usaid.gov/pdf_docs/PNADP422.pdf.

Institutionnaliser un système alternatif de règlement des conflits

En réponse au discours du Roi Mohammed VI, à Agadir en janvier 2003, au cours duquel il a appelé à transformer et à rénover le système judiciaire marocain[68], le Ministère de la Justice a élaboré un plan d'ensemble pour l'institutionnalisation des systèmes alternatifs de règlement des conflits (ADR) dans le pays. À l'invitation du ministre de la Justice, le SFCG (Search for Common Ground) a installé un programme de quatre ans (2004 – 2008) financé par un Bureau du Commonwealth Britannique dont l'objectif était de soutenir le processus d'institutionnalisation pour finalement offrir aux citoyens et aux hommes d'affaires des moyens adaptés et innovants de résoudre leurs conflits civils et commerciaux sur une base de volontariat.[69] Les conflits concernent les propriétaires et les locataires, la terre et la propriété, les affaires les consommateurs et les fournisseurs. Le programme de quatre ans incluait un planning stratégique, la création de structures et un processus de consensus national pour faire participer tous les dirigeants possesseurs de parts sociales, les magistrats, les barreaux, les représentants des secteurs commerciaux (« la Confédération générale des entreprises marocaines, CGEM »), les syndicats de salariés, les membres du parlement et les leaders de la société civile, à participer à un grand débat constructif sur le futur de l'institutionnalisation des mécanismes de médiation au Maroc.

Le processus initialisé et harmonisé par l'ancien ministre de la Justice, Mohammed Bouzoubaa, a été voté à l'unanimité par le Parlement marocain (24 juillet 2007) dans la loi ADR n° 08-05, entrée en vigueur le 6 décembre 2007[70]. Cette loi souligne les principes suivants :

La médiation est un mécanisme volontaire, amiable et confidentiel de règlement des conflits ayant lieu en dehors des tribunaux. Elle demande l'intervention d'un tiers neutre et impartial. L'objectif du médiateur est d'aider les parties à trouver une solution négociable et mutuellement acceptable. Le médiateur n'intervient qu'à la demande des parties. Le document final de transaction a la force de la chose ***jugée*** *et peut être assorti de la formule* ***exécutoire.***[71] *À cette fin, le président du tribunal territorialement compétent pour statuer sur l'objet du litige est compétent pour accorder la formule exécutoire.*

---

68 Plus récemment, dans son discours du 20 août 2009, le Roi Mohammed VI a réitéré son engagement à réformer le système judiciaire pour le rendre « plus crédible, plus équitable, indépendant et compétent. » L'une des composantes de la réforme royale est le renforcement des mécanismes d'ADR nouvellement adoptés.

69 Le côté volontaire implique que les parties à un conflit acceptent de s'engager *volontairement* dans le processus de médiation, contrairement à une décision du juge qui imposerait la médiation aux parties.

70 La loi 08-05 a mis en place le développement de l'arbitrage et de la médiation au Maroc. Les efforts du SFCG cependant ne portaient que sur la médiation.

71 Voir le Guide de la Médiation (en arabe et en français) rédigé conjointement par le Ministère de la Justice et le SFCG :
http://www.sfcg.org/programmes/morocco/pdf/mediation/guide_mediation_fr.pdf

La loi 08-05 a établi le cadre légal pour le développement de la pratique de la médiation dans le pays et elle constitue un repère majeur. Cependant, il y a encore un effort important à faire pour que l'*offre* et la *demande* des services de médiation hors des tribunaux se développent et se rencontrent. L'offre c'est la création de centres de médiation indépendants (fournisseurs de services) qui sont bien équipés, qualifiés et idéalement spécialisés dans différents types de conflits. Au cours de ces dernières années, de tels centres ont fait leur apparition dans de nombreuses villes marocaines, y compris à Rabat, Casablanca, Marrakech, Tanger et Oujda.[72] L'un des premiers diplômés du programme d'ADR, un vieil avocat de Rabat, a été parmi les premiers avocats marocains à afficher sa nouvelle spécialité en gravant sur sa plaque à l'entrée de son cabinet : « *Avocat – Cabinet de médiation* ». Et, en juillet 2009, le Ministère de la Justice et le SFCG ont publié en arabe le premier *Livre de Formation pour les Médiateurs Marocains,* disponible pour tous les praticiens du pays. Aujourd'hui, des ateliers de formation à la médiation et autres séminaires pour les praticiens experts ont lieu toutes les semaines dans le Maroc, y compris dans les Universités qui mettent dans leur cursus de nouveaux programmes de masters d'enseignement d'arbitrage et de médiation.

Parallèlement aux efforts visant à développer *l'offre* et à renforcer la qualité des fournisseurs de médiation, au même moment, un effort similaire aussi important a été fait pour promouvoir la *demande* publique de médiation, principalement par des annonces variées. Les outils utilisés incluaient des interviews à la radio et à la télévision, des bandes dessinées pour un public d'enfants et de personnes illettrées, des simulations pédagogiques audiovisuelles (DVD) décrivant point par point le processus de médiation, les points forts de médiations réussies (en respectant la confidentialité) et un guide d'instruction sur la médiation (en arabe et en français) répondant à toutes les questions que le public pouvait se poser à propos de la nouvelle loi sur la médiation. Comme la loi imposait un engagement volontaire par les parties en conflit dans le processus de médiation, il était essentiel que le public soit averti des tenants et aboutissants, ainsi que des avantages et des limites de la médiation. En d'autres mots, que l'homme de la rue soit capable de comprendre, en passant devant son bureau, le sens de la plaque de l'avocat de Rabat : « *Cabinet de médiation* ». Au cours du printemps 2008, le FSCG chargea un petit groupe de recherche de vérifier le niveau d'information des divers secteurs de la société.[73] Le résultat de

---

[72] Les Centres de Médiation et d'Arbitrage de Rabat et de Tanger (respectivement CIMAR et CIMAT) sont parmi les centres les plus actifs du Maroc en termes de politique d'information et d'affaires résolues. Ces deux centres ont noué de solides partenariats avec des institutions internationales comme l'USAID et L'IFC (International Financial Corporation).

[73] Le groupe de recherche – dirigé par le National Democratic Institute's People Mirror, basé à Rabat — a conduit en juillet 2008 cent rencontres approfondies et quatre groupes témoins composés d'avocats, de juges, de représentants de la société civile, des leaders syndicaux, des experts des médias et des citoyens désignés au hasard.

la recherche a montré qu'alors que le champ de la médiation ne se trouve pas là où il devrait être – en terme d'information du public sur l'existence de ce mécanisme -, cependant beaucoup de secteurs de la société marocaine sont mieux informés des principes de la médiation qu'il y a quelques années quand le programme a débuté. Le groupe de recherche a aussi recommandé d'augmenter le nombre d'histoires de médiation réussies dans les campagnes publicitaires, pour montrer au public comment la médiation peut apporter des avantages *tangibles*[74].

Étendre le domaine de la médiation au Maroc demandait aussi de développer les standards communs des bonnes pratiques, des rémunérations, de la déontologie et des procédures de certification de la formation. La loi 08-05 donnait un cadre général très utile ; cependant, elle ne donnait pas de détails, laissant au marché et aux praticiens le soin de créer ces normes et standards. Par exemple, la loi spécifie que « n'importe quel individu ou organisme peut faire acte de médiateur ».[75] Cette dernière disposition reflète la philosophie de la loi, donnant un cadre général plutôt que des normes spécifiques et des standards de pratique. Cela implique aussi que le marché fera une sélection naturelle des médiateurs les plus qualifiés aux dépens de ceux qui le sont moins. Il en résulte que la communauté naissante des praticiens au Maroc a fixé des bases avec des associations pour les guider, les défendre et essayer d'auto réguler les pratiques. La CGEM, qui compte plus de 2000 entreprises marocaines parmi ses membres, a créé un comité intérieur des « règles de médiation » pour réfléchir aux normes et standards de conduite des médiations commerciales et promouvoir l'inclusion de clauses de médiation dans les contrats commerciaux. Des sociétés civiles comme « l'Instance Marocaine de la Médiation (IMAM) » ou « l'Association Nationale de la Médiation » qui représentent toutes deux les praticiens de différentes régions et spécialisations, ont aussi l'ambition de les défendre. Mr. Mohammed Belhami, Président de l'IMAM, explique :

> *« Dans notre culture comme dans nos affaires, et c'est malheureux, éviter un procès devant un tribunal est devenu synonyme de faiblesse. Nous devons changer cette attitude. Nous devons encourager les entreprises marocaines à signer un texte symbolique affirmant qu'elles soutiennent le processus de médiation. Nous devons sensibiliser les juges et les avocats pour qu'ils recommandent de façon informelle aux parties en conflit d'aller en médiation. »*

---

[74] Pour illustrer le fait que l'histoire des médiations réussies touche les couches profondes de la population, regardez s'il vous plait dans les appendices la description d'une médiation réussie (correspondant à un différend sur la propriété d'une plage) grâce à Maître Azzouzi, notaire à Rabat. C'est l'USAID, dans son programme « Améliorer le climat des relations commerciales au Maroc » qui avait réalisé le document d'une seule page racontant cette réussite.

[75] Code de procédure civile, section V, chap. VIII sur la médiation conventionnelle, article 327-67.

Dans les années à venir, l'agrandissement du champ de la médiation serait possible en modifiant la loi 08/05 en remplaçant l'aspect volontaire par un processus obligatoire dans lequel le juge pourrait ordonner (et non pas recommander) aux parties en conflit d'aller d'abord en médiation pendant une période de durée déterminée (trois mois par exemple), puis de présenter au juge le résultat du processus de médiation, qu'il soit positif ou négatif. Ce système obligatoire pourrait avoir un impact significatif sur l'engorgement des tribunaux et sur la culture de médiation de la société marocaine. Avant d'adopter un tel système obligatoire, cependant, le législateur marocain devrait s'assurer que le prototype de système actuel a prouvé son succès et acquis de l'expérience au cours de ses premières années de pratique.

Il est trop tôt pour dire si le programme de médiation (ADR) a eu un effet significatif en soulageant le fardeau des tribunaux marocains. Il faudra beaucoup plus longtemps — y compris une révision possible de la loi 05-08 — pour que les juges perçoivent une diminution de leur charge de travail quotidienne. Cependant, ces dernières années ont certainement initié une transformation lente et progressive de la culture du conflit, qui continuera au cours du temps vers des approches plus collaboratives pour la résolution des conflits.

LA MÉDIATION, UNE CULTURE DE LA JEUNESSE, ET UNE CULTURE DÉMOCRATIQUE

Les bienfaits de la médiation ne sont pas limités aux affaires qui, sans elle, se retrouveraient devant les tribunaux. Le conflit est présent dans de multiples lieux de la société, que ce soit dans les familles, les affaires ou les communautés ; il en va de même pour les besoins de médiation. La population des jeunes, toujours croissante au Maroc, récolte aussi les bénéfices d'être entrée dans une culture de médiation, moyen de prévention et de résolution des conflits. Les ONG comme le SFCG sont devenues partenaires d'ONG de la jeunesse et de municipalités pour établir des centres de médiation pilotes pour les communautés de jeunes (YCMC) dans les zones urbaines du Maroc entier.[76] L'objectif déclaré du YCMC — dirigé par des ONG de la jeunesse et sponsorisé par des municipalités— est de donner une base constructive et sûre pour faciliter le dialogue sur des questions litigieuses affectant les communautés, et de faire des médiations pour les conflits individuels des membres de ces communautés. Ainsi que Kawtar Amraoui, l'un des dirigeants du programme du YCMC au SFCG, le fait remarquer :

« Le YCMC intervient à deux niveaux : son premier but est d'améliorer l'efficacité de l'autorité locale grâce à des dialogues communautaires facilités par les médiateurs de la communauté de la jeunesse (du style réunions à la mairie) ; et en second, ils contribuent à

[76] Des centres de médiation pilotes pour les communautés de jeunes viennent de s'ouvrir (printemps 2009) à Casablanca, Rabat, Fès, Marrakech et Tétouan.

faire des médiations pour des conflits spécifiques entre deux ou plusieurs membres de la communauté dans un environnement tranquille et informel. Ces deux pratiques demandent les mêmes talents de conduite des conflits, comme l'analyse du conflit, savoir faciliter la conversation, avoir une écoute active, utiliser le remue-méninges et savoir évaluer les choix disponibles. Les médiateurs de la communauté de jeunes, qui sont tous des bénévoles, peuvent se spécialiser dans l'une ou l'autre pratique. Ils sont également des modèles pour leurs compagnons d'âge. »

Sans aucun doute, éduquer des jeunes et des membres des communautés à la technique d'aide à la résolution des problèmes offre un modèle pacifique sur la transformation positive des conflits dans une communauté, également parmi leurs camarades d'école, entre voisins, ou dans les relations entre communauté et autorités locales. D'après un rapport publié en 2009 par le projet YCMC, les jeunes médiateurs des communautés ont franchi la barre symbolique des mille médiations dans les conflits communautaires familiaux ou de voisinage, et à Casablanca les leaders de la jeunesse ont pris l'initiative de créer (en juin 2009) un réseau national appelé « Association Marocaine des jeunes médiateurs ». Le président du réseau, Mohamed Khaloul, explique que « cette initiative vise à créer des liens, à partager les expériences entre médiateurs, informer le public, et finalement prêcher pour l'institutionnalisation de cette pratique ». Si les YCMC prouvent leur succès, il est probable qu'ils seront développés dans d'autres villes et communautés de tout le pays, vraisemblablement à l'aide d'un partenariat stratégique public—privé, pour aller plus loin dans la diffusion de la culture de la médiation et de la résolution pacifique des conflits dans tous les secteurs de la société marocaine.

CONCLUSION : UN POTENTIEL VARIÉ ET IMPRESSIONNANT

Le Maroc se trouve à une croisée de chemins pour son développement politique, économique et social. Le champ de la médiation, par sa compréhension, à la fois par son petit côté (les conflits individuels) et son grand côté (le dialogue communautaire) possède un potentiel énorme pour accompagner le Maroc dans ses efforts de développement tous azimuts.

Dans cette dernière partie, ce chapitre va brièvement présenter trois initiatives supplémentaires — dans différents secteurs — pour illustrer la diversité du potentiel de développement de la pratique de la médiation au Maroc[77] :

[77] Il y a de nombreuses autres initiatives et secteurs qui peuvent profiter de l'usage de la médiation. De ces illustrations on peut extraire le travail de Diwan-Al Madalin (Ombudsman du Gouvernement, l'équivalent du « Médiateur de la République française », chargé de prévenir et de résoudre les conflits à l'intérieur de l'administration (intra administration) ou entre l'administration publique et les citoyens ; et les programmes de gestion des conflits dans les prisons marocaines qui visent à améliorer l'atmosphère générale en facilitant les interactions parmi les prisonniers et entre les prisonniers et les gardiens.

- **Programme de logements sociaux des autorités locales :** Le Ministère Marocain du logement—par son programme national « cités sans bidonvilles » a lutté pour trouver des solutions innovantes pour ses nombreux bidonvilles habités par des millions de citoyens marocains en situation précaire. Les autorités marocaines ont souvent été confrontées à des protestations et à des manifestations de base contre les plans publics d'aménagement du logement. Les protestataires —dont certains avaient vécu plus de 40 ans dans des bidonvilles— avaient avancé différentes raisons allant du prix des loyers demandés jugé trop élevé, jusqu'au désir de se reloger ailleurs avec l'aide du gouvernement plutôt que d'améliorer l'infrastructure existante. Cependant, la dernière explosion a souvent été perçue comme un manque de consultation pendant le processus de décision. En conséquence, de nouveaux programmes de « médiation sociale » fleurissent actuellement dans de multiples projets pilotes de construction. Le concept inclut la création d'une cellule locale de médiateurs professionnels du domaine social, chargée de créer la confiance par un dialogue avec les résidents locaux et de leur servir d'intermédiaires avec les autorités et les sociétés de construction, par un dialogue souple dans les deux sens.[78]

- **Centres de médiation familiale :** la société civile marocaine est connue pour être l'une des plus dynamiques du Moyen-Orient et de l'Afrique du Nord. Les ONG de défense de la femme et de la famille ont particulièrement bénéficié de la réforme positive sur l'environnement, illustrée en 2004 par le vote d'une loi de la famille, plus libérale et plus équitable (loi Moudawana). Deux approches complémentaires ont émergé de cette communauté de praticiens au Maroc : une approche juridique qui donne les solutions légales pour régler les conflits conjugaux, y compris le divorce ; et une approche « conciliatrice » qui encourage une solution par la médiation et donne des solutions mutuellement acceptables. Les deux approches sont complémentaires et le praticien travaille au cas par cas. La loi de 2004 sur la famille inclut une clause de « conciliation » qui donne au juge le pouvoir de tenter d'abord de concilier les parties avant de continuer le processus judiciaire, mais son utilisation a été décevante parce que la phase de conciliation a souvent été faite rapidement et en public. Cette situation a conduit quelques ONG à expérimenter des initiatives pilotes dans des centres de médiations familiales dirigés par la société civile apportant aux familles des services de médiation et

---

[78] Le SFCG avec les fonds de l'USAID et en partenariat avec la municipalité de Maarif-Casablanca et l'entreprise de construction Al Omrane, pour créer une cellule de médiation sociale pour travailler avec la communauté de Bachkou où était projetée la construction, c'était l'un des plus anciens bidonvilles de Casablanca composé de 10.000 ménages. De nombreuses réunions à la mairie sur une période d'environ trois ans ont contribué à faciliter le premier transfert de ménages sur de nouveaux emplacements bien équipés des faubourgs de Casablanca. Le projet n'est pas terminé.

aussi des services juridiques.[79] La pratique de la médiation familiale est toujours balbutiante au Maroc, et elle va certainement continuer à croître.[80]

- **MedRadio :** MedRadio est une nouvelle station de radio créée au Maroc. C'est la première radio du pays (et probablement de l'Afrique du Nord et du Moyen-Orient) qui cherche spécifiquement à promouvoir la médiation (à tous les niveaux) à l'intérieur de la société. Le directeur de cette radio, Ahmed Charai, en explique le concept[81] :

« MedRadio est la radio de la société civile, la voix de la jeunesse, et une base de construction pour un dialogue concernant les décisions sensibles et conflictuelles. Nos reporters seront sur les routes, là où se trouvent les problèmes réels, interviewant les personnes de tous points de vue et de tous bords, et quand ce sera possible, ils tenteront une médiation dans un conflit ou ils feront en direct la couverture radio de cette intervention. À moyen terme, notre ambition est d'arriver à arrêter une émission pour parler d'une situation urgente demandant une intervention directe de notre équipe de média. »

MedRadio, créée en 2009, se présente comme la radio des associations, qu'elles soient nationales ou ONG. Son programme hebdomadaire présente chaque jour une émission sur l'action d'une ONG, permettant aux auditeurs d'appeler et de poser « des questions difficiles » aux dirigeants de ces ONG. MedRadio illustre parfaitement à quel point la médiation (au sens large) peut contribuer au processus démocratique au Maroc en donnant du pouvoir au peuple et en l'engageant dans un dialogue sûr, respectueux et constructif avec les autres citoyens aussi bien qu'avec les décideurs.

---

79 L'ONG « Association marocaine de lutte contre la Violence à l'Égard des Femmes (ou AML VEF) », basée à Casablanca, est l'une des pionnières dans le domaine de la médiation familiale au Maroc. Le SFCG et l'AML VEF ont fait en 2008, avec l'aide du gouvernement hollandais un document de synthèse intitulé : « Guide de médiation familiale », que vous pouvez consulter sur : http://www.tanmia.ma/IMG/pdf/Guide_de_Mediation_Familiale.pdf

80 Il est assez intéressant de remarquer que les travaux d'information et de défense des ONG ont eu un succès important quand un parti politique important au Maroc, Al Istiqlal, a inscrit le soutien du développement de centres de médiation familiale.

81 Ahmed Charai est membre du conseil d'administration international du SFCG.

ALGÉRIE

La médiation en tant que mode alternatif de règlement des litiges dans le code de procédure civile et administrative algérien de 2008

Prof. Dr Mekki MESSAHEL,
Médiateur judiciaire, Cour de Blida (Algérie),
Ancien membre du Parlement

INTRODUCTION

Le nouveau code de procédure civile et administrative Algérien (Loi n°08-365 du 25 avril 2008) qui traite de la question de la médiation, constitue une évolution significative dans le fonctionnement de l'appareil judiciaire algérien et propulse l'Algérie dans une dynamique nouvelle dans la gestion et le règlement des conflits, à l'instar de ce qui passe dans d'autres pays et notamment aux États-Unis et en Europe.

À travers cette loi, le législateur algérien donne aux parties à un litige trois possibilités extra judiciaires pour régler leurs différents : La conciliation, l'arbitrage et la médiation. Si les deux premiers étaient déjà connus par le législateur et les pratiquants du droit, il n'en est pas de même pour la médiation qui reste la nouveauté par excellence dans le paysage législatif et judiciaire algérien.

1. HISTORIQUE DE LA MÉDIATION

La médiation comme mode de régulation sociale existe depuis la nuit des temps, dans les différentes sociétés et à différentes époques. Il n' y a pas de société qui n'ait pas inventé et développé ses propres mécanismes de règlements des conflits en dehors du formalisme rigide de la justice officielle. En Algérie, la meilleure forme de médiation est l'institution de l'Imam ou du Cheikh auquel on fait appel pour trancher dans un certain nombre de conflits et éviter ainsi aux parties la « honte » de porter leur litige devant le prétoire. Cette forme traditionnelle de médiation est encore présente dans les campagnes algériennes mais de moins en moins dans les centres urbains où elle a tendance à s'effriter.

Dans sa conception moderne, la médiation trouve ses origines dans le sillage des mouvements associatifs américains dans les années 70, lesquels, au nom de la démocratie, ont développé le concept de l'autonomie et de la responsabilité des individus et de la collectivité à trouver eux-mêmes les solutions à leurs différends sans nécessairement passer par les tribunaux.

L'idée partie du Canada s'est propagée dans le continent européen dans les années 80 en commençant par l'Angleterre, puis la France pour gagner l'Espagne, l'Italie, les Pays Bas, les pays Scandinaves, la Belgique, le Portugal et plus récemment encore le Luxembourg, le Liechtenstein et la Suisse.

Dans les pays arabes, la médiation dans sa conception moderne a fait une timide apparition en Jordanie (2004) puis au Maroc (2007) et tout récemment en Algérie (2008). Tous ces pays disposent aujourd'hui d'une législation nationale en matière de médiation votée par leurs parlements respectifs, mais qui nécessite une sérieuse prise en charge au niveau de la mise en application.

2. LA MÉDIATION EN ALGÉRIE

- Définition de la médiation (1).
- Types de médiation en Algérie.

A. La médiation institutionnelle

- La médiation dans le droit social : loi n°90-02 du 06 février 1990 relative à la prévention et au règlement des conflits collectifs de travail et à l'exercice du droit de grève.
- Le médiateur de la république : décret présidentiel n°113-93 du 23 mars 1993, abrogé en 1999 par le décret présidentiel 170-99 du 02 août 1999.
- La médiation de la Chambre Algérienne du commerce et de l'industrie, pratiquée au sein de la chambre de commerce d'Alger.

Ce type de médiation est pratiqué au sein de ces institutions. Dans tous ces cas, c'est l'institution elle-même qui propose un règlement de médiation et elle est régie par des règlements internes à l'institution, les médiateurs sont généralement indépendants de cette institution.

B. La médiation nationale ou médiation sociale

Elle est exercée par les associations ou par des groupes de personnes (Tadjmaath en Kabylie et de Laachira et Al Azaba, dans la vallée du M'Zab).

C. La médiation judiciaire

Elle a ses fondements juridiques dans le texte de la loi n°08-365 du 25 avril 2008 portant code de procédure civile et administrative. Elle relève des pouvoirs du juge, qui doit proposer aux parties de régler leur conflit à l'amiable à l'exception des affaires familiales et prud'homales et des affaires susceptibles de porter atteinte à l'ordre public, en les renvoyant devant le médiateur. La médiation judiciaire peut porter sur tout ou une partie du litige. Dans tous les cas de figure, la médiation suspend la procédure judiciaire mais ne dessaisit pas le juge.

3. Le cadre réglementaire et judiciaire de la médiation judiciaire en Algérie (art. 994-1005 du code de procédure civile et administrative) (2) (3)

Contrairement au droit français, le juge doit proposer aux parties la médiation en toute matière à l'exception des affaires familiales, prud'homales et des affaires susceptibles de porter atteinte à l'ordre public.

Si les parties acceptent cette proposition, le juge désigne un médiateur pour entendre leur point de vue, et essayer de les rapprocher en vue de leur permettre de trouver une solution au litige (art. 994). La médiation porte sur tout ou partie du litige.

Le juge a tous les pouvoirs dans le cadre de la médiation judiciaire :

- En aucun cas la nomination d'un médiateur ne dessaisit le juge, qui peut prendre à tout moment les mesures qui lui paraissent nécessaires.
- Le juge peut mettre fin, à tout moment, à la médiation à la demande du médiateur ou des parties.
- Le juge peut y mettre fin d'office lorsque son bon déroulement devient impossible.
- Dans tous les cas, l'affaire est rappelée à l'audience à laquelle sont convoqués le médiateur et les parties par les soins du greffe.
- Le juge consacre le procès-verbal d'accord par ordonnance non susceptible de recours. Ce procès-verbal constitue un titre exécutoire.

Modalités de désignation du médiateur judiciaire en Algérie :

- La personne physique chargée de la médiation doit être désignée parmi les personnes connues pour leur probité et leur droiture, et doit satisfaire aux conditions suivantes :
- Ne pas avoir fait l'objet d'une condamnation pour infraction infamante et ne pas être déchue de ses droits civiques ;
- Jouir de la qualification requise pour l'examen du litige qui lui est soumis ;
- Être impartiale et indépendante dans l'exercice de la médiation.

Le médiateur est choisi parmi les personnes, qui de par leur position sociale, sont connues pour leur intégrité, compétence et capacité à traiter et régler les litiges. Il peut être choisi également parmi les personnes titulaires d'un diplôme universitaire, un certificat et/ou une formation spécialisée et/ou tout autre document, le qualifiant pour exercer la médiation dans un litige défini.

Le médiateur judiciaire est choisi sur la base de listes établies au niveau de chaque tribunal, à titre exceptionnel il peut être choisi pour remplir ses missions en dehors du ressort de ce tribunal. Nul ne peut, sous peine de radiation, s'inscrire sur plus d'une liste de médiateurs judiciaires.

En cas de nécessité, la juridiction peut désigner un médiateur qui n'est pas inscrit sur les listes prévues ci-dessus. Dans ce cas, il doit, avant l'exercice de ses missions, prêter serment devant le juge qui l'a désigné.

La demande d'inscription sur la liste des médiateurs judiciaires est adressée au procureur général du tribunal dans le ressort de laquelle est située la résidence du postulant. Le procureur général, après avoir procédé à une enquête administrative, transmet le dossier au président du tribunal qui convoque la commission de sélection, à l'effet d'étudier les demandes et d'y statuer.

Les listes sont transmises au ministre de la Justice, garde des sceaux pour approbation par arrêté.

Le médiateur judiciaire perçoit des honoraires qui sont fixés par le magistrat qui l'a désigné. Il peut demander au magistrat une provision à faire valoir sur ses honoraires définitifs. Sauf accord contraire des parties, les honoraires du médiateur judiciaire sont à la charge de ces dernières à parts égales, à moins que le magistrat n'en décide autrement au vu de la situation sociale des parties.

Médiations et prérogatives du médiateur judiciaire

- La durée de la médiation ne peut excéder trois (3) mois. Toutefois, cette mission peut être renouvelée, le cas échéant, une fois, pour une même durée, à la demande du médiateur et après accord des parties.
- La médiation peut être confiée à une personne physique ou à une association. Si le médiateur désigné est une association, son président désigne un de ses membres qui assure, en son nom, l'exécution de la mesure et informe le juge de cette disposition.
- La décision qui ordonne une médiation doit mentionner l'accord des parties et la durée initiale de sa mission et indiquer la date à laquelle l'affaire sera rappelée à l'audience.

Dès le prononcé de la décision désignant le médiateur, le greffe de la juridiction en notifie copie aux parties et au médiateur. Le médiateur fait connaître sans délai au juge son acceptation et invite les parties à la première rencontre de la médiation.

Le médiateur peut avec l'accord des parties entendre toute personne qui y consent et dont il estime l'audition bénéfique pour le règlement du litige, il informe le juge de toutes les difficultés qu'il rencontre dans l'accomplissement de sa mission.

À l'expiration de sa mission, le médiateur informe par écrit le juge de ce que les parties sont ou non parvenues à trouver une solution.

- En cas d'accord des parties, le médiateur rédige un procès-verbal dans lequel est consignée la teneur de cet accord. Ce procès-verbal est signé par les parties et le médiateur. L'affaire revient devant le juge au jour préalablement fixé.

Le médiateur est tenu de préserver le secret à l'égard des tiers.

4. LES AVANTAGES DE LA MÉDIATION JUDICIAIRE

La médiation en appelle à la responsabilité personnelle et la liberté de consentement de chaque partie :

a. les parties définissent les modalités de la médiation, avec le médiateur auquel elles confient la responsabilité de la garantie de son bon déroulement ;

b. La médiation s'adapte aux différents contextes ;

c. C'est un processus confidentiel auquel les parties et le médiateur s'engagent ;

d. elle est économique, en temps et en argent : moins coûteuse et aléatoire qu'un rapport de force ou une procédure judiciaire ;

e. elle s'inscrit dans la réalité relationnelle : prise en compte du caractère durable ou non durable des relations entre les parties ;

f. elle intègre la réflexion et la créativité de chacun, ouvre à un esprit de contribution pour la résolution des différends et des problèmes ;

g. elle a des avantages qui dépassent la situation en cause : permet d'examiner les aspects d'un différend et d'anticiper les risques inhérents à la mise en œuvre de l'accord ;

h. elle va de la qualité relationnelle à la négociation : intègre un processus créatif ;

i. elle va jusqu'à la conclusion d'un accord ;

j. le médiateur présente des garanties professionnelles.

CONCLUSION

Le législateur algérien a puisé le concept de médiateur judiciaire du substrat du legs culturel de la société algérienne, ainsi que des préceptes fondant sa religion. Ce nouvel instrument juridique de règlement de litiges à l'amiable entre des parties, introduit au titre du nouveau code de procédure civile et administrative, est inscrit au titre des réformes globales du secteur de la justice.

La médiation était pratiquée du temps de la colonisation française, les Algériens évitaient de recourir aux tribunaux français en leur préférant les tribunaux de droit coutumier basés, notamment, sur la jurisprudence islamique et les modes d'organisation sociétale de Tadjmaath en Kabylie et de Laachira et Al Azaba, dans la vallée du M'Zab, dont certains subsistent de nos jours.

Ce nouvel outil juridique, dont la mise en application est intervenue pour la première fois en Algérie le 25 avril 2009 vise :

- au rapprochement des points de vue des personnes en conflit par une troisième partie (le médiateur), désignée par le juge avec l'accord des parties concernées, en vue de la résolution de contentieux relevant des domaines commercial, civil et foncier .
- à atténuer la grande tension enregistrée au niveau des tribunaux par la multitude de conflits influant négativement sur le traitement des affaires et la qualité des jugements rendus.
- à diminuer des dépenses et charges pour les parties en litige, en plus du gain de temps.

La médiation judiciaire appliquée actuellement en Algérie dans les domaines civil et administratif sera bientôt élargie au champ pénal.

Selon les données du ministère de la Justice : 1087 médiateurs ont été désignés depuis avril 2009, date de l'entrée en vigueur du nouveau code de procédures civile et administrative et au mois de juin 2009, les parties en conflit ont accepté le recours à la médiation dans plus de 700 affaires.

En adoptant la médiation comme mode alternatif de règlement des conflits, le législateur algérien n'a fait que suivre l'évolution d'une pratique émergente qui commence à se développer dans un nombre croissant de législations aussi bien dans les pays du Nord que ceux du Sud. Pour l'Algérie, les avantages immédiats d'une telle adoption sont doubles :

1/ Sur le plan judiciaire, la médiation peut contribuer à désengorger les tribunaux en allégeant le nombre de litiges mineurs en matières civile et commerciale. En matière de commerce international, un système de médiation fiable, crédible et performant pourrait être un atout non négligeable en direction des investisseurs nationaux et étrangers qui pourront régler leurs litiges rapidement en lieu et place d'un arbitrage qui devient de plus en plus onéreux et complexe et qui nécessite souvent des déplacements hors du territoire.

2/ Sur le plan socio-économique : la formation des médiateurs pourrait contribuer ainsi à long terme à la professionnalisation de la fonction de médiateurs nationaux. L'adoption de la loi sur la médiation est une étape importante certes, mais le plus grand travail reste à faire pour les pouvoirs publics : mettre cette loi en application, organiser la profession de médiateur et mettre en place les structures et mécanismes adéquats pour assurer à ce nouveau mode de règlement des litiges toutes les chances de réussite.

(1) la médiation en Algérie, **Ahmed Aoued Ph.D en droit (GB) Master en médiation (Suisse) site Swiss-consulting.**

(2) Loi n° 08-09 du 18 Safar 1429 correspondant au 25 février 2008 portant code de procédure civile et administrative p. 79 : Journal Officiel de la République Algérienne Démocratique et Populaire N°21 du 23 avril 2008.

(3) Décret exécutif n° 09-100 du 13 Rabie El Aouel 1430 correspondant au 10 mars 2009 fixant les modalités de désignation du médiateur judiciaire p. 3-4 : Journal Officiel de la République Algérienne Démocratique et Populaire du 15 mars 2009

La médiation en Algérie : Réalités et perspectives

Prof. Dr. Ahmed KETTAB,
médiateur judiciaire, expert international,
membre du Conseil Mondial de l'Eau (1,3)

Maître Manar FETNI (2,3), médiateur judiciaire
Expert international, Commissaire priseur auprès de la cour de Blida

INTRODUCTION

Les procès coûtent du temps, de l'argent, de l'énergie, des tracasseries... En ce 21e siècle, il est devenu nécessaire et indispensable de trouver de nouvelles méthodes de régler les différends. La médiation grâce au médiateur, personne neutre, sereine, garantissant la confidentialité, la discrétion, bon communicateur, ne disposant pas le pouvoir d'imposer sa solution, est un de ces moyens pour permettre aux parties en litige de trouver une solution consensuelle, amiable, satisfaisante, juste.... en un mot mathématique « Médiane » (issu du latin medianus ou medius = du milieu).

La médiation n'est pas étrangère à la société Algérienne. Elle provient de notre histoire et est un legs de notre civilisation. La médiation est une tradition ancestrale et culturelle, les imams et les Tadjmaates (groupes de sages en kabylie), le conseil tribal, Laachira et Al Azaba dans la vallée du M'Zab et le conseil des notables faisaient déjà la médiation en matière de règlement de litiges et contentieux.

La médiation judiciaire, telle qu'elle est instituée par le nouveau code de procédure civile et administrative (1) est une voie nouvelle (2) encore méconnue (par exemple la médiation n'est pas enseignée dans les universités) (8).

Elle n'a pas reçu de la part des avocats un réel enthousiasme ; ils la considéraient comme une profession concurrente. Un premier séminaire international sur la médiation internationale a été organisé à Alger (Zeralda) en juin 2009 pour mieux expliquer cette médiation judiciaire, mais malheureusement l'impact reste faible par rapport au potentiel de personnes concernées.

Pour rendre cette médiation efficace et bénéfique, les pouvoirs publics s'investissent, ainsi qu'en témoigne le nombre de médiateurs agrées (plus de

1000 au 15juin 2009), et le nombre de cours pour la formation des médiateurs. Les médiateurs sont agréés "parmi les personnes connues pour leur probité et leur droiture" et, "qui de par leur position sociale, sont connues par leur intégrité, compétence et capacité à traiter et régler les litiges" (2) dans les 36 cours.

LA MÉDIATION EN ALGÉRIE : RÉALITÉS

Code de la famille :

L'Algérie dispose d'un code de la famille signé en 1984, (11). Ce code a été modifié par ordonnance en 2005 (12).

Dans ce code de la famille l'article 56 prévoit que : "Si la mésentente s'aggrave entre les deux époux et si le tort n'est pas établi, deux arbitres doivent êtres désignés pour les concilier. Les deux arbitres, l'un choisi parmi les proches de l'époux et l'autre parmi ceux de l'épouse, sont désignés par le juge à charge pour lesdits arbitres de présenter un rapport sur leur office dans un délai de deux (2) mois.".

Le juge propose systématiquement pour les divorces, par exemple, une conciliation, médiation pendant toute la procédure de divorce.

LE MÉDIATEUR DE LA RÉPUBLIQUE

En 1996, il a été institué un médiateur de la république (3) auprès du président de la République Algérienne, mais cette institution fut supprimée (9) par Décret Présidentiel n° 99-170 du 02 Août 1999.

CODE DU TRAVAIL

Dans le domaine du droit au travail, du droit administratif (fiscalité, douane) existent des inspecteurs de travail qui jouent le rôle de médiateurs afin de régler les différends.

MÉDIATION DANS LA CHAMBRE DE COMMERCE

Elle se fait par le Centre Algérien de médiation et d'arbitrage, créé en 2003, sous l'égide de la Chambre de commerce et d'industrie d'Alger (CACI) qui fait des médiations par l'intermédiaire du comité CCI-Algérie (Chambre de Commerce International), en collaboration avec le CCI et le Centre de médiation et d'arbitrage de Paris (CMAP).

Le règlement d'arbitrage de la CACI définit les méthodes et moyens de médiation et d'arbitrage.

MÉDIATION INTERNATIONALE

L'Algérie à travers ses ambassadeurs, ses ministres, ses hommes d'État, sous l'impulsion de Son Excellence le président de la République, a joué, à plusieurs reprises, un rôle de médiateur dans de nombreux conflits internationaux, qui se sont soldés par des résultats très positifs, à la satisfaction des parties et de la communauté internationale.

L'Algérie continue à mettre tous les efforts, sa bonne volonté et ses offices pour offrir ses services de médiateur pour beaucoup de conflits dans le monde.

MÉDIATION VOLONTAIRE

En Algérie, la médiation volontaire (sans l'intervention d'un juge) qui se déroule avec le rôle actif de la famille, des voisins, des collègues de travail,...) est régulièrement pratiquée, bénévolement.

LA MÉDIATION JUDICIAIRE : UN AVENIR PROMETTEUR

Le nouveau code est une révolution en procédure pénale (1). Il a tenu compte de toute la législation Algérienne antérieure, mais aussi des données et spécificités de la société Algérienne. Aux termes de l'article 3 de la loi (1) : « Toute personne qui revendique un droit peut agir devant la justice en vue de l'obtenir ou de le protéger » et dans l'article 4 : « En toute matière, le juge peut toujours concilier les parties en cours d'instance ».

La médiation est définie dans l'article 994 et les articles suivants de la loi portant code de procédure civile et administrative (1). Elle reflète et est conforme à la constitution Algérienne (10), notamment l'article 139 'selon lequel : « Le pouvoir judiciaire protège la société et les libertés. Il garantit, à tous et à chacun, la sauvegarde de leurs droits fondamentaux » et l'article 140 : « la justice est fondée sur les principes de légalité et d'égalité. Elle est égale pour tous, accessible à tous et s'exprime par le respect du droit. »

La médiation et la conciliation nouvellement introduites dans le code de procédure civile et administrative Algérien pour le règlement des litiges tiennent compte des plus récentes législations internationales dans le domaine de l'arbitrage, en application des principes et règles communes prévues dans les conventions internationales. Le nouveau code est considéré par beaucoup de spécialistes nationaux et internationaux comme une grande avancée de la législation Algérienne.

Beaucoup d'affaires, en apparence banales, arrivent au niveau des tribunaux, déjà débordés (contentieux entre deux entreprises, affaire de famille, divorce, querelle entre familles, voisins....) en dépit des efforts importants fait par l'État tant sur le plan humain (effectifs, formation, qualité…) qu'en infrastructure (tribunaux, cours). La modernité, la recherche d'une justice équitable, le développement du pays nécessitent une amélioration permanente et une vision à long terme.

Un décret exécutif du 10 mars 2009 (2) a été promulgué pour mieux expliciter les modalités de désignation du médiateur judiciaire en définissant notamment les missions, rôles, prérogatives, modes de désignation.

Le médiateur est agréé auprès d'une cour de son lieu de résidence (exceptionnellement une autre cour en raison de ses qualifications et aptitudes particulières), sur une liste d'aptitude. Il prête serment. Les droits et obligations du médiateur sont clairement définis.

Le médiateur judiciaire doit remplir plusieurs critères et jouir de ses droits civiques. Les médiateurs judiciaires sont des citoyens connus pour leur bonne moralité.

Le médiateur peut être une personne physique ou une association de renommée.

Le médiateur est désigné par le juge en accord avec les parties en conflit, pour trois mois. Ce n'est que quand la médiation échoue que l'affaire va en justice.

CONCLUSIONS ET PERSPECTIVES

La médiation a un rôle certain dans le développement socio-économique d'un pays. Selon le ministre de la Justice, Garde des Sceaux, M. Tayeb BELAIZ : « la médiation judiciaire et l'élargissement de sa pratique constituent désormais une nécessité impérieuse pour le règlement des litiges à même de concilier les parties et leur épargner les lenteurs des procédures judiciaires et les coûts qu'elles pourraient engendrer » et que, vu son importance, et le développement de la mondialisation, « la médiation judiciaire appliquée actuellement dans les domaines civil et administratif sera bientôt élargie au champ pénal ». (6)

L'instauration de la médiation en Algérie constitue un outil qui va donner un nouveau souffle au droit judiciaire Algérien et certainement un nouvel élan en qualité, variété, souplesse et efficacité. Cela sera de plus une mise en adéquation avec l'environnement tant national qu'international pour un développement durable de l'Algérie.

L'Algérie a été médiateur dans nombreux conflits internationaux (sur sollicitations internationales) qui se sont réglés de façon efficace et juste, à la satisfaction des parties concernées et de la communauté internationale.

Il est à souligner l'élection de l'Algérie, au bureau exécutif de l'Union Internationale des Huissiers de Justice (UIHJ) et au poste de vice-président délégué de cette instance, chargé de l'Afrique et de la Ligue Arabe. Le taux d'exécution des décisions de justice en Algérie en matière civile est parmi les meilleurs (87%) alors que le taux mondial est de 60%. La Ligue Arabe a adopté le droit Algérien comme référence lors de la réunion des ministres Arabes de la Justice à Beyrouth.

À l'occasion de la célébration du 60e anniversaire de la proclamation de la Déclaration universelle des droits de l'homme (l'Algérie a ratifié la quasi-totalité des conventions internationales pour la protection des droits de l'homme), le président de la République Algérienne, Son Excellence Mr. Abdelaziz Bouteflika, a insisté sur l'importance de la médiation et son rôle pour la garantie des droits et libertés des citoyens : « par le renforcement des garanties des droits attachés à la citoyenneté, à la promotion des droits économiques, sociaux et culturels, notamment en direction de la jeunesse et à la mise en œuvre et l'adaptation de nouvelles formes de consultation, de médiation et de contrôle populaire sur les institutions nationales du pays »(13)

L'expérience Algérienne en matière de médiation sera source de coopération, de paix, de justice, et de sécurité pour les investisseurs en Algérie.

Références Bibliographiques

(1)- Loi n° 08-09 du 18 Safar 1429 correspondant au 25 février 2008 portant code de procédure civile et administrative.

(2)- Décret exécutif n° 09-100 du 13 Rabie El Aouel 1430 correspondant au 10 mars 2009 fixant les modalités de désignation du médiateur judiciaire.

(3)- Décret présidentiel n° 96-113 du 23 mars 1996 portant institution du médiateur de la république. JO de la république Algérienne N°20 du 31 mars 1996.

(4)- Décret présidentiel du 26 mai 1996 déterminant les moyens mis à la disposition du médiateur de la république ainsi que le statut de certains de ses personnels.

(11)- loi n° 84-11 du 9 juin portant code de la famille. Journal officiel de la république Algérienne Démocratique et Populaire. www.joradp.dz

(12)- Ordonnance n° 05-02 du 18 Moharram 1426 correspondant au 27 février 2005 modifiant et complétant la loi n°84-11du 9 juin 19 84 portant code de la famille.

(13) Journal El Watan du 11 décembre 2008,

http://www.elwatan.com/Bouteflika-plaide-pour- des ; et site web :

http://www.presidence.dz/francais/president/activites/PresidentActi.htm

(5)- Farid Ben Belkacem Une solution d'avenir pour l'Algérie ? Les modes alternatifs de règlement des litiges. Journal elwatan du 12 mars 2005

(6)- Tayeb BELAIZ ; ministre de la Justice, Garde des Sceaux de la République Algérienne et Démocratique et Populaire. Séminaire international sur "la médiation judiciaire ; 15-16 juin 2009 à Alger ; Journal El Moudjahid du 16 juin 2009.

(7)- Abdeslam Dib. Président de la commission de préparation du code de procédure civile et administrative, journal Elwatan du 13 juin 2009 (http://www.elwatan.com/Le-nouveau-code-est-une-revolution)

(8)- Journal le soir d'Algérie, du 20/06/2009 ;

www.lesoirdalgerie.com/pdf/2009/06/20062009.pdf

(9)- Décret Présidentiel n°99-170 du 02 Août 1999, MEDIATION DE LA REPUBLIQUE, JO N°52 du 04 Août 1999, Page 4.

(10)- JORADP N°76 du 8 décembre 1996 modifiée par : Loi n°02-03 du 10 avril 2002.

JORADP N°25 du 14 avril 2002 et Loi n°08-19 du 15 nov. 2008 JORADP N°63 du 16 nov. 2008

Remerciements

Les deux auteurs de cet article tiennent à remercier vivement les deux magistrates ayant eu l'initiative d'organiser les premières assises internationales de la médiation judiciaire à savoir Madame BEATRICE BLOHORN-BRENNEUR président de chambre à la chambre sociale de la cour d'appel de Grenoble avant d'être nommée à la cour d'appel de Lyon et Madame la juge LOUISE OTIS, nommée juge à la cour supérieure, district de Québec le 29 mars 1990 puis a accédé à la cour d'appel du Québec le 10 juin 1993.

Prof. /Dr. Ahmed KETTAB (1,3) et Maître Manar FETNI (2,3)

(1) Consultant/Expert International, membre du Conseil Mondial de l'Eau, membre de l'Académie Française de l'Eau, Vice Président du Réseau Méditerranéen des Écoles et universités d'Ingénieurs – RMEI-France membre de l'Institut Méditerranéen de l'Eau (IME), membre fondateur du Conseil Arabe de l'Eau Coordonnateur d'un groupe Méditerranéen sur l'Eau – RMEI – France, membre de Comités Scientifiques de plusieurs revues internationales, membre de Comité Scientifiques de plusieurs congrès, Colloques internationaux Directeur Laboratoire de Recherche des Sciences de l'Eau - LRS-EAU/ENP, Professeur/Directeur de Recherches à l'École Nationale Polytechnique Alger kettab@yahoo.fr Tél : +213 661 529 524

(2) Médiateur judicaire, Expert international, Commissaire priseur auprès de la cour de Blida Algérie Membre du Comité Permanent pour le Partenariat Euro - Méditerranéen - COPPEM

(3) Membre Forum Algérien pour la Citoyenneté et la Modernité (FACM).

La société malgache et la médiation à travers l'histoire

Lala RANAIVOSOA[82],
avocat à Antananarive (Madagascar),
formateur à l'ENAM (École nationale d'administration de Madagascar)

La vénération dévolue par les Malgaches aux « RAZANA » (les ancêtres) et leur croyance au « ZANAHARY » (Dieu Créateur) expliquent leur nature pacifique et constituent le fondement de leur solidarité, de leur entraide familiale, de leur amitié et de leurs relations de voisinage, en un mot du « FIHAVANANA », terme emprunt de solennité et de respect depuis les temps les plus reculés, avant même l'époque de la royauté.

Autrefois, un Malgache n'était jamais livré à lui-même dans les moments difficiles de sa vie en raison de la solidarité qui régnait aussi bien au sein de sa famille très élargie qu'au sein de la société tout entière, toujours disposée à prêter main-forte en cas de coup dur ; bien qu'aucun écrit ne vienne corroborer cette affirmation, chacun vit cette entraide en son for intérieur et la respecte naturellement au risque de se voir rejeté par la communauté.

Le « FIHAVANANA » était vécu quotidiennement, aussi bien dans les relations de voisinage que dans les relations familiales et les relations amicales comme en attestent divers adages et proverbes. C'est pourquoi les Malgaches évitaient et évitent encore actuellement le recours aux tribunaux en cas de conflits familiaux, de voisinage, de clans, ou même commerciaux.

Il convient d'évoquer deux points principaux pour comprendre l'importance de ce mode de règlement des conflits qu'est la médiation à Madagascar : en premier lieu, la manière dont se pratiquait la médiation sous la royauté malgache, en second lieu l'influence de cette pratique sur la médiation actuelle.

1. LA PRATIQUE DE LA MÉDIATION SOUS LA ROYAUTÉ MALGACHE

La culture de la réconciliation est innée chez les Malagasy et ce, depuis le temps des rois ; d'une manière générale, les Malagasy sont des gens pacifiques.

---

82 Docteur en droit, également chargée de cours à l'École doctorale de la Faculté de Droit d'Antananarivo (Droit de l'Internet), consultant du PNUD (Madagascar) dans le cadre du droit des nouvelles technologies, Ancien conseiller juridique du Muséum National d'Histoire Naturelle de Paris.

S'il y a conflit, c'est que cela dépasse leur générosité, leur sagesse, leur amour du prochain, leur amitié, leur dévouement.

La justice telle qu'elle est exercée actuellement n'existait pas ; c'est le roi qui faisait fonction de médiateur ou encore le « fokonokona » ou les membres de la communauté familiale ou villageoise.

La médiation se pratiquait ainsi sous différentes formes ; il échet de relever notamment le « kabary » ou palabre, l'amitié et la négociation, le recours aux conseils de famille ou aux membres d'une même communauté...

Le « kabary » est réservé à la personne la plus âgée, connue pour sa sagesse et digne de respect. Ainsi, le roi faisait le "kabary" pour convaincre le peuple. C'est à travers ses déclarations dans le "kabary" qu'il procède à des négociations tout en défendant ses idées et décisions.

Le roi apparaît ainsi comme la clé de voûte, le pilier central d'une société qu'il désirait protéger pour le bonheur de tous. Et le peuple, fréquemment apostrophé au cours des "kabary", consacrait par ses acclamations le pouvoir despotique du roi.

L'amitié et la négociation

Lorsque le roi Andrianampoinimerina voulait conquérir d'autres régions, il utilisait l'amitié et la négociation avant de recourir aux armes.

Le recours au conseil de famille

Il en est ainsi du « dinidinika ambany tafotrano » (conversation sous le toit) ; il s'agit d'une conversation sans aucune formalité entre membres d'une même famille ou entre voisins du même quartier. Chacun prenait place autour du feu dans la cuisine et prenait part à la conversation ; des problèmes étaient exposés en toute franchise, sans aucune arrière-pensée, des conseils étaient prodigués par les uns et les autres.

Le recours à l'avis de la communauté

Il s'agit d'une pratique qui consistait à sensibiliser tous les membres d'une communauté aux problèmes rencontrés par les uns et les autres qui s'étendent plutôt au-delà du cercle familial.

La pratique du sacrifice

La transgression des interdits « fady » par un individu faisant partie d'un clan ou d'une collectivité « le Fokonolona » résidant dans une circonscription administrative « le Fokontany » était sanctionnée par la peine capitale ; le clan ou la partie offensée avait la possibilité de réclamer une réparation du préjudice subi sous la forme d'un sacrifice de zébus ; le nombre requis dépendait de l'importance de l'interdit violé ; la médiation était réalisée en présence du seigneur féodal ou le « vadintany ».

Le respect du « Fomban-drazana »

Le « fomban-drazana » ou coutumes et pratiques ancestrales constituait un véritable code sans texte écrit ; il assurait la protection rigoureuse de la propriété et des biens. Il y était prévu le règlement des conflits concernant de nombreux cas : le patrimoine, la propriété foncière, les prêts, les jeux, la violation de domicile, le détournement de l'eau.

Cette pratique de la médiation sous la royauté malgache n'est pas abandonnée ; elle survit encore de nos jours et semble même prendre une certaine ampleur en raison des différents conflits qui surgissent ici et là. Certes, le terme médiation n'est pas utilisé couramment dans le règlement des conflits, notamment dans le milieu rural ; en revanche, l'esprit de la médiation en tant que mode de gestion de la vie sociale est entièrement présent par le recours à une tierce personne, un notable ou une autorité influente dans une commune, dès lors que le besoin s'en fait sentir ; en tout état de cause, en dépit de l'inconscience d'un petit groupe animé par l'appât du gain et du pouvoir, le socle sur lequel repose la société malgache, à savoir le " FIHAVANANA " reste et restera encore, espérons – le, le ciment qui préservera Madagascar de toutes les passions qui animent son peuple.

II. L'INFLUENCE DE CETTE PRATIQUE SUR LA MÉDIATION MODERNE

Depuis que Madagascar a recouvré son indépendance politique, en 1960, le système judiciaire malgache s'est aligné intégralement sur le modèle français. Les textes utilisés dans le pays constituent les reproductions de ceux de la France légèrement agrémentés de quelques spécificités malgaches, telles, par exemple, la répression du vol de bovidés qui devient un crime.

En effet, si à l'époque royale, la justice relevait uniquement des prérogatives du roi et qu'en guise de jugement, c'était l'épreuve du « tanguin » qui déterminait la culpabilité d'un individu, le « Fokonolona », en revanche, était déjà opérationnel, puisqu'il assurait la police du territoire et la solidarité de ses membres ; en outre, il remplissait la fonction de conciliateur.

On retrouve ce rôle du fokonolona à l'époque actuelle notamment pour le règlement des conflits de voisinage, de clan, de famille ou de couple ; son accessibilité, son rapprochement, la connaissance personnelle qu'il a de chaque membre de la communauté justifient amplement son intervention.

Les conflits de voisinage

L'octroi de servitude de passage, l'incompatibilité des pratiques, les petits larcins, la jalousie, la sorcellerie, pouvaient auparavant être source de conflits, mais peuvent toujours l'être actuellement. Cependant, comme autrefois, le règlement à l'amiable est encore pratiqué.

Dans la plupart des cas, ces différends sont traités entre les parties par la reconnaissance de l'une ou l'autre de ses erreurs et prennent fin selon le dicton "izay tsy miady olom-bodo, fa izay to fo mpamosavy" : « celui qui ne veut pas se battre est un nigaud, mais celui qui ne démord de rien est un sorcier ». Après toutes les tractations possibles, il arrive que les différends prennent une tournure dramatique et de ce fait l'une des deux parties en conflit peut faire appel à la justice.

Les conflits de clan

Les conflits de clan sont toujours d'actualité et leur règlement relève encore du Fokonolona ; les interdits existent toujours à travers le pays.

Par exemple, il est « fady » (interdit) de consommer de la viande de porc dans certaines localités et, si par malheur, quelqu'un s'aventurait à enfreindre cet interdit, c'est toute la communauté du fokontany qui se charge de l'expulser des lieux.

De même, il est « fady » de procréer deux jumeaux dans une région du sud de Madagascar, et si les parents persistent à garder les deux enfants, toute la communauté les met à l'écart pour éviter de subir le mauvais sort.

Les conflits familiaux

Ces conflits sont engendrés par les problèmes d'héritage au moment du partage de biens. Il y a des situations qui sont très douloureuses lorsque deux proches parents déclarent ne plus jamais avoir de relations, même lors de leurs funérailles : « Tsy mifandevi – maty » ; la rupture du lien familial est alors irréversible. C'est alors que souvent intervient un sage de la famille, assisté de membres du « fokonolona », pour jouer le rôle de médiateur.

Les conflits conjugaux

L'union de l'homme et de la femme pour la vie est sacrée dans la société malgache ; c'est une honte de divorcer ; la bénédiction donnée au couple lors de la cérémonie nuptiale est la suivante :

« Ho lamban'akoho anie, ka faty no isarahana », ce qui signifie : « soyez unis jusqu'à la fin de vos jours comme les plumes d'une poule qui ne la quittent qu'à sa mort ».

Néanmoins, les vicissitudes de la vie font que divers incidents peuvent venir troubler la quiétude du couple ; il en est par exemple, de l'adultère et de l'infidélité. Dans ces cas, c'est la famille qui, en premier lieu, joue le rôle de médiateur, suivie par les membres du « Fokonolona » si la réconciliation s'avère difficile. En tout état de cause, le recours à l'autorité judiciaire pour une demande de divorce constitue l'ultime recours si, par impossible, le couple devait réellement mettre un terme à ses relations.

Cependant, pour régler les plus complexes de ces conflits (tels par exemple ceux issus de la violation du droit de propriété de bovidés ou de l'utilisation de l'eau pour irriguer les rizières), il existe une pratique qui fait la spécificité de Madagascar. Elle réside dans celle des « DINAM-POKONOLONA » ; il s'agit d'une convention collective élaborée au sein d'une assemblée générale d'une communauté administrative que constitue le « fokontany » et à laquelle tous les membres de la communauté doivent se soumettre sous peine de sanctions très sévères consistant au paiement de lourdes amendes, voire même à l'exclusion du village.

Cet aperçu historique de la Médiation à Madagascar nous conduit à la question de savoir dans quelle mesure ce mode alternatif de résolution des conflits peut avoir un impact positif sur le développement du pays sous toutes ses formes, aussi bien politique, économique, social que culturel.

D'aucuns n'ignorent, en effet, la complexité de la situation qui prévaut actuellement à Madagascar dans ces différents domaines ; sur le plan politique, Madagascar connaît une crise indescriptible depuis le coup d'État du 17 mars 2009 et en dépit des efforts de la communauté internationale pour l'aider à s'en sortir par la médiation, rien n'y fait ; chaque partie se complaît à camper sur sa position, au préjudice d'un peuple exsangue qui commence à fuir le pays.

Sur le plan social, si l'espoir reposait sur le développement des communes rurales qui constituent les circonscriptions administratives les plus proches du peuple, tout semble, actuellement, remis en cause. Soutenus dans le temps par les bailleurs de fonds, ces derniers, au vu de l'insécurité qui règne dans le pays, semblent se détourner de leurs projets ; qu'adviendra-t-il alors de toute cette masse rurale qui ne survit que grâce à cette assistance ?

L'avenir du pays paraît très sombre actuellement et il suffirait de peu de chose pour que tout explose. C'est le moment ou jamais d'expliquer l'importance de la médiation dans le pays ; d'où l'intérêt de renforcer l'information sur ce mode de règlement des conflits, de développer la culture de la médiation déjà innée chez les malgaches, mais surtout de l'améliorer en rappelant à chaque instant le respect du « FIHAVANANA ».

En conclusion, il échet de rappeler que l'image actuelle que donne la justice malgache ne prête guère à lui accorder une confiance absolue : incompétence, corruption, défaillance, tout semble réuni pour détourner le peuple de cette autorité censée le défendre et assurer la protection des faibles et des plus démunis.

Les exemples sont légion, mais, pour éviter de conclure sur une note aussi négative, formulons le souhait que la médiation trouvera à Madagascar une place de choix pour régler les conflits et que les dictons et proverbes bien connus dans la société Merina aideront encore certains à réfléchir sur leur comportement :

« Aza atao fihavanam-bato, ka raha tapaka tsy azo atohy, fa ataovy fihavanan-dandy, ka raha madilana, azo tohizana » ; ce qui signifie « que votre amitié ne soit pas comme une pierre, car si elle est brisée, on ne peut plus coller les morceaux, mais qu'elle soit comme le fil de soie, car s'il est coupé ou présente des défauts, on peut toujours le réparer ».

LIBAN

État des lieux de la médiation judiciaire au Liban

Johanna HAWARI,
Directrice du Centre professionnel de Médiation
de l'Université Saint Joseph de Beyrouth

Depuis des années, le Centre Professionnel de Médiation (CPM) de l'Université Saint-Joseph œuvre pour la promotion et le développement de la médiation conventionnelle, judiciaire et administrative au Liban.

En ce qui concerne la médiation judiciaire, il existe à l'heure actuelle des textes de loi faisant référence à ce mode amiable de résolution des conflits, mais seulement dans certains domaines bien spécifiques. Mais, malgré cela, ce processus n'est pas vraiment appliqué ou du moins, il rencontre beaucoup d'obstacles. Par ailleurs, le Centre Professionnel de Médiation travaille sur un projet de loi afin de lancer et de développer la médiation judiciaire de manière générale au Liban.

MÉDIATION FAMILIALE

Le Liban est un pays riche par sa diversité culturelle et confessionnelle où dix-huit communautés différentes réparties entre chrétiens et musulmans cohabitent. Une communauté juive faisait jadis partie de ce paysage.

Le droit familial et le statut des personnes sont règlementés par les lois et règles de chaque communauté religieuse. En conséquence, un couple qui désire mettre fin à son union doit avoir recours au tribunal religieux de sa communauté. Celui-ci décidera de la garde des enfants, de la fréquence des visites, de la pension alimentaire…

Au Liban, le législateur ne prévoit pas de recours à la médiation familiale comme préalable à l'action en justice, mais la loi demande au juge d'essayer de concilier les parties avant de trancher le litige. La procédure préliminaire de conciliation judiciaire devant les tribunaux confessionnels aboutit rarement faute de temps et de moyen.

Cependant, certains tribunaux musulmans proposent un recours préalable à la médiation, tels les tribunaux druzes.

Médiation Familiale Internationale

Certaines médiations ont été traitées par le CPM concernant des enlèvements d'enfants par un père de nationalité libanaise marié à une mère française. Ces cas ont aidé à montrer l'utilité de recourir à la médiation dans ce domaine en raison des problèmes de séparation des couples binationaux et de leurs répercussions sur les enfants, victimes de la différence de culture, des systèmes juridiques ainsi que de la distance géographique qui sépare leurs parents. Ces enfants se trouvent par la suite cibles des opérations de prise en otage par un parent au détriment de l'autre. Ici, la médiation peut devenir un langage universel qui transcende les cultures et les frontières.

Médiation Pénale

Il existe dans la loi libanaise des dispositions qui permettent d'éviter la prison aux mineurs, comme le travail de réparation envers la victime, mais pas de référence expresse à la médiation pénale.

Il y a actuellement près de 130 jeunes incarcérés à la prison de Roumieh, souvent pour des infractions mineures. Un pavillon est spécialement aménagé pour les accueillir, mais les mineurs restent tout de même exposés à un environnement violent et hostile qui les sépare du monde extérieur. Les séquelles d'une telle incarcération compromettent les chances d'une bonne réinsertion sociale future. D'où l'utilité de développer la médiation pénale au Liban.

Le CPM, en collaboration avec une ONG libanaise, est en train de mettre en place des bureaux de médiation au sein de certaines prisons en vue d'apaiser les conflits existants entre détenus et/ou gardiens.

Projet de loi de médiation judiciaire

Le Centre Professionnel de Médiation a déposé, en juin 2009, un projet de loi pour le développement de la médiation judiciaire au Liban.

Cinquième partie

PERSPECTIVES

1. LES MÉDIATIONS INTERNATIONALES

La médiation familiale internationale

Danièle GANANCIA,
vice-présidente au tribunal de grande instance de Paris,
vice-présidente de Gemme France[83] *(France)*

ENJEUX ET PERSPECTIVES

La médiation familiale internationale est une pratique nouvelle, encore trop peu développée, mais qui sera bientôt incontournable : avec la mondialisation des échanges, les couples binationaux sont en augmentation exponentielle (en Europe près d'un divorce sur quatre concerne un couple binational). En corollaire, des séparations, souvent conflictuelles, où les parents règlent leurs comptes conjugaux en s'arrachant les enfants, pris en otage par-delà les frontières : l'enlèvement est souvent une façon de faire payer à l'autre l'échec du couple...

Les conséquences sont dramatiques pour l'enfant, amputé d'un de ses parents, de ses racines, de son environnement, de sa langue, instrumentalisé dans la haine de l'autre parent éloigné de plusieurs milliers de kilomètres. Entre les couples s'engage une guerre sans merci, dans une spirale infernale de violence et de haine qui prend la forme d'un marathon judiciaire : chacun saisit la justice de son pays pour obtenir « ses droits » sur l'enfant et les décisions rendues dans un pays sont inapplicables dans l'autre...

La justice est impuissante à régler de façon adaptée ces conflits passionnels : pour illustration, l'affaire très médiatisée en France en été 2009 de la " petite Élise" : un père français et une mère russe se sont disputés l'enfant au rythme de décisions judiciaires contradictoires, le juge russe fixant la résidence d'Élise en Russie et le juge français en France... Chaque parent bloquant tous contacts de l'enfant avec l'autre, la seule issue pour chacun était de contre- enlever l'enfant, qui a été arrachée quatre fois d'un pays à l'autre, et l'affaire n'est toujours pas résolue...

Même lorsqu'il existe une convention internationale applicable, comme la Convention de La Haye, qui permet au juge du pays " refuge" d'ordonner le retour de l'enfant dans son pays d'origine, le résultat est identique : l'enfant perdra la plupart du temps ses liens avec l'un des deux parents (*le parent*

---

[83] Auteur d'un livre : *La médiation familiale internationale*, Erès.

« perdant »…) car il s'est élevé entre eux une barrière infranchissable de rancœurs, de méfiance, de peur panique de l'enlèvement, d'insécurité, exacerbée par la distance géographique, la dualité des cultures et des dispositifs juridiques différents des Etats. (*Cf. là encore les affaires très médiatisées Washington et Getliffe*).

Dans ce contexte, la médiation familiale internationale apparaît la seule solution humaine, civilisée et durable : elle permet le maintien du lien de l'enfant à ses deux parents, dont l'objectif est rappelé par toutes les conventions internationales. Cela passe par une pacification du conflit, grâce un processus qui permettra aux ex-conjoints de vider les abcès conjugaux, rétablir un climat de compréhension mutuelle, faire baisser le niveau de haine et remonter le niveau de confiance : ils pourront alors se refocaliser sur l'intérêt supérieur de leur enfant, qui est de garder ses deux parents dans sa vie, même éloignés de milliers de kilomètres. La médiation leur permet de trouver une organisation équilibrée du temps de l'enfant entre les 2 pays *(par exemple résidence chez l'un et vacances chez l'autre*). Paradoxalement, la médiation offre une sécurité supérieure à la justice : le protocole d'accord sera applicable et homologué par la justice des deux pays : il n'y aura donc plus de risques d'enlèvement à l'occasion d'un droit de visite et d'hébergement dans l'autre État et l'enfant pourra alors circuler librement entre ses deux parents, ses deux pays, ses deux cultures.

C'est le constat positif que j'ai dressé après quatre ans d'expérience au ministère de la Justice français, en tant que magistrat responsable de la Mission d'aide à la médiation internationale pour les familles (MAMIF) : après avoir suivi une formation diplômante à la médiation, j'ai conduit de très nombreux processus de médiation familiale internationale entre parents de toutes nationalités. J'ai synthétisé et théorisé ces processus dans un ouvrage : *« la médiation familiale internationale : La diplomatie du cœur dans les enlèvements d'enfants »*[84]

La médiation familiale internationale peut produire des résultats spectaculaires, à condition que les deux parents acceptent réellement de s'engager dans le processus.

En illustration, ce cas d'un père français dont la fille avait été enlevée en Turquie par la mère, repartie dans son pays d'origine : il avait perdu pendant six ans les liens avec sa fille Maya (8 ans). 12 procédures avaient opposé les parents en France et en Turquie, jusqu'à la saisine de la cour européenne de Strasbourg, en vain : la mère refusait tous contacts entre l'enfant et le père, de peur qu'il ne la retienne en France, en prétextant que l'enfant ne voulait plus voir son père... Pendant plusieurs mois je me suis employé à retisser des liens de confiance entre eux, à la faveur d'abord d'entretiens séparés, puis en réussissant à faire venir la mère en France, puis l'enfant avec elle, et organiser des séjours progressifs du père en Turquie. Finalement, ils ont signé un protocole d'accord qui les sécurisait par son homologation par les justices française et turque, en

[84] Ed. ERES 2007.

s'accordant surtout les détails de la vie de leur enfant, y compris... sur leur divorce par consentement mutuel... Depuis, Maya passe presque toutes ses vacances en France avec son père et les deux parents m'ont écrit ensemble une carte postale de chaleureux remerciements. J'ai relaté dans mon livre des dizaines d'histoires semblables.

Pourtant, il existe actuellement des freins majeurs au développement de la médiation familiale, qui explique son caractère embryonnaire :

La réticence très vive des parents à s'y engager, car l'un des deux est en "position de force", soit qu'il " détienne" l'enfant à l'étranger hors d'atteinte de la justice, soit qu'il bénéficie du "droit" quasi automatique au retour de l'enfant selon la Convention de La Haye, ce qui l'empêche de négocier. Il serait donc utile que dans chaque État, le Ministère de la Justice (ou des Affaires étrangères) en charge de ces conflits, incite les parents à la médiation, systématiquement avant ou pendant toute procédure, leur propose des noms de médiateurs, et les sécurise en encadrant et assistant sur le plan juridique ces médiations effectuées par des médiateurs extérieurs. Une médiation adossée à l'autorité d'un ministère (comme c'était le cas à la MAMIF) aura bien plus de chances d'être acceptée par ces parents totalement désorientés et vulnérables.

Au niveau de l'Europe, il existe plusieurs Règlements créant un cadre pour ces médiations (Bruxelles II bis, qui prévoit la coopération des autorités centrales pour favoriser les médiations transfrontalières, la directive européenne sur la médiation et la Directive sur l'aide juridique, précisément dans les litiges transfrontières*)*. Pourtant, aucun de ces textes ne prévoit les modalités concrètes de mise en œuvre des médiations et aucun travail de coordination entre les états n'a encore été entrepris par les institutions européennes.

La mise en œuvre des médiations familiales internationales, qui nécessitent des processus spécifiques, est très délicate, en raison de l'éloignement géographique des parents et des barrières culturelles et linguistiques.

Il faut donc initier une formation commune, à l'échelon européen et international, de médiateurs familiaux spécialisés, avec des standards communs de déontologie et de méthodes leur permettant de travailler ensemble dans les deux pays. L'exemple de la Commission Franco-Allemande de médiation, que j'ai contribué à mettre en place, montre en effet que le système le plus efficace de médiation internationale est la co-médiation par un binôme de médiateurs qui travailleront en tandem et en toute impartialité, mais auront chacun la confiance de son " national". Cela suppose aussi l'utilisation de la visioconférence, toujours moins coûteuse que les déplacements des parents et des médiateurs.

La mise en place des médiations internationales suppose que les ministères, les juges et les parents, disposent d'une liste de médiateurs familiaux accrédités, qui n'existe pas actuellement. Plusieurs associations internationales de médiation, dont GEMME, travaillent dans plusieurs pays à la constitution d'un réseau de médiateurs familiaux internationaux.

La médiation familiale ne pourra se développer que par une impulsion supranationale : elle ne peut exister isolément dans chaque pays, mais être organisée à la faveur d'une coopération internationale.

C'est dans cet objectif que GEMME- France a proposé à l'Union Européenne, lors d'une rencontre avec M. Jacques Barrot, la création d'une mission Européenne de médiation familiale internationale, qui devrait :

– Promouvoir la médiation familiale internationale dans les États de l'Union Européenne, par une sensibilisation des autorités centrales et des juges, en les incitant à faire aux parents une proposition systématique de médiation, voire par injonction (qui se révèle très efficace en droit interne), sans pour autant retarder inutilement les procédures : ces médiations peuvent parfaitement être menées dans les délais très brefs (environ un mois) qu'imposent les conventions internationales.
– Piloter une formation européenne à la médiation familiale internationale
– Constituer un réseau de médiateurs transfrontières qualifiés, qui seraient accrédités par l'union européenne.
– Accueillir un centre européen de médiation, chargé de mettre en place lui-même, organiser et encadrer des médiations binationales, spécialement nécessaires avec les pays hors de l'union européenne où il n'existerait pas de Convention internationale applicable : l'autorité et la crédibilité de l'Union Européenne seraient de nature à rassurer des parents totalement désorientés par des situations d'impasse juridique.

Il est nécessaire de nous mobiliser pour que la médiation devienne à la justice ce que la diplomatie est à la guerre : une démarche première et non la solution de la dernière chance quand toutes les procédures ont échoué... L'Europe devrait initier une politique concrète et efficace de médiation familiale internationale pour favoriser la protection et la circulation des enfants des citoyens de l'union. Il faut créer « *une Europe des liens et pas seulement une Europe des biens* »...

La médiation familiale dans la coopération internationale judiciaire

Christoph STRECKER, Juge honoraire (Allemagne)

Pendant des années, j'ai été juge des affaires familiales. Vers la fin de ma vie professionnelle, j'ai suivi des cours de médiation. Depuis que je suis à la retraite, je travaille comme médiateur familial.

1. UN CAS ACTUEL

Un jour, je reçois un coup de téléphone de l'autorité centrale allemande pour les conflits internationaux concernant des enfants. L'autorité centrale cherchait un médiateur pour un conflit binational : Magda, une Allemande, mariée avec Pepe, un espagnol, avait quitté son mari en Espagne et était rentrée en Allemagne avec l'enfant. Sur la base de la convention de La Haye sur l'enlèvement d'enfants, Pepe demandait au tribunal allemand la restitution de son fils. La juge allemande proposa une médiation organisée par l'autorité centrale. Mais le côté espagnol ne répondait pas. La personne s'occupant de l'affaire à l'autorité centrale supposa que Pepe et son avocat ne savaient pas ce qu'était la médiation. Me souvenant de mon ami Pascual Ortuño, je lui écrivis un message pour le prier de contacter cet avocat et ce dernier répondit immédiatement. Médiateur lui-même, il connaissait bien la médiation. Son client, Pepe, acceptait la médiation, mais en Espagne et pas en Allemagne. Entre-temps, le tribunal avait ordonné la restitution de l'enfant au père. La mère avait fait appel de cette décision. La cour d'appel n'avait pas encore décidé, mais demandé une expertise psychologique. Le père – Pepe – réitère son offre de participer à une médiation en Espagne. Maintenant, c'est la mère – Magda – qui ne répond pas.

2. LA TÂCHE DU TRIBUNAL

Dans les cas d'enlèvement, conformément à la convention de La Haye, le tribunal n'a qu'une compétence très limitée pour examiner les aspects du bien-être de l'enfant. En principe, le tribunal doit ordonner la restitution et l'enfant doit rentrer à son lieu de séjour d'origine, sauf en cas de danger grave ou de situation absolument intolérable pour le mineur.

Si la décision est difficile, le tribunal peut être tenté de la retarder. Par exemple, en se cachant derrière une expertise. De cette façon, les juges gagnent du temps, et à la fin ils peuvent décharger leur responsabilité sur l'expert. Une autre possibilité est de proposer une médiation.

3. La médiation comme alternative et complément au procès judiciaire

3.1. Dans la réalité de la vie juridique, on peut parfois observer qu'un juge désorienté propose la médiation dans l'espoir de se débarrasser d'une décision difficile.

3.2. D'autre part, naturellement la médiation permet des solutions meilleures que la décision judiciaire. Tandis que le jugement ne peut dire que « oui » ou « non », dans une négociation entre les parties, on peut intégrer les intérêts et les désirs des parties en conflit.

3.3. De plus, la médiation permet des solutions que les tribunaux des deux pays respectifs peuvent transformer en règlements provisionnels comme par exemple les nommées "mirror orders" et "safe harbour orders". Ces règlements peuvent faciliter des accords dans des situations de peur et de méfiance.

3.4. Quand on parle de médiation, se pose le problème des frais, composés des honoraires pour les médiateurs et de leurs les frais de déplacement et de logement. Ces frais peuvent être un obstacle pour les parties. Pour promouvoir l'idée de la médiation, il y a eu un projet franco-allemand temporaire, dans lequel les ministères de la justice respectifs prenaient en charge ces dépenses. Ce projet est terminé. Dans le cas de Pepe et Magda, l'autorité centrale allemande avait annoncé qu'il subventionnerait la médiation, mais cela n'aurait pas résolu le problème du fond.

4. Le rapport entre le litige judiciaire et la médiation

Si nous acceptons qu'il soit légitime que le tribunal propose une médiation, il faut créer des conditions permettant à cette proposition de fonctionner.

4.1. Avant tout, il est indispensable que les juges connaissent la médiation. Pour cela, depuis quelques années le ministère fédéral de justice allemand a intégré des informations sur la médiation dans son programme de formation professionnelle sur le droit international. En outre, le ministère organise des cours binationaux pour les magistrats de deux pays où la médiation a également une grande importance.

4.2. Les tribunaux ne peuvent pas imposer la médiation aux parties. Ils peuvent seulement la proposer. En France, les tribunaux peuvent obliger les parties à s'informer sur la médiation, cela vaut également pour l'Allemagne, depuis le 1er septembre 2009. La médiation reste complètement volontaire. Son succès dépend de la bonne volonté des parties du litige.

4.3. En Grande-Bretagne, il existe un modèle de la fondation "Reunite" en coopération avec le tribunal de Londres (High Court f Justice). Dans ce modèle, la médiation est intégrée dans la phase initiale du litige devant le tribunal. Le juge offre aux parties une médiation pendant un certain délai. La médiation est effectuée en co-médiation dans laquelle un des médiateurs est un juriste. En cas de succès, le résultat de la médiation est intégré au jugement du tribunal. En cas d'un échec, le tribunal rend une décision. Les frais de la médiation sont pris en charge par la fondation.

5. La quête de médiateurs

Retour en Allemagne :

5.1. Le tribunal qui propose une médiation est obligé de proposer des médiateurs qualifiés avec le profil requis. Comment les trouver ?

5.1.1. En Allemagne il n'existe ni loi sur la médiation, ni normes concernant la qualification des médiateurs, ni accréditation formelle de ceux-ci. La formation des médiateurs dépend d'entreprises privées, d'organisations professionnelles et des universités qui s'efforcent de standardiser leurs niveaux.

5.1.2. Quant aux connaissances spéciales de la médiation dans les conflits internationaux, deux organisations de médiateurs – la fédération de médiateurs (Bundesverband Mediation, BM) et le groupe de travail fédéral pour la médiation familiale (Bundes-Arbeitsgemeinschaft für Familien-Mediation, BAFM) - organisent des cours de formation professionnelle, en coopération avec le ministère fédéral. Récemment, les deux organisations ont fondé une association nommée « médiation en conflits internationaux concernant des mineurs » (Mediation bei internationalen Kindschaftskonflkten, MiKK).

5.1.3. A l'issue de quelques cours binationaux, des médiateurs français et allemands ont fondé une organisation "Médiation familiale binationale en Europe" (MFBE) qui n'a pas encore eu d'activités perceptibles.

5.1.4. En conséquence de ces actions, il y a des listes de médiateurs où l'on trouve leurs qualifications professionnelles, les langues qu'ils parlent et leurs connaissances en droit international.

5.1.5. Autre conséquence de ces activités – très encouragées et assistées par le ministère fédéral de justice – il existe un réseau très utilisé pour des rapports personnels internationaux entre magistrats et médiateurs.

6. Standards pour la médiation binationale

6.1. Naturellement la directive européenne 52/2008 sur la médiation en matière civile et commerciale est obligatoire, avec en outre – comme obligation volontaire au sein de ces organisations – le code européen de conduite pour médiateurs.

6.2. En Allemagne, ces organisations recommandent quelques règles qui ont été adoptées en octobre 2007, lors d'un séminaire polonais – allemand, comme « déclaration de Wroclaw sur la médiation binationale en matière de mineurs ». La déclaration recommande la co-médiation de façon qu'y participent :

– des médiateurs des deux pays,

- une femme et un homme,
- des personnes provenant de différentes professions, un juriste et un psychologue ou pédagogue.

Certes, cela n'est pas toujours facile à réaliser parfaitement, mais c'est l'idéal vers lequel on tend. En attendant, d'autres résolutions se réfèrent explicitement à cette déclaration de Wroclaw.

7. Conclusion

7.1. La formation professionnelle permanente des juges et des médiateurs concernant les problèmes juridiques, culturels et émotionnels de conflits binationaux, est un défi permanent. Il faut l'organiser de façon systématique. Cette nécessité englobe la capacité de prêter l'oreille aux enfants quand cela paraît opportun.

7.2. Les rapports binationaux entre juges et médiateurs ont prouvé leur utilité. Il faut les approfondir et les étendre à d'autres pays. En outre, il est important que les contacts ne soient pas limités à des amitiés personnelles. Pour survivre, de tels contacts doivent être appuyés par un cadre institutionnel.

7.3. Le problème des frais exige une réponse fondamentale. La valeur centrale dans ce type de conflits est le bien-être des enfants, dont le respect à l'égard ne devrait pas dépendre des moyens économiques des parents. Les différents projets et la création de quelques fondations ne sont pas une solution fiable, suffisante et permanente. L'organisation "Médiation familiale binationale en Europe" a pour but de recueillir des moyens pour le financement de médiations binationales. Mais jusqu'à présent sa caisse est vide.

7.4. Les tribunaux doivent accepter de promouvoir la médiation, mais pas pour se débarrasser de leur devoir de prendre des décisions. La médiation doit se dérouler dans des délais raisonnables ; en cas d'échec, le tribunal doit décider. Le contenu de cette décision peut être la base d'une nouvelle médiation sur les règlements détaillés pour l'avenir. Peut-être y arrivera-t-on aussi dans le cas de Pepe et Magda, dont je suis parti pour faire ces quelques réflexions.

La médiation commerciale internationale

Sir Gavin LIGHTMAN,
juge honoraire de la High Court de Justice de Londres,
président de Gemme, médiateur

I. Médiation au Royaume-Uni

Le sujet de mon propos est la médiation commerciale internationale vue de Grande-Bretagne. Pour suivre cet exposé, il faut, en introduction, comprendre l'histoire du développement de la médiation en Grande-Bretagne, les principes énoncés par la loi et les principes généraux de la médiation. Ce n'est que dans ce cadre que la médiation commerciale internationale peut être comprise, car les principes et la pratique sont rigoureusement les mêmes, bien que certains aspects aient un sens particulier pour la médiation internationale.

L'usage de la médiation, en tant que forme alternative de règlement des conflits, s'est d'abord développé, dans les années 70, pour les affaires familiales et les conflits du travail. Il n'était pas question de médiation pour les autres affaires, et, en particulier, pour les affaires commerciales. L'idée qui prévalait dans les tribunaux et dans les professions juridiques était que la justice et la politique publique (ainsi que la bonne santé financière des hommes de lois) nécessitaient que les affaires commerciales soient jugées en public devant un juge tranchant le litige.

Par exception, graduellement et avec réticence, on accepta que les parties puissent se lier par un accord d'arbitrage, mais cet accord était sans effet si le tribunal pensait que la décision en question, pour une raison parmi une foule de raisons possibles, appartenait au tribunal.

Depuis les années 60, cette approche étroite de l'usage de l'arbitrage n'a pas perduré face à la pression internationale favorable à l'arbitrage, et au respect dû au choix des parties d'utiliser l'arbitrage comme moyen de résolution des conflits.

Ainsi, s'est développée progressivement la position actuelle des tribunaux du Royaume-Uni qui est de donner, dans la mesure du possible, dans toutes les affaires, force exécutoire aux clauses d'arbitrage.

Un processus historique similaire a été nécessaire dans les années 90 pour changer l'attitude des tribunaux envers la médiation.

Auparavant, la médiation était un processus dont les tribunaux acceptaient l'usage par les parties, sans la prendre en charge et sans l'encourager.

En fait, les tribunaux montraient très peu d'enthousiasme pour accéder à la demande des parties qui voulaient ajourner leur procès pour se tourner vers une médiation ou une négociation. Les cours d'appel anglaises allèrent jusqu'à décider que, dans un contrat commercial, une clause de recours obligatoire à la médiation, avant la mise en œuvre des procédures légales, était sans valeur, en application du principe juridique anglais selon lequel une convention qui vise à faire accepter les termes d'un contrat à venir ne peut pas recevoir force exécutoire.

Il y avait cependant des raisons pour pousser les tribunaux du Royaume-Uni à changer leur approche… En premier lieu, et c'est le plus important, dans les conflits commerciaux, les parties et leurs conseils insistaient pour dire que, dans ces affaires, la médiation devait être une option possible, pour trois raisons. La première était que les procès commerciaux devenaient de plus en plus longs et coûteux, en un mot, plus du tout commerciaux.

La seconde était que les hommes d'affaires raisonnables mettaient en exergue la poursuite des relations d'affaires, et donnaient la priorité à un processus qui visait à conserver entre les parties l'harmonie, plutôt que les querelles et la perspective de futures relations fructueuses.

La troisième raison était la création de nombreux organismes de haut niveau de formation des médiateurs, la conséquence étant un flot continu de médiateurs formés (principalement, mais pas uniquement des avocats), disponibles pour faire des médiations.

Reflétant ce changement de climat, la pratique des tribunaux et les règles de procédure changèrent radicalement et, à la place de l'hostilité précédente envers la médiation, les tribunaux adoptèrent une approche énergique reconnaissant et obligeant les parties en conflit, dans pratiquement tous les cas où il y avait une réelle chance de succès pour la médiation, de donner sa chance à ce processus.

Ainsi, il importait peu que les parties aient envisagé la médiation par une clause contractuelle et qu'une disposition de ce type ait force de loi comme faisant partie de la loi du contrat (bien que l'existence de cette disposition augmente la détermination du tribunal), pour que celui-ci propose la médiation avec insistance. C'est maintenant la loi et la pratique des tribunaux du Royaume-Uni, pour toutes les affaires commerciales, internationales ou non, en corrélation avec les développements équivalents dans d'autres pays, particulièrement d'Europe et d'Australie.

Les juges et les praticiens reconnaissent que la jurisprudence des tribunaux impose une sérieuse limite aux possibilités d'ordonner la médiation. Un tribunal peut obliger une partie à aller en médiation et à assister à une réunion de médiation ; si elle refuse d'y assister, le tribunal peut prendre des sanctions, particulièrement la condamnation aux dépens, ce qui au Royaume-Uni, dans les affaires commerciales, est une vraie sanction, car ces frais sont très élevés.

Mais le tribunal ne peut pas suivre le comportement des parties au cours de la médiation proprement dite, puisque, pour la sauvegarde du processus de médiation, tout ce qui s'y passe est confidentiel et ne peut être dévoilé à quiconque, ce qui inclut le tribunal, sans le consentement de toutes les parties. Cette règle de droit interdit au tribunal de prendre des sanctions pour procédure abusive.

En conséquence, une partie peut pour de multiples raisons, bonnes ou mauvaises, accepter d'aller en médiation, mais il n'y a pas de moyen légal d'empêcher une partie à la médiation d'adopter une position qui bloque tout le processus, c'est-à-dire, de façon pratiquement délibérée, d'affirmer des choses extravagantes ou totalement irréalistes. J'ai eu l'occasion d'expérimenter cela dans une affaire où j'étais impliqué. Mais je suis heureux de dire que la partie en question a perdu le procès qui suivit et, en conséquence de cette perte, a été condamnée à payer tous les dépens. Mais une telle conduite de la part d'une partie est très rare, car, la recherche le montre et l'expérience le confirme, une fois la procédure de médiation en place, lorsqu'elle est conduite par un médiateur confirmé, il peut se créer une compréhension mutuelle et une volonté d'aboutir à une solution satisfaisante du litige, bien que cet état d'esprit ait pu être absent chez l'une des parties, ou peut-être chez les deux au début du processus.

II. Opportunité pour la médiation internationale

En règle générale, la médiation internationale se présente au Royaume-Uni dans trois types de situations. Premièrement, les parties (ou certaines d'entre elles) peuvent être du même pays, mais le conflit sous-jacent peut avoir des aspects internationaux, c'est-à-dire que les biens ou les affaires en questions peuvent être à l'étranger ou que l'événement à l'origine du conflit ou la loi qui lui correspond peuvent provenir d'un autre pays. Deuxièmement, les parties peuvent choisir le Royaume-Uni, et Londres en particulier, comme lieu de juridiction, même sans rapport avec le Royaume-Uni.

III. Défis pour la médiation internationale

Je vais maintenant dire quelques mots sur les défis auxquels doit faire face la médiation internationale.

1) L'accord pour aller en médiation

La première étape, dans bien des cas, est de persuader les parties d'aller en médiation. Cette première étape peut être nécessaire quand le contrat commercial ne prévoit pas la médiation, parce que les parties, mais aussi leurs avocats, ne sont pas des familiers de la médiation, ou y sont hostiles d'une façon générale ou seulement pour leur affaire, à moins qu'ils ne soient inquiets en pensant que proposer une médiation serait perçu comme un signe de faiblesse.

Aujourd'hui, tous les avocats, et a fortiori leurs clients, ne distinguent pas clairement la différence entre arbitrage et médiation. D'où la nécessité d'une explication claire sur ce qu'implique la médiation et sur ce que l'on peut raisonnablement en attendre. Il est tout à fait classique dans un conflit international que les parties proviennent de pays où les juridictions et les cultures juridiques soient très différentes. Dans ce cas, un plaidoyer peut être nécessaire pour les persuader d'accepter le processus. Cependant, cet exercice peut nécessiter de la délicatesse dans l'approche. Une offre directe de médiation émanant d'une partie peut s'exposer à refus de l'autre partie. L'expérience montre qu'il est plus productif d'introduire une troisième partie neutre et indépendante pour faire cette approche.

2) Choix du médiateur

Le second obstacle à surmonter est l'accord sur le nom d'un médiateur, ou de la façon de procéder pour le nommer. Des systèmes juridiques différents ou différentes traditions peuvent avoir des approches différentes pour le choix du médiateur.

Il y a des systèmes (en particulier certains systèmes de loi civile) qui proposent que des juges fassent la médiation. Ceci est en vogue chez certains juges, car ils peuvent se faire payer par les parties pour ce service ce qui augmente leur salaire annuel et qu'ils n'ont pas à entrer en concurrence pour leur compétence ou le montant à payer pour être désigné puisqu'ils se désignent eux-mêmes.

Il y a des systèmes (comme, par exemple, la Turquie), où la loi prévoit que la médiation est un monopole des avocats.

Il y a des systèmes où les médiateurs sont obligatoirement nommés par le tribunal.

Il y en a d'autres (comme au Royaume-Uni) où les parties ont le libre choix de leur médiateur, y compris celui d'un médiateur ayant une qualification quelconque, après avoir reçu n'importe quelle formation.

Dans le cas d'une médiation internationale, il faut tenir compte de ces considérations et aussi penser aux susceptibilités des parties. Par exemple, une partie peut ne pas avoir confiance dans un médiateur à cause de sa nationalité, en particulier, si c'est la même que celle de l'autre partie. Le candidat médiateur, pour être accepté, doit avoir des qualités variées pour satisfaire les parties, avoir une compétence dans différents domaines, différentes cultures et de l'expérience.

Dans certaines cultures, le sens de l'humour chez un médiateur est un atout, dans d'autres un handicap.

Ces obstacles peuvent être dépassés en proposant deux médiateurs, chacun provenant d'un milieu différent, offrant ainsi, à l'autre partie, le choix d'un médiateur dans un tableau de médiateurs présenté par une partie ou suggéré par un centre de médiation internationale reconnu. En pratique, les parties acceptent volontiers un médiateur recommandé par un corps de médiateurs connu. Pour obtenir d'une partie son accord pour la médiation, il peut être utile de vérifier si elle a vraiment compris que le médiateur ne peut en aucun cas lui imposer de faire quoi que ce soit, ou de l'obliger à accepter un accord, quel qu'il soit.

3) Accord de médiation

Pratiquement toute médiation demande que soit rédigé un accord de médiation. Il y a des termes sur lesquels il faut être d'accord, même si l'accord nécessaire peut être complètement informel. Ainsi, l'accord doit porter sur les points suivants :

a) Jusqu'à quel point la procédure de médiation doit-elle rester confidentielle ?

b) Le médiateur doit-il être payé et si oui par qui ? Il n'est pas rare que, pour aller en médiation, une partie demande que l'autre partie paye la totalité ou du moins une part substantielle de la médiation, et ceci peut avoir un impact important quand l'une des parties est dans une situation financière beaucoup moins bonne que l'autre ;

c) Quelle forme doit prendre l'accord ? Il est courant de prévoir qu'aucun accord ne liera les parties s'il n'est pas écrit et qu'elles ne l'ont pas signé ;

d) Le médiateur peut-il être poursuivi devant les tribunaux par une partie eu égard à sa façon de conduire la médiation, peut-il être un témoin compétent et peut-on le contraindre à témoigner si une procédure est introduite parallèlement ou après la médiation ?

Il est vital pour le médiateur d'avoir une clause protectrice ; j'ajouterai que le médiateur court un risque s'il prend un rôle quelconque dans la rédaction de n'importe quel accord. Il y a un risque réel que l'accord n'ait pas prévu de conséquences pour une partie (par exemple sur des revenus). Le médiateur ne serait pas avisé en se chargeant d'une responsabilité qui appartient aux avocats des parties ;

e) Dans quelle mesure les parties sont-elles obligées de garantir la présence aux réunions de médiation des personnes habilitées pour prendre les décisions permettant de conclure un accord ou au moins (deuxième choix) leur disponibilité au téléphone, par email ou par fax, pendant toute la durée de la médiation, pour que des décisions puissent être prises à tout moment ?

f) (comme pour tous les accords commerciaux internationaux), il est essentiel d'être d'accord sur la loi correspondant à l'accord de médiation ; très souvent, on suit la loi correspondant au contrat commercial des parties, mais très souvent aussi, il y a une bonne raison pour s'éloigner de cette pratique. La plupart du temps, on choisit la loi anglaise, même si la médiation a lieu hors du Royaume-Uni. Le choix de la loi appropriée à l'accord de médiation a une grande importance. Par exemple, la loi appropriée peut régler (à un degré plus ou moins grand) ce que doit inclure un accord de médiation, si et comment ses termes peuvent être revêtus de la force exécutoire et les pays où la validité de l'accord de médiation peut être contestée.

4) Langage dans la médiation

Dès le début, les parties, leurs conseils, ainsi que les médiateurs, doivent choisir avec soin le langage dans lequel se fera la médiation et les interprètes correspondants. Tous ceux qui participent doivent se sentir à l'aise, pendant que le processus progresse. Utiliser un langage étranger à l'une des parties contribue à faire croître en elle un sentiment de distance et d'exclusion, et, en conséquence, doit être évité si possible, mais cela peut ne pas être le cas. Dans ces situations, l'utilisation d'interprètes fera probablement comprendre l'essentiel. Quand on choisit les interprètes, il faut garder en tête qu'il ne suffit pas aux interprètes de parler couramment la ou les langues des parties : il y a des sous-entendus politiques ou culturels significatifs dans l'attitude des parties envers les interprètes et dans leur état d'esprit confiant, ce qui est vital, croyant dans l'exactitude des traductions de ce qui est dit.

5) La culture des parties

Les médiateurs doivent, avant la médiation, se plonger dans la culture des parties. La toile de fond culturelle d'un conflit international donne souvent la clé de la solution, et un manque d'attention peut entraîner l'échec de la médiation.

La volonté des médiateurs d'apprendre, la vivacité et l'adaptabilité, sont les principales ressources disponibles pour aider un médiateur dans ses efforts pour réussir à être accepté culturellement. Il y a des cultures où le point le plus important est de sauver la face, et seul un règlement assurant cet aspect des choses pourra avoir une chance d'être retenu.

Ceci implique que le médiateur évite tout acte qui pourrait faire perdre de face à une partie comme, par exemple, la recherche d'une faute éventuelle, ou quelque chose ressemblant à un interrogatoire qu'elle subirait ; de même, si l'accord aboutit au paiement d'une indemnité compensatrice par une partie, il peut nécessiter un habile habillage, comme, par exemple, le qualifier de payement promotionnel pour une nouvelle entreprise ou un nouveau produit.

On connaît bien la phrase du philosophe français Blaise Pascal : "les gens sont en général davantage convaincus par les raisons qu'ils découvrent eux-mêmes". Ceci est particulièrement vrai dans le cas des médiations internationales ; c'est un guide précieux pour les médiateurs qui sont dans leur rôle en paraissant suivre et non diriger les négociations et les discussions. Mais peut-être qu'avant tout le médiateur doit rester lui-même : il doit accorder aux parties une vraie empathie, de l'attention et de l'intérêt.

6) Conseils

Il n'est pas rare dans une médiation internationale (quand on n'a pas trouvé d'accord) que le médiateur soit invité à donner son avis sur un point qui devrait être résolu pour ouvrir un chemin. Le médiateur doit prendre garde, avant d'accepter d'accéder à une telle demande, car, en exprimant son point de vue, pour une partie ou pour l'autre, il trahit la perception de neutralité, et, de ce fait, la confiance des deux parties, si celles-ci, un peu plus tard, veulent reprendre le processus de médiation.

IV. Conclusion

Avec l'augmentation des voyages et la croissance du commerce international, les occasions de conflits internationaux et les besoins de gestion et de résolution de ces conflits augmentent de jour en jour. Au même moment, on reconnaît de plus en plus que la médiation est un outil très efficace pour résoudre les conflits commerciaux – en un mot, la médiation pourrait être la première action, le procès et l'arbitrage, le dernier recours. Ceci est le reflet de l'augmentation des clauses de médiation dans les contrats commerciaux, et un livre intitulé "la médiation internationale – l'art de la diplomatie commerciale", écrit par deux médiateurs de grande renommée du Royaume-Uni, en est à sa deuxième édition. La médiation internationale en est encore au stade de l'enfance ; son potentiel de croissance est immense. On peut considérer avec confiance son développement futur et son rôle croissant dans la société, ainsi que les occasions qui nous serons données de participer à leur réalisation.

2. Une voie d'avenir : l'e-médiation

e-médiation

Fernando PAULINO PEREIRA,
responsable de la Coopération judiciaire dans les matières civiles et commerciales, de e-justice et e-law au secrétariat général du Conseil de l'Union Européenne

La médiation, en général, a de plus en plus vocation à constituer un moyen alternatif d'accès à la justice. Elle peut apporter une solution extrajudiciaire économique et rapide aux litiges, en utilisant des moyens plus adaptés aux besoins des parties. Il convient de relever que les accords issus de la médiation sont mieux respectés volontairement et qu'ils ont l'avantage de préserver une relation amiable et durable entre les parties.

1. Objectifs de l'e-médiation

Notre période est fortement caractérisée par une évolution fulgurante vers la société de l'information. L'introduction de nouvelles technologies dans tous les secteurs de l'accès à la justice permet désormais aux citoyens d'accéder de plus en plus à la justice et au droit par des moyens électroniques.

La médiation s'inscrit dans le droit fil de cette réalité. Dès lors, il conviendrait d'explorer toutes les possibilités qui tendent à faciliter et à encourager davantage le recours à la médiation utilisant des moyens électroniques afin que les justiciables voient leurs intérêts plus rapidement protégés, ce qui favoriserait une bonne administration de la justice. Cela devient encore plus évident dans des situations qui impliquent des litiges transfrontaliers où la distance peut avoir un effet économique important dans la résolution effective de tels litiges.

2. Cadre juridique de la médiation

L'adoption de la directive du Conseil et du Parlement européen du 21 mai 2008 sur certains aspects de la médiation en matière civile et commerciale constitue un premier mécanisme important au niveau communautaire pour encadrer les règles applicables à certains aspects essentiels de la médiation et des médiateurs.

Il est vrai qu'il existe déjà certains instruments internationaux qui fixent un cadre pour la médiation. Cela étant, il apparaît nécessaire de lancer une réflexion sur la question de savoir s'il n'y aurait pas lieu de les adapter et de les étendre afin que la médiation puisse constituer un vrai mécanisme en complément des procédures judiciaires. Seul un tel mécanisme serait susceptible d'assurer une sécurité juridique pleine et une confiance dans les accords issus de la médiation, qui auraient donc vocation à être reconnus et exécutés dans les États.

3. Système e-Justice

Le Conseil a adopté en 2008 un plan d'action relatif à l'e-Justice européenne. L'e-Justice européenne a trois fonctions essentielles, à savoir, l'accès aux informations relevant du domaine de la justice, la dématérialisation des procédures judiciaires et extrajudiciaires transfrontalières, comme par exemple l'e-médiation, et la simplification et l'encouragement des communications entre les autorités notamment par le biais de la visioconférence.

Le premier pas vers la mise en œuvre effective de ce plan d'action sera l'ouverture du portail e-Justice le 15 décembre 2009, ouverture qui aura lieu à Stockholm.

L'e-médiation est importante dans ce contexte. En effet, deux étapes différentes sont prévues.

Lors d'une première étape, le portail disposera d'une section consacrée à la médiation. Cette information, qui sera effectuée sans préjudice des systèmes nationaux établis ou à établir, consistera à donner un aperçu des instruments législatifs existants ainsi qu'à opérer des liens avec des sites qui effectuent déjà la médiation en ligne. Tel sera le cas de l'accès à la base de données ADR, à ECC-Net et à SOLVIT.

Il a été décidé que, lors d'une deuxième phase, la Commission européenne effectuerait une étude de faisabilité visant à examiner la meilleure façon de mettre en œuvre l'e-médiation. Par la suite, le Conseil sera appelé à prendre les décisions nécessaires pour permettre que l'e-médiation devienne une réalité dans l'espace de justice de l'Union européenne. L'objectif est qu'une médiation utilisant la messagerie électronique ou même, dans certains cas, la visioconférence puisse constituer un mécanisme simple, rapide et fiable pour permettre un meilleur accès à la justice.

Il convient enfin de préciser que l'e-médiation pourra bénéficier de la banque de données des traducteurs et des interprètes qu'e-Justice est en train de mettre en place. Lorsque cette banque sera effectivement opérationnelle, elle permettra que l'e-médiation puisse bénéficier de cet outil important pour simplifier et faciliter la médiation lorsqu'elle intervient dans un contexte transfrontalier.

4. Conclusions

L'e-médiation constitue désormais un projet qui devrait être effectif à moyen terme, et qui profitera aux citoyens européens, aux entreprises et à la justice en général.

Médiateur du net

Marie-Françoise Le TALLEC,
médiateur, responsable du service français de médiation en ligne
du Forum des droits sur l'internet

Voici désormais plus de sept ans que le projet de mise en place d'un dispositif de médiation en ligne a été pensé puis mis en œuvre en France, au sein du Forum des droits sur l'internet.

Le Forum des droits sur l'internet - http://www.foruminternet.org - est un organisme original, constitué sous la forme juridique d'une association loi 1901, créé en 2001 avec le soutien des pouvoirs publics afin de gérer les questions de droit et de société liées à internet. Il a plusieurs missions, celle d'informer et de sensibiliser le public aux questions posées par internet, celle d'organiser la concertation entre les pouvoirs publics, les entreprises et les utilisateurs sur ces mêmes questions et celle de proposer un service de médiation à destination du grand public pour gérer les litiges nés en ligne. Le Forum comprend deux collèges d'acteurs représentant le monde économique et la société civile. Il est financé à plus de 80 % par les pouvoirs publics.

Dès 2001, le Forum des droits sur l'internet a mené une réflexion sur les modes alternatifs de règlement des différends et a publié une Recommandation sur ce thème, en 2002. Une des conclusions de ce rapport mettait en avant le souhait des acteurs publics et privés de voir conduite une expérimentation en France d'usage des outils électroniques pour aider à la résolution amiable des conflits. Celle-ci a été mise en place entre 2003 et 2004 afin de mesurer la faisabilité, l'accueil et l'impact d'un tel service de médiation auprès des internautes et des entreprises. Cette expérimentation a été conduite à partir de cent différends, identifiés par le service d'information juridique au grand public du Forum des droits sur l'internet.

À la même époque, les autorités communautaires conduisaient des réflexions sur la médiation. Ainsi, avant même l'adoption de la directive sur les modes alternatifs de règlement des différends, la directive sur le commerce électronique (2000/31/CE), dans son article 17, prévoyait un Règlement extrajudiciaire en ligne des litiges :

« 1. Les États membres veillent à ce que, en cas de désaccord entre un prestataire de services de la société de l'information et le destinataire du service, leur législation ne fasse pas obstacle à l'utilisation des mécanismes de règlement extrajudiciaire pour le règlement des différends, disponibles dans le droit national, y compris par des moyens électroniques appropriés. »

C'est dans cet esprit de mise en œuvre de la médiation dans le secteur du commerce électronique que s'est conduite l'expérimentation de médiation en ligne du service dénommée Médiateur Du Net.

Quant aux autorités bruxelloises, elles continuent à montrer leur intérêt pour l'usage des nouvelles technologies dans le monde judiciaire. Celui-ci se traduit notamment au travers du programme *e-justice* comportant un volet *e-mediation*.

L'expérience de médiation en ligne engagée par le Forum, entre 2003 et 2004, s'est révélée très positive puisque plus de 90 % des cas traités ont été résolus dans de brefs délais. La plate-forme électronique constituée à cet effet et qui copie le schéma relationnel des médiations en présence physique des parties s'est révélée utile et efficace. Elle s'attache à permettre aux parties, éloignées géographiquement, de bénéficier d'un accès simple, souple et encadré à la médiation. Le médiateur joue le rôle traditionnel du médiateur accoucheur et bienveillant à l'écoute des parties. Les règles d'indépendance, d'impartialité, de neutralité, de confidentialité sont strictement respectées.

Après le succès de cette expérimentation, le Forum a ouvert ce service, gratuit, au grand public, en septembre 2004. Il fêtera donc, en septembre prochain, ses six années de pratique de la médiation en ligne. Médiateur Du Net aura, depuis septembre 2004, reçu 20 000 cas et traité 12 000 affaires liées à internet. Il s'agit essentiellement de litiges de la vie courante liés aux achats en ligne, à la fourniture d'accès internet. Ces litiges peuvent être nationaux, mais aussi transnationaux. Le taux moyen de résolution est de 87,5 %. Le service a, par ailleurs, été notifié à Bruxelles, en 2006, par les pouvoirs publics français, comme dispositif de médiation de référence pour le règlement des litiges transfrontaliers.

Le médiateur s'appuie sur l'outil électronique en y transposant les principes essentiels de la médiation dans ses aspects déontologiques et méthodologiques. Il offre ainsi à des parties qui ne pourraient jamais se rencontrer une possibilité d'accès à un mode consensuel de résolution de leur différend. Les parties sont également jointes au téléphone par le médiateur et son équipe. Des courriers postaux peuvent également lui parvenir. La pratique a révélé au regard des témoignages portés par les parties que cette méthode de résolution est particulièrement bien adaptée au nouveau mode de vie à la fois des individus et des entreprises équipés informatiquement ainsi qu'aux types des différends liés à l'usage de l'électronique.

Des échanges à la fois spontanés et construits se déroulent lors de ces médiations. Spontanés, car les parties peuvent à n'importe quel moment se connecter à leur compte sécurisé et parler de leur affaire, poser des questions, émettre des propositions. La parole est libre au moment où elle souhaite s'exprimer sans attendre un rendez-vous, mais elle est aussi construite car elle est conduite par le médiateur qui canalise les apports et les organise formellement sans jamais les dénaturer sur le fond. Les parties ne se retrouvent pas seules, face à face, le médiateur est toujours présent. Celui-ci est attentif à tous les signes et signaux envoyés par les parties allant de la tonalité des messages envoyés qu'ils soient écrits ou vocaux, à la fréquence ou l'absence de ceux-ci. L'outil électronique ne conduit pas les échanges, il les facilite sans gommer, bien au contraire, tout le ressenti que le médiateur va tirer de ceux-ci.

Un examen attentif de chaque dossier est pratiqué avant de déclarer celui-ci éligible à la médiation. Il ne s'agit pas, en effet, de pratiquer la médiation à n'importe quel prix, mais d'engager un processus de médiation à bon escient afin d'en tirer le meilleur profit. Ainsi, pour les différends liés à la consommation, il convient que la partie requérante ait pris ou tenté de prendre contact avec l'autre partie pour expliquer son problème. Le défaut de réponse ou la non-satisfaction à l'égard de celle-ci constituera le problème qui pourra se résoudre de façon amiable. Le recours au médiateur ne doit pas entraîner un désinvestissement de la partie qui souhaite l'engager vers une tierce personne. Aussi, un des rôles du médiateur est de responsabiliser les parties en faisant en sorte qu'elles s'approprient leur différend et qu'elles s'y investissent avec l'aide bienveillante du médiateur.

e-learning

Philippe LEMOULT,
Président de MEDIATION-NET

Aux domaines de l'information et de la réalisation de médiations, il faut ajouter celui de la formation à distance en médiation, appelée aussi e-learning en médiation.

Les applications de l'e-médiation s'appuient sur Internet, réseau informatique mondial qui propose une interface unique à ses utilisateurs.

Parmi les axes de développement du couple médiation et Internet, la formation à distance a naturellement trouvé sa place en proposant d'associer la formation traditionnelle en médiation aux nouvelles technologies de la communication.

Depuis 2007, un organisme, MEDIATION-NET, dispense des formations de ce type. La montée en puissance du e-learning ouvre de nouvelles perspectives et représente pour la médiation un vecteur de développement particulièrement sensible et porteur, avec ses spécificités, ses enjeux et ses limites.

Des préalables incontournables

La grande souplesse de la formation à distance en médiation ne prétend pas se substituer à la formation « en présentiel » qu'il faut toujours privilégier quand le stagiaire auditeur en a le choix et les disponibilités. Le « e-learning » en médiation répond parfaitement à des besoins précis, dès lors que les offres en formation à distance restent fidèles aux objectifs définis. Il faut veiller en permanence au risque de dérive commerciale et aux effets de mode.

Les internautes intéressés sont francophones, installés dans le monde entier et désireux d'être en lien avec la France ou la métropole selon les cas. Leur demande de formation en médiation est initialement prégnante faute d'être précise, d'où un investissement significatif pour disposer des moyens de l'évaluer à distance, pour mieux y répondre.

Pour réguler qualitativement la diversité des attentes des clients potentiels et pour mieux positionner l'intérêt de la formation à distance, un ensemble de différents outils d'orientation et d'insertion dans la médiation est mis à disposition. Ce dispositif intitulé « Devenir Médiateur ? », géré à distance, représente le fruit de plus de quatre ans de recherche. Il réunit l'intervention de psychologues / développeurs en médiation, une démarche d'auto positionnement et des nouvelles technologies de communication autour de deux produits phares accessibles : « Potentiel Médiation » (annexe1) et « Profil Médiation » (annexe 2).

Ce dispositif d'information et d'orientation, particulièrement en matière de médiation, a pour but d'apporter aux internautes les moyens de décider à distance de choisir de se former en médiation et d'argumenter sa formation en toute connaissance de cause.

C'est à ce stade amont que la clarté des objectifs de formation prend toute son importance pour reconnaître précisément la demande de formation : sensibilisation à la culture médiation, à son fonctionnement, à sa pratique, à ses enjeux...Toute cette phase préalable d'identification des besoins en formation à distance est animée par un responsable accessible en direct.

Des formations à distance très ciblées

Initiées depuis fin 2007, ces formules continuent d'évoluer pour s'adapter aux changements et aux nouveaux besoins.

Une première formation de sensibilisation de 20 heures intitulée « L'Essentiel en Médiation » permet en 31 séances de comprendre l'intérêt, les enjeux et les mécanismes de la médiation,

Une deuxième formation de 40 heures, « La Médiation en Action » (annexe 3) permet en 50 séances d'accéder aux pratiques de la médiation en bénéficiant d'un accompagnement personnalisé tout au long de la formation.

Elles sont organisées en séances avec des exercices collaboratifs, des cas pratiques, des productions personnelles, des supports et des vidéos mettant en scène des médiations. L'équipe pédagogique et les formateurs sont tous des médiateurs certifiés et des développeurs en médiation.

Les avantages d'une formation à distance en médiation

Avant même de s'inscrire à une formation à distance en médiation, toute personne intéressée peut échanger avec des auditeurs précédents sur le vécu de leur apprentissage,

Son coût est largement accessible et peut être pris en charge par les entreprises, les administrations et les collectivités concernées dans le cadre des budgets et des dispositifs de formation.

L'accès à cette formation est libre :

- Découverte de la médiation à son rythme, sans contraintes de temps et de distance, où que l'on soit dans le monde,
- Choix des horaires qui conviennent,
- Possibilité de visionner les cours le nombre de fois voulu,
- dès le premier jour, l'auditeur dispose de toutes les séances de formation et peut construire son propre parcours pédagogique s'il le souhaite.

Les rencontres et les échanges autour d'un microprojet en médiation et de sa soutenance permettent aux auditeurs de partager leurs expériences avec les autres participants.

Une construction collective de la connaissance s'effectue par l'apport mutualisé des internautes auditeurs et des formateurs par des outils ludiques : le courrier électronique, les blogs, les forums, les wikis et Skype.

Un comportement d'ouverture relationnelle se développe par la création d'un réseau facilitant son entrée dans le monde de la médiation et de son développement. Une démarche pédagogique rigoureuse va de pair avec des évaluations d'étape, un suivi de l'assiduité et des échanges de qualité.

Un certificat de suivi du cycle de Développeur en médiation est délivré à l'issue de la réussite de la formation.

QUI SONT LES AUDITEURS/STAGIAIRES DE CES FORMATIONS À DISTANCE ?

À ce jour, le « e-learning » en médiation s'inscrit dans la francophonie. Les auditeurs/stagiaires sont parfois originaires de France, principalement des DOM-TOM et de l'étranger. Éloignés physiquement de tout organisme de formation en médiation ou ne pouvant s'inscrire à un stage de formation traditionnel (déplacements, contraintes professionnelles, calendrier...), ils arrivent, grâce à Internet et à un accompagnement personnalisé, à découvrir la médiation dans un cadre rigoureux et convivial.

Sur le fond des attentes exprimées, on peut distinguer trois groupes intéressés par la formation en médiation à distance :

Un premier groupe autour de la formation de sensibilisation « L'essentiel en médiation », concerne toute personne intéressée par une première approche de la médiation et ses contours, quel que soit son métier, son activité et sa culture.

Un deuxième groupe regroupe les professionnels de métiers qui peuvent être confrontés à des situations de conflits et intervenir auprès de ceux qui les vivent.

Un troisième groupe est composé de personnes qui exercent déjà des fonctions de médiateur dans le cadre ou non de leur activité.

Deux tendances de motivation émergent parmi les clients du « e-learning » en médiation :

- La volonté d'enrichir son développement personnel et professionnel par la découverte de la médiation,
- La décision de se former à la médiation avant d'affiner et de poursuivre son parcours en vue de devenir médiateur.

La caractéristique majeure et durable de la formation à distance personnalisée « La Médiation en Action » relève du désir d'une communication de proximité, utile et durable. En effet, à l'issue de leur formation réussie, la plupart des anciens auditeurs sont volontaires pour accompagner celle des nouveaux arrivés, en relation étroite avec les responsables de la formation.

DYNAMISME ET ÉVOLUTION

La formation à distance en médiation constitue une initiative innovante à laquelle ont été associés des médiateurs, des formateurs, des organismes, comme le CNAM, IFOMENE.

Le niveau de satisfaction des auditeurs/stagiaires, les évaluations réalisées et des échanges continus apportent aux acteurs de cette formation à distance des résultats quantifiables et significatifs. En constante évolution, cette formation bénéficie d'un enrichissement en temps réel de ses supports, annuellement pour sa pertinence pédagogique.

Tributaire de l'environnement technologique et des résultats de travaux en cours, une troisième génération de cette formation prévoit par exemple pour 2010 un développement conséquent du module dédié à la gestion des émotions en médiation.

Cette formule souple de la formation à distance, organisée en différents modules composés de plusieurs séances, permet d'évoluer facilement et de répondre à différentes demandes :

Adapter une formation à distance à un public précis en créant ou en modifiant quelques séances : magistrats, avocats, experts, managers d'une grande entreprise internationale à multiples implantations, humanitaires d'urgence aux quatre coins du monde.

Ajouter un module de formation spécialisé pour présenter ou développer un champ de la médiation spécifique comme par exemple celui de la médiation judiciaire,

Enrichir la dimension professionnelle en l'illustrant par les témoignages de médiateurs issus des différents champs de la médiation.

Tous ces développements font appel à de nouvelles compétences et ouvrent de nouveaux horizons, particulièrement dans le monde judiciaire dont tous les acteurs pourront devenir les ambassadeurs de la médiation en pouvant s'appuyer sur les nouvelles technologies de la communication pour en faciliter l'accessibilité et la proximité.

3. L'ÉCONOMIE DE LA JUSTICE NON CONTENTIEUSE (MÉDIATION ET CONCILIATION)

Économie de la médiation judiciaire : Éléments de réflexion pour un nouveau paradigme

Bruno DEFFAINS,
Professeur de Sciences Économiques, Université Paris Ouest

La question récurrente porte sur les mérites respectifs de la justice traditionnelle et de la justice consensuelle. De nombreux arguments ont pu être mis en avant en faveur de l'un ou l'autre des modèles judiciaire ou contractuel, mais force est de constater que les éléments tangibles manquent pour y voir clair dans ce débat.

Nous proposons de recourir à l'approche économique pour lever – au moins partiellement – les obstacles dans la mise en évidence des mérites de la justice consensuelle, notamment la médiation. L'analyse économique est intéressante d'un double point de vue. D'une part, à partir d'hypothèses générales sur le comportement des justiciables, notamment en termes de rationalité, l'analyse économique permet de dégager les facteurs qui déterminent les « stratégies » de résolution des litiges entre solution autoritaire et solution consensuelle. D'autre part, l'approche économique offre également des outils de mesure (statistique, économétrie, méthode expérimentale) pour évaluer l'importance de ces différents facteurs.

Ces méthodes seront donc mobilisées afin de proposer une série de paramètres susceptibles de fonder, dans une étape ultérieure, un nouveau paradigme centré autour de l'idée de la production de confiance. Plus précisément, nous soutenons que le juge a un rôle à jouer dans l'efficacité des modes consensuels de résolution des conflits. Dans la mesure où la justice peut-être appréhendée comme un bien de confiance, il importe pour assurer le succès de la médiation de produire de la confiance afin que les individus adhèrent à la solution coopérative (consentent librement à un commandement qu'ils auront intériorisé dirait Foucault). Cette production de confiance passe par le juge dans la mesure où il représente un dispositif de légitimation fondé sur la compétence et la transparence.

Précisons que notre approche ne se limite pas uniquement aux « aspects comptables et financiers » de la résolution des conflits. Ceux-ci jouent un rôle important, mais il conviendra d'y ajouter des facteurs de nature

« psychologiques ». L'analyse économique explique en effet que les croyances des agents expliquent leurs stratégies. Reste à identifier les facteurs qui rendent compte de la formation des croyances. On se limitera a évoquer ici le problème de la confiance dans les institutions judiciaires (les sondages font régulièrement ressortir les problèmes de lenteur et de complexité) du point de vue des justiciables. L'ambition est donc de disposer d'un cadre d'analyse qui intègre l'ensemble des facteurs économiques, y compris ceux qui forment l'heuristique des parties au conflit et de ceux qui sont chargés de résoudre les conflits.

ÉLÉMENTS D'ANALYSE ÉCONOMIQUE

Dans la plupart des systèmes juridiques des démocraties modernes, le droit civil prévoit la possibilité de transiger. Qu'il s'agisse de l'article 2044 du Code civil belge, de l'article 1965 du Code civil italien, de l'article 1809 du Code civil espagnol, de l'article 1248 du Code civil portugais ou de l'article 2044 du Code civil français, la transaction est omniprésente. Deux aspects principaux de cet acte juridique méritent d'être soulignés :

- Il s'agit d'un acte contractuel, sous-entendant donc une négociation, des compromis et un accord final, c'est-à-dire un abandon réciproque des prétentions par les parties en présence.
- Il permet de terminer un litige.

Par extension, les modes alternatifs de règlement des litiges sont ainsi conçus en droit civil comme une manifestation de la liberté contractuelle des sujets de droits, liberté qui leur permet de transiger sur l'existence, l'étendue ou l'exercice de leurs droits subjectifs afin de mettre fin à un litige.

Les Modes Alternatifs de Règlement des Litiges apparaissent donc d'abord comme un moyen de faire l'économie d'un procès. C'est leur principal avantage. On peut remarquer qu'il s'agit là d'une approche « négative » au sens où elle repose moins sur les vertus ou les avantages du procédé de la transaction que sur la volonté d'éviter l'intervention du juge. Il s'agit pourtant de la première de ses fonctions, généralement mise en avant par l'analyse économique du droit lorsqu'elle considère le jugement comme un échec de la négociation entre les parties.

Dans le même temps, les MARL apparaissent globalement comme une technique de déjudiciarisation. La transaction apparaît alors comme un moyen de prévenir et de régler un litige avant d'avoir recours à des procédures juridictionnelles, lesquelles ne pourront être que bénéficiaires de cet allégement, car elles seront moins nombreuses et donc plus rapides. Les MARL peuvent également trouver de multiples moments où s'exprimer : ils peuvent permettre le dénouement du litige avant qu'il ne se soit cristallisé au point d'aboutir au tribunal tout comme ils peuvent permettre d'y mettre fin alors que le juge vient à peine d'être saisi. Certains auteurs évoquent d'ailleurs l'idée d'une « médiation à l'ombre du droit ».

Par ailleurs, l'essor des conventions relatives à la solution des litiges est comme un retour aux sources. Il faut y voir, sans doute, l'effet conjugué d'un déclin du légicentrisme de nature à favoriser la contractualisation des rapports sociaux. Ce déclin offre aux acteurs du jeu social de nouvelles plages de liberté qu'investit la convention. Contractualisme, société contractuelle sont des manières de qualifier ce passage d'un ordre juridique imposé à un ordre juridique négocié. Mais, le jugement a vocation à s'engouffrer dans le champ ainsi ouvert, car les accords qui se forment sont des désaccords en puissance. Dans l'ordre de la théorie politique des sources du droit, le contrat et le procès se rejoignent ainsi sur la laisse des plages découvertes par le déclin du légicentrisme.

Cette réconciliation du contrat et du procès coïncide avec l'apparition de réflexions nouvelles sur la justice et l'économie. La coïncidence est assez naturelle. L'économie est, à certains égards, aux fondements mêmes de la justice. Surtout, la crise de la justice invite à une gestion plus rationnelle de l'institution judiciaire en même temps qu'elle dissuade les justiciables d'y recourir afin d'échapper aux coûts et aux délais du traitement juridictionnel de leurs litiges. C'est sans doute une loi d'économie de la justice que le coût des procès est un des facteurs susceptibles d'influer sur le nombre des actions exercées en justice, des coûts élevés dissuadant les justiciables de saisir les juridictions et favorisant donc la conclusion d'arrangements amiables (Deffains et Doriat-Duban [1999]). Une première solution consiste à ne rien faire, ce qui entraîne le développement, hors de l'institution judiciaire, d'un marché des modes alternatifs de règlement des conflits. C'est une philosophie qui fait de la société civile le lieu de la justice naturelle. Dans une autre conception, il est cependant permis de considérer que l'État manque alors à sa mission qui est d'offrir à chacun le droit d'obtenir justice d'un tiers impartial spécialement institué à cet effet. Le droit au juge, qui est une liberté fondamentale consacrée depuis un demi-siècle par les conventions internationales, impose le libre accès à la justice et suppose, par conséquent, des dispositifs d'aide légale. L'exercice, cependant, a ses limites, car tout système d'aide au financement de l'action en justice favorisant le recours au juge accroît nécessairement la spirale inflationniste des coûts de justice. De vertueux, le cercle devient alors vicieux. L'expérience anglaise de l'aide légale en fournit une illustration topique, mais la France également en porte les stigmates qui conduisent, depuis une dizaine d'années à peine, à l'expression d'un discours valorisant les modes alternatifs de règlement des conflits et à la définition d'une politique qui, pour contrarier l'effet judiciaire du système d'aide légale, propose d'en étendre le bénéfice aux modes de solution transactionnelle des litiges.

Les relations de la justice et de l'économie invitent ainsi à envisager les relations entre le contrat et l'économie. C'est l'optique adoptée dans cette étude de répondre à cette attente en mettant en avant les conditions économiques de mise en œuvre des modes alternatifs de règlement des litiges.

L'économie de la justice est une branche de l'économie du droit que l'on peut définir comme l'application des outils d'analyse et des critères de jugement des économistes à l'explication et à l'évaluation des règles juridiques. Cette branche étudie plus particulièrement les modes de résolution des litiges : pourquoi les parties décident-elles de recourir au juge ? Quels sont les facteurs qui influencent le taux d'arrangement ? Quels sont les effets des dispositifs judiciaires sur les comportements des parties au conflit ? Comment le choix du mode de résolution des litiges affecte-t-il le bien-être de la collectivité ? Ces questions sont apparues complexes et ont suscité de nombreuses recherches.

Sur le plan positif, la principale difficulté réside dans un paradoxe apparent selon lequel dans un univers idéal « coasien », il ne devrait pas y avoir de procès, car l'arrangement (la coopération) permet de dégager un surplus par rapport au jugement (la non-coopération). Les agents rationnels auraient simplement à prendre conscience de ce surplus et à se le répartir pour réaliser des gains mutuellement bénéfiques. En suivant le raisonnement de Coase, les conflits devraient être résolus directement entre les parties. L'économie de la justice appréhende donc généralement le procès comme un échec de la coopération. L'analyse économique ne conteste cependant pas le rôle bénéfique de l'intervention du juge dans certaines circonstances, par exemple lorsqu'il s'agit de donner force exécutoire au jugement. De ce point de vue, la force exécutoire fait partie intégrante du procès comme le dit la cour de Strasbourg. On admettra par extension que la mission non contentieuse du juge est bien plus large et qu'elle recouvre des dispositifs de légitimation (par exemple, par la pragmatique de sa communication et de son langage, le juge dispose d'une performativité qui lui permet de faire jouer son autorité et de donner confiance aux parties lorsqu'il leur conseille d'aller trouver un médiateur ou lorsqu'il leur dit qu'un accord orienté de telle ou telle manière est préférable pour leur intérêt à chacun).

Reste alors à expliquer le recours fréquent aux tribunaux à l'aide de la théorie des jeux non coopératifs. Sur le plan normatif, le débat engagé par l'analyse économique de la justice renvoie à l'efficacité de l'organisation du système judiciaire. L'idée est souvent mise en avant d'un marché de la justice sur lequel la demande serait rationnée par rapport à l'offre de sorte qu'apparaîtraient des files d'attente devant les tribunaux. Une des questions posées à l'économiste est alors de savoir dans quelle mesure :

1° un mode de gestion différent des conflits, fondée sur la contractualisation et les modes alternatifs de règlement des litiges, pourrait contribuer à la résolution amiable des litiges et donc à limiter l'engorgement des tribunaux ;

2° en cas d'échec des négociations d'une médiation, il faut tout reprendre à zéro en procédure contentieuse. Ce double emploi est-il fréquent ? Le gaspillage qu'il suppose, est-il compensé par une meilleure productivité finale ?

3° la création des conditions de félicité en vue d'un accord équitable et légitime, représente-t-elle un régime de travail judiciaire :

– plus chronophage que la justice traditionnelle ?

– plus coûteux ?

– plus efficace en quantité de dossiers évacués ?

– plus efficace en qualité du traitement des dossiers ?

Ces questions revêtent un intérêt particulier au regard de la grande diversité des situations nationales. Le taux d'arrangement qui excède 80% pour le contentieux civil aux États-Unis reste ainsi en dessous des 20% en France pour les Tribunaux d'Instance et de Grande Instance (Deffains et Doriat [1999]).

Le choix entre arrangement et jugement

L'analyse économique, en particulier la théorie des jeux, présente le contentieux civil comme un problème de coordination entre des agents rationnels qui défendent chacun leur propre intérêt. Dans un tel contexte, la question est de savoir dans quelles circonstances le recours au juge sera nécessaire pour parvenir à résoudre le litige. Par analogie avec l'échange marchand, la réalisation d'un accord direct entre les parties est théoriquement envisageable. Il consiste pour le demandeur à renoncer à son droit de poursuite moyennant un paiement de la part du défendeur. L'intérêt de cette solution est de dégager un surplus correspondant à la somme des coûts que les parties auraient eu à supporter en cas de procès. Ces coûts englobent l'ensemble des frais afférents aux instances, actes et procédure judiciaires. Ils comprennent notamment les droits, taxes ou redevances perçus par les secrétariats des juridictions ou l'administration fiscale, les indemnités des témoins, la rémunération des experts et les honoraires des avocats. Compte tenu de ce surplus, les parties sont incitées à éviter le jugement. Mais certaines difficultés peuvent survenir tenant soit à un trop grand optimisme de l'une au moins des parties sur l'issue du jugement, soit à un désaccord sur la façon de répartir ce surplus et/ou à la détention d'informations privées par l'une des parties.

Dans ce qui suit, nous prenons l'exemple des conflits portant sur des droits et sur des intérêts matérialisables. Ce n'est pas le cas de tous les conflits. Beaucoup de conflits venus en justice ont certes une surface juridique (des droits et des obligations de nature essentiellement patrimoniale) mais à côté de celle-ci, prennent place d'autres aires comme le sentiment d'injustice affective et émotionnelle, comme le sentiment d'injustice lié aux valeurs (le domaine axiologique) et aux croyances (le domaine cognitif).

Considérons l'exemple d'un conflit en responsabilité : la probabilité du défendeur d'être jugé responsable en cas de procès est de 0,75 et les dommages-intérêts sont estimés à 100000 €. Le gain espéré par le demandeur, équivalent à la perte attendue du défendeur, est supposé égal à 75000 €. Ajoutons que les frais de procès pour chacun sont estimés à 10000 €. Dans ces conditions, n'importe quel accord compris entre 65000 € et 85000 € sera préférable pour les parties. En effet, le demandeur s'attend à obtenir 65000 € (75000 – 10000) en cas de jugement et le défendeur s'attend à perdre 85000 € (75000 + 10000). On peut noter que l'incitation à coopérer est encore plus importante en cas d'aversion pour le risque puisque l'utilité du gain sera supérieure au gain lui-même.

Quelle logique conduit alors les parties à aller devant le juge ? Quels sont les facteurs déterminants ?

Dans l'exemple précédent, l'important réside a priori dans ce que les parties s'attendent à obtenir ou à perdre. Autrement dit, les croyances des justiciables vont jouer un rôle central. Tant que les croyances convergent, il n'y a pas d'obstacle à la réalisation d'un accord. En l'occurrence, si le demandeur pense gagner le procès avec une probabilité de 0,75 et que le défendeur estime sa probabilité de perdre également à 0,75, l'analyse économique prédit un arrangement. En revanche, si le défendeur estime son risque de perdre à 0,25, il devient possible de montrer que l'arrangement n'est plus possible. En effet, le demandeur exige toujours 65000 € pour négocier, mais le défendeur ne veut pas offrir plus de 35000 €. Les propositions des parties sont incompatibles et l'arrangement devient irréalisable faute d'un intervalle de négociation suffisant. D'une manière générale, le fait de parvenir à un accord avant l'intervention du juge signifie que les parties réussissent à s'entendre sur un « prix » garantissant à chacune une amélioration de bien-être individuel. Toutefois, le fait que ce type de prix existe potentiellement ne signifie pas que l'accord sera nécessairement signé. Les modèles économiques de résolution des litiges (Landes [1972], Shavell [1982]) ont les premiers mis l'accent sur le problème de la perception du surplus lié à la signature d'un accord par rapport au jugement. Dans cette perspective, la prétention des parties (i.e. la part du surplus qu'elles souhaitent obtenir) dépend de leur anticipation de la décision du juge. Or, il n'y a aucune raison de considérer a priori que leurs anticipations coïncident. L'optimisme excessif des parties fournit une première explication à l'origine des procès.

CROYANCES ET INFORMATIONS DES JUSTICIABLES

Le problème pour l'analyse économique est d'expliquer pourquoi les parties expriment des croyances divergentes, c'est-à-dire de comprendre pourquoi une partie demeure optimiste sur ses chances de gagner alors que l'autre partie fait des estimations très différentes. En effet, la théorie économique (Auman [1976]) prédit que les croyances des joueurs doivent en principe converger durant la négociation. L'économie de la justice s'est efforcée de répondre à cette question. L'explication la plus couramment avancée réside dans l'existence d'asymétries d'information entre les joueurs (Bebchuck, 1984). L'idée est que les parties détiennent des informations différentes qui peuvent influencer l'issue du procès. Par exemple, le demandeur peut détenir des informations privées sur l'étendue exacte de son préjudice ou le défendeur peut avoir des informations privées sur son degré de négligence avant la survenance du dommage. Les travaux entrepris depuis une vingtaine d'années montrent que la présence de ce type d'informations conduit à une probabilité positive d'échec de la négociation entre les parties (Deffains, 1997). L'intuition derrière ce résultat peut être décrite simplement en reprenant l'exemple précédent. Supposons que le demandeur puisse présenter une affaire « solide » ou une affaire « fragile » devant le tribunal sur la base des informations privées qu'il détient. Dans le premier cas, l'enjeu espéré en cas de jugement est de 50000 € et dans le second, il est de 100000 €. Ajoutons que le demandeur connaît la qualité exacte de son dossier alors que le défendeur l'ignore. Il sait seulement qu'il a une chance sur deux d'être confronté à un dossier solide face auquel il devra payer 100000 €. En utilisant la théorie des jeux non coopératifs, il est aisé de comprendre que, dans cette hypothèse, les affaires solides échoueront toutes dans la négociation. En effet, un demandeur présentant un dossier fragile acceptera au moins 40000 € pour négocier (50000-10000) alors qu'un demandeur avec un dossier solide demandera au moins 90000 € (100000-10000). Par conséquent, comme le défendeur ne connaît pas précisément le type du demandeur auquel il est confronté, la seule possibilité pour être certain de parvenir à un accord est de proposer 90000 €. Or, il n'a pas intérêt à agir de la sorte, car cela lui coûterait plus que s'il proposait 40000 €. En effet, en optant pour la proposition qui permet toujours de signer un accord, sa perte attendue est de 90000 € alors qu'en proposant 40000 €, sa perte attendue est seulement de 75000 € (110000 x 0,5) + (40000 x 0,5). Il opte donc pour cette dernière stratégie et toutes les affaires solides finissent devant le juge.

Les approches en termes de comportements stratégiques développés dans le cadre de la théorie des jeux proposent une explication assez convaincante de la résolution des litiges en dehors des tribunaux. Ils contribuent à lever le voile sur la manière dont les agents forment leurs croyances à propos du résultat attendu du procès et sur l'origine d'un éventuel excès d'optimisme. La nature stratégique de la négociation a ainsi été privilégiée dans l'analyse à travers l'élaboration de jeux en information imparfaite (Cooter et Rubinfeld [1989]). Pour expliquer la résolution des conflits par la voie judiciaire, il n'est plus nécessaire de supposer un biais systématique dans les croyances des parties. L'existence d'asymétries d'information est à l'origine d'une divergence des croyances des joueurs à propos de l'issue du procès et les jugements peuvent résulter des stratégies de négociation des deux parties. La littérature sur la négociation antérieure au jugement pose quelques hypothèses restrictives sur la nature de la négociation, tantôt statique (Bebchuck [1984], Nalebuff [1987]), tantôt dynamique intégrant un taux psychologique de préférence pour le présent avec des offres endogènes (Spier [1992]).

Dans la plupart des études, une partie a la possibilité de faire une proposition « à prendre ou à laisser » que la partie adverse est libre d'accepter ou de rejeter. L'hypothèse cruciale porte alors sur le choix de la partie qui fait la proposition. Deux catégories de modèles ont été développées. D'un côté, les modèles de filtrage où la partie non informée fait la proposition de sorte qu'aucune information n'est transmise par son action. Dans ces modèles, lorsqu'une action en justice est engagée, la partie non informée propose dans une première étape les termes de la négociation. Dans la seconde étape, la partie détenant des informations privées accepte ou rejette cette proposition. Si un accord est trouvé, le juge n'intervient plus, sinon pour constater et enregistrer la fin du litige lors de la radiation de l'affaire des rôles du tribunal. L'offre optimale de la partie non informée vise alors à opérer une sélection parmi les différents types inobservables de la partie adverse. D'un autre côté, lorsque la partie la mieux informée joue en premier, l'information privée peut être transmise dans le cadre de modèles de signal. Les modèles proposés contribuent à expliquer pourquoi les agents engagés dans des procès coûteux peuvent échouer pour parvenir à un arrangement. Une approche réaliste de la résolution des litiges doit reposer sur une théorie de la négociation.

LES IMPLICATIONS DE L'APPROCHE ÉCONOMIQUE

En dépit de sa simplicité apparente, les implications de cette approche économique de résolution des litiges sont assez robustes, y compris lorsque les parties peuvent faire des propositions et des contre-propositions (Deffains et Doriat, 1999). Les asymétries d'information sont à l'origine de comportements opportunistes qui conduisent à des situations d'équilibre où tous les cas ne sont pas réglés de façon coopérative. L'économie de la justice met ici en avant un problème d'anti sélection puisque les « joueurs » ont tendance à se faire passer pour ce qu'ils ne sont pas, en l'occurrence les « fragiles » essayent de se faire passer pour des « solides ».

Bien entendu, ce cadre d'analyse suppose que les asymétries d'information sont données et l'ont doit s'interroger sur les raisons pour lesquelles les parties ne révèlent pas leurs informations privées à la partie adverse. A l'évidence, dans l'exemple précédent, les détenteurs d'affaires solides sont incités à révéler leur type de façon à rendre l'arrangement possible à 90000 €. Le problème est qu'en présence d'anti sélection ce type d'annonces manque de crédibilité de sorte que le défendeur ne sera pas enclin à les suivre.

La littérature théorique a développé d'autres prédictions concernant le choix entre arrangement et jugement :

- le taux d'arrangement augmente avec les coûts de procès et les frais d'instance. Par extension, les recherches ont permis de comparer l'incitation à négocier sous différents systèmes de répartition des frais d'instance. Il apparaît que la règle américaine qui impute à chacun ses frais de procès facilite la résolution des accords par rapport à la règle britannique qui opère un transfert à la charge du perdant au procès. La règle française de condamnation aux dépens est intermédiaire.
- le taux d'arrangement augmente lorsque les informations détenues par les parties convergent (moins il y a d'informations privées, plus l'incitation à coopérer est forte),
- lorsque les parties sont mutuellement optimistes, la probabilité d'arrangement diminue avec le montant de l'enjeu (plus les dommages-intérêts attendus en cas de procès sont élevés, plus l'optimisme des parties sera fort),
- en cas de négociation dynamique (avec propositions et contre-propositions), un effet dernière limite apparaît qui devient lui-même une variable stratégique. Il est intéressant de parvenir à un accord « sur les marches du palais » car le fait de négocier rapidement est révélateur d'un signe de « faiblesse » du dossier, et donc d'un désavantage relatif dans la négociation. Attendre le dernier moment peut alors être un moyen de construire un avantage stratégique. En pratique, on a pu observer cet effet dernière limite dans la plupart des systèmes nationaux, y compris en France pour les Tribunaux d'Instance et de Grande Instance (Deffains et Doriat [1999]), ce qui tend à valider le rôle des asymétries d'information dans le règlement des litiges.

LES EXPLICATIONS ALTERNATIVES

Les problèmes informationnels ne sont pas les seuls à être pris en considération pour expliquer la résolution des litiges. Les problèmes de répartition ont également été mis en avant (Cooter, Marks et Mnookin [1982]). Une fois le surplus identifié, même s'il est positif et offre un intervalle pour la négociation, rien ne garantit que les parties se mettront d'accord pour le répartir. Si le jugement attendu est de 100000 € et les frais d'instance de chacun s'élèvent à 10000 €, le surplus coopératif est de 20000 €, mais chacun peut exiger la plus grande partie de ce surplus et/ou mal estimé la disposition de la partie adverse à parvenir à un compromis (exemple du divorce). Comme l'illustre le débat entre le théorème de Coase et le théorème de Hobbes, les problèmes de répartition doivent être intégrés dans l'analyse. Le fait d'accroître la taille du gâteau n'a jamais été suffisant pour garantir que les joueurs sauront le partager. En d'autres termes, la psychologie des justiciables, en particulier leur aptitude à coopérer est un élément central pour rendre compte du choix entre arrangement et jugement. On comprend en particulier le rôle central que peut jouer le médiateur dans un tel contexte dès lors qu'il peut agir sur les croyances des justiciables.

Une autre piste explorée par l'économie de la justice est celle des relations entre avocats et clients. Elle souligne les intérêts parfois contradictoires entre les avocats et leurs clients en montrant que les avocats ne seraient pas toujours bénéficiaires d'une résolution rapide et négociée des litiges, par exemple en cas de rémunération horaire. Les travaux portent ici sur la convention d'honoraires optimale et ont permis de comparer les rémunérations forfaitaires et honoraires proportionnels du type quota litis.

Enfin, la rationalité des justiciables est parfois mise en cause pour expliquer le déroulement des litiges. L'idée généralement avancée est qu'une partie dans un conflit s'accorde toujours plus de chance de gagner que ce que lui accorde son adversaire. Ce point est validé par l'économie expérimentale. Dans ce cas, même si les parties sont symétriquement informées, chacune pourra être relativement plus optimiste sur l'issue du procès, freinant la réalisation d'arrangements mutuellement bénéfiques (nous renvoyons ici à la métaphore du « point focal » qui a valu à Thomas Schelling le prix Nobel d'économie en 2005).

Les développements normatifs

L'objectif des recherches entreprises en économie de la justice ne se limite généralement pas à expliquer les raisons de la survenue des jugements. Cette étape est souvent le préalable de réflexions plus approfondies sur les moyens à mettre en œuvre afin de limiter le coût social de la justice. Le point de départ réside dans l'idée que le bien « justice » produit par les tribunaux présente les caractéristiques d'un bien public (non rivalité et non-exclusion). Pour cette raison, les services de la justice (résolution des différends et production de jurisprudence) sont fournis par l'Etat qui garantit la qualité des jugements, l'impartialité et l'application des décisions. Les tarifs des services offerts par les tribunaux sont contrôlés de sorte que le prix payé par le justiciable diffère du coût marginal de production de ces services et la concurrence entre les tribunaux est très faible. En définitive, l'ajustement entre l'offre et la demande s'opère par l'intermédiaire des délais judiciaires plutôt que par les coûts d'accès aux tribunaux.

Les travaux ont eu pour principale ambition d'apporter des réponses aux problèmes soulevés par le fonctionnement de la justice dans les pays confrontés à une judiciarisation croissante ainsi qu'à un allongement des délais de résolution des litiges et à un risque d'encombrement des tribunaux. Les politiques publiques visant à réguler les flux de contentieux en agissant sur la demande de justice interviennent à des moments distincts du litige : lors de la décision d'intenter une action en justice et lors du choix de l'issue du litige (arrangement ou jugement). Différentes variables ont ainsi été identifiées comme pouvant influer sur le nombre des poursuites et des jugements, depuis l'accroissement des capacités des tribunaux jusqu'aux coûts des procès, en passant par les changements dans la procédure judiciaire. Le fonctionnement du marché de la justice est généralement décrit en mettant en évidence les mécanismes susceptibles d'assurer la réalisation de l'équilibre lorsque l'offre est rigide à court terme. Dans cette perspective, les délais et les coûts d'accès aux tribunaux influencent la « demande » de procès. Cette analyse a permis de démontrer que les effets des réformes judiciaires axées sur le raccourcissement de la procédure ou sur l'accroissement de l'offre conduisent à des résultats largement indéterminés (Deffains et Doriat [2001-b]). Cette difficulté contribue à privilégier les politiques axées sur les coûts des contentieux supportés par les justiciables. Ces politiques peuvent agir sur le montant des coûts ou bien sur leur répartition entre les parties. Les analyses théoriques ont en effet établi que l'augmentation des coûts des procès contribue à diminuer le nombre de poursuites et augmentent la fréquence des arrangements. Une réduction des frais d'instance produirait donc l'effet inverse. Ces résultats ont conduit à étendre l'analyse à tous les dispositifs qui modifient les coûts d'accès aux tribunaux, en particulier l'aide juridictionnelle. Il a ainsi été montré que tout système d'aide au financement de l'action en justice favorisant le recours au juge accroît la spirale inflationniste des coûts de justice. Tous les instruments de régulation des flux de contentieux envisagés dans le cadre de l'économie de la justice se fondent ainsi sur des mécanismes incitatifs dans la mesure où aucune ne remet en cause le principe fondamental du libre accès à la justice.

L'option d'un recours accru aux modes alternatifs de règlement des litiges a ainsi été analysée. Les motivations du recours à l'arbitrage et à la médiation peuvent alors être analysées afin de justifier ces dispositifs du point de vue social et privé. Ces modes de règlement font intervenir un tiers dont la fonction consiste à communiquer de l'information aux parties. Ce faisant, il convient de tenir compte des particularités de l'arbitre et du médiateur. Par exemple, en France, l'arbitre est choisi par les parties alors que le médiateur est désigné par le juge. On peut alors étudier l'efficacité sociale de ces modes de résolution des litiges.

LA JUSTICE COMME BIEN DE CONFIANCE

La littérature économique opère une distinction entre les produits de recherche, les produits d'expérience et les produits de confiance[85]. Un produit

[85] La distinction entre produits de recherche et d'expérience a été faite pour la première fois par P. Nelson, "Information and Consumer Behaviour", *Journal of Political Economy,* 1970, 311. Pour

de recherche est un produit dont la qualité peut être évaluée par le consommateur avant son achat. Un produit d'expérience est un produit dont la qualité ne peut pas être évaluée dès le départ par le consommateur, mais uniquement après l'achat et la consommation. Si des produits d'expérience sont achetés régulièrement, les consommateurs peuvent espérer évaluer leur qualité via le « mécanisme d'achat répété ». Dans ce cas, les fournisseurs concernés seront encouragés à développer une réputation de haut niveau et la détérioration de la qualité sera à tout prix évitée pour des caractéristiques de qualité que les consommateurs sont en mesure d'observer.

Cependant, les services liés à la résolution des litiges, comme la justice en général, sont souvent des produits de confiance[86], les consommateurs ne pouvant presque jamais réellement en apprendre sur la qualité. Puisque le consommateur ne peut obtenir les informations nécessaires avant ou après l'achat, il doit se fier à l'affirmation du fournisseur de service quant à la qualité du service.

La théorie économique a amplement montré que les sérieuses asymétries d'information entre fournisseurs et consommateurs peuvent culminer dans un marché ne proposant que des biens de qualité inférieure. Si le consommateur ne peut pas juger de la qualité du service qu'il entend acheter, il ne sera pas disposé à payer un prix élevé pour une qualité élevée. Par conséquent, les fournisseurs de produits de qualité supérieure (et pratiquant un prix plus élevé) sont écartés du marché, ce qui engendre un marché proposant des services de qualité sous optimale. Ce processus est également connu sous le nom « d'anti sélection ».

L'autre problème causé par l'asymétrie d'information est le risque moral. Le service fourni par un professionnel exige un haut niveau d'intégrité, caractérisé par des relations directes ou fiduciaires avec les clients. Le risque moral implique une divergence entre les objectifs du fournisseur de services (agent) et ceux du client (donneur d'ordre). Le fournisseur du service est supposé agir dans l'intérêt du client. Cependant, puisque le donneur d'ordre ne peut exprimer la relation prix / qualité qu'il désire, l'agent a tendance à surévaluer la qualité afin de réclamer des tarifs plus élevés, même si le client aurait été mieux servi avec une qualité inférieure à un prix plus raisonnable. Il y a également le risque que l'agent fournisse des services dont le client n'a pas besoin.

Afin de lutter contre le risque moral et l'offre de services inadaptés par le fournisseur, un système de « supervision » s'avère nécessaire. Autrement dit,

---

les produits de confiance, voir M. Darby et E. Karni, "Free Competition and the Optimal Amount of Fraud", *Journal of Law and Economics*, 1973, 67.

[86] Rappelons ici que la théorie économique distingue trois catégories de biens. Les produits de confiance viennent s'ajouter aux produits de recherche et des produits d'expérience. Il s'agit de produits dont on ne peut apprécier la qualité ni avant (produit de recherche) ni après la prestation (produit d'expérience).

dans le cas de la médiation, il est absolument essentiel de garantir le principe de la légitimation de la solution coopérative.

VERS UN NOUVEAU PARADIGME

L'apport de la théorie économique est de montrer que la médiation est avant tout une production de confiance. La question essentielle est donc de savoir comment cette production peut être "optimisée". Nous entendons proposer un nouveau paradigme fondé sur une séquence conflit-confiance-légitimité-juge-médiation. Ce paradigme partage des points communs avec l'approche sociologique développée notamment par Luc Boltanski qui analyse de la manière suivante les différentes formes d'actions individuelles : « Certaines actions ont la réciprocité pour règle et prennent appui sur des principes d'équivalence permettant de fonder l'équilibre des relations et des échanges ou de dénoncer ce qui est contraire. Mais le sens de la justice n'est pas sans cesse en alerte et les gens ne passent pas leur temps à se demander ce qu'ils se doivent les uns aux autres. Il existe des actions d'un autre genre dont on dit qu'elles relèvent de l'amour. Elles se manifestent par la gratuité, le renoncement au calcul et, par conséquent, la mise à l'écart de l'équivalence devenue inutile. De ces différents modes d'action, mais aussi de la violence qui réduit la relation à un affrontement entre des forces, les gens sont tous capables. Mais comment en sont-ils capables ? Et comment font-ils pour passer, parfois soudainement, d'un mode à un autre ? Luc Boltanski examine la possibilité de traiter la justice et l'amour en tant que compétences et esquisse des modèles destinés à clarifier les capacités que les personnes mettent en œuvre lorsqu'elles réclament justice, donnent gratuitement, recourent à la force ou encore lorsqu'elles basculent d'un mode à un autre. Ces modèles, appliqués à l'analyse de litiges permettent de mieux comprendre le sentiment d'injustice et les manœuvres que les personnes entreprennent pour obtenir réparation. En effet les opérations que les acteurs d'un litige peuvent mettre en œuvre pour faire valoir leur cause doivent, pour être acceptables, tenir compte de contraintes, dont l'analyse permet de dégager des règles, que l'on peut décrire comme on décrit les règles d'une grammaire ».

Dans le prolongement de cette approche, il nous semble qu'une justice sans juge aura du mal a trouver sa légitimité. Pour autant, la médiation apparaît économiquement justifiée dès lors que, dans le prolongement du raisonnement précédent, elle favorise la coopération entre les agents et réduit les coûts de transaction. Ce qui est nécessaire est donc que les gens aient confiance dans ce mode de résolution des litiges. Il faut un sentiment d'adhésion fondé sur un processus de légitimisation. La production de confiance passe notamment par le juge dans la mesure où il représente un dispositif de légitimation fondé sur la compétence et la transparence.

Conclusion

LE MONDE DE LA MÉDIATION ET LES MÉDIATIONS DU MONDE

Stephen BENSIMON,
directeur de l'institut de formation à la médiation et à la négociation (IFOMENE, Institut Catholique de Paris)

DIFFÉRENCES SANS DIVERGENCES : DIVERSITÉ ET CONVERGENCE

M. Fernando Paulino Pereira - hier et aujourd'hui - nous a donné un fil conducteur et a déjà conclu avec force en faisant la synthèse des enjeux du présent et de l'avenir au niveau des nations, de l'Europe, mais aussi en ouvrant notre réflexion au niveau universel qui nous réunit ici de tous les horizons culturels et juridiques du monde grâce à Béatrice Blohorn-Brenneur et Louise Otis !

Pourtant, c'est à moi qu'il a été proposé de prononcer la dernière intervention de notre colloque.

Et j'ai accepté cet honneur avec bonheur car j'ai beaucoup de chance ! En effet à la question même de notre colloque : *« la médiation, langage universel de résolution des conflits »* j'ai la chance de pouvoir répondre trois fois « oui ! » :

1. Je pratique la médiation et je forme des médiateur/es aux États-Unis ou au Liban, à Dakar, Antananarivo, Casablanca ou Ouagadougou comme dans toute la France ou en Sicile. En somme, je suis le témoin de ce qui nous réunit aujourd'hui : oui, la médiation est un langage universel de compréhension entre les hommes, avec une grande richesse de traditions et de spécificités enrichissantes pour les autres cultures de médiation. Oui, *la médiation est transfrontalière et transculturelle !*

2. Mieux encore, moi qui suis philosophe et universitaire, j'ai la chance de travailler avec un égal plaisir avec des juges et des psychologues, des avocats ou des syndicalistes, des prêtres ou des imams, des entreprises privées ou des ONG, L'Organisation de la Francophonie ou l'Association pour la Coopération Juridique Internationale. Là encore, *les pratiques de médiation n'ont pas de frontières professionnelles !*

3. Enfin la loi française de 1995 sur la médiation judiciaire, rejointe par la Directive Européenne expriment avec une force presque naïve une autre vertu transfrontalière de la médiation : ces textes en effet s'appliquent de la même façon, avec la même éthique, les mêmes méthodes et principes à tous les domaines du droit civil et commercial : *la médiation est juridiquement judiciairement transdisciplinaire !*

***

Mais au fait, il y a *une* question qu'il est grand temps de poser ce samedi 17 octobre à 11heures : pourquoi êtes-vous ici depuis deux jours ? Pourquoi sommes-nous ici réunis !Car enfin, ce n'est pas un colloque scientifique entre experts, ce n'est pas un salon professionnel où chacun viendrait faire de bonnes affaires pour gagner beaucoup d'argent, ce n'est pas un forum où s'affronteraient des conceptions et des idéologies cherchant à l'emporter contre les autres. En somme pourquoi perdez-vous un temps précieux depuis 2 jours ? Car enfin c'est un peu scandaleux de rester ici : enfermés dans un sous-sol (même très accueillant), loin de votre famille et pour certains de votre pays, de vos dossiers alors que vous n'avez rien à gagner ici, ni argent ni pouvoir ni honneurs…

La réponse est si simple pourtant : au-delà du métier que nous aimons et exerçons, donner un sens, une valeur, une saveur à notre vie, être et devenir vraiment ce que nous sommes.

Jaime Cardona Ferreira l'a dit dès les premiers moments de notre rencontre : ce qui compte ce ne sont pas les juges, ni les avocats ni les médiateurs ! Il a dit : ce qui nous réunit c'est le juste, et plus et mieux encore, c'est le justiciable. Il a ajouté : et pour cela il n'y a pas *un* seul chemin ; il y a de *nombreux* chemins.

Et en effet ce qui m'a frappé hier comme aujourd'hui, c'est à la fois l'extrême diversité des expériences ***et*** l'absence de divergence majeure entre nous tous ! De tous les pays du monde, de toutes les cultures s'exprime une certitude à la fois ardente et calme : Oui, « le plus beau métier du monde, comme disait Jean Monnet, c'est de réunir les hommes ». Faire que les êtres humains se comprennent et s'acceptent un peu mieux.

Nous en sommes tous les artisans, chacun à notre place. La médiation : Un processus qu'aucun pays aucune culture n'impose aux autres, parce qu'il existe depuis toujours et partout dans le monde. Ce n'est pas une idée du nord ou du sud, de l'occident ou de l'orient. Ce n'est pas une doctrine, une secte. Ce n'est ni de droite ni de gauche…C'est ce qu'il y a de plus antique et de plus moderne, de plus profond et de plus simple, de plus universel :

Le désir d'être écouté et entendu, le désir d'être reconnu de l'autre, le besoin d'être compris : la médiation entre des époux qui se sont aimés et qui se déchirent, la médiation entre des associés, des partenaires d'hier qui s'affrontent, la médiation que je pratique entre un employeur et une personne dont la couleur, la religion, le sexe, l'âge, les opinions, ne sont pas acceptés, pas respectés…

Tout cela, c'est la diversité infinie des souffrances humaines sociales : difficulté de parler à l'autre pour faire la paix avec lui … et avec soi-même, pour sortir d'une situation qui me torture, pour me libérer, pour rouvrir les portes de l'avenir bloquées par le litige et l'affrontement.

Autour de nous, on oppose volontiers les civilisations et les religions, les modèles économiques et les systèmes politiques et même les systèmes juridiques anglo-saxons ou romano-germaniques…

Mais ici, dans ce colloque international, transnational, tous les pays du monde, toutes les cultures du monde, affirment à la fois leur originalité, leur spécificité, leur histoire et en même temps –

parlent le même langage universel sur ce tiers neutre qui peut favoriser écoute, dialogue, compréhension mutuelle, entente, accord.

* * *

La médiation finalement, c'est juste une petite méthode modeste fondée sur à peine quatre ou cinq règles simples, mais elle accompagne un immense mouvement de l'humanité moderne :

- Être différent, avoir le droit d'être différent…mais vivre ensemble cette différence sans souffrir, ni faire souffrir, sans être détruit, ni détruire, sans vainqueur, ni vaincu
- Plus les hommes sont et seront libres et moins il y a, il y aura de frontières, mais moins il y a de frontières, plus il y a et il y aura de conflits…

Car avant le droit au divorce, avant l'abolition de l'esclavage ou de l'apartheid, avant la liberté de concurrence, avant la proclamation des droits de l'homme, il n'y avait pas de conflit : le fort écrasait le faible.

Le conflit, c'est l'affirmation de libertés qui ont le droit et la volonté de se faire entendre.

Comment orienter cette confrontation de libertés qui s'affirment et ne veulent pas capituler vers une communication, un échange, une solution non-violente ?

C'est un enjeu de notre temps, c'est le travail d'un État de droit, le travail de la loi et du juge, le travail de la société civile et de ses associations, et c'est aussi désormais le rôle des formes de médiation si diverses de notre petite planète.

Moi, j'ai la chance – comme médiateur – de m'enrichir de toutes les médiations du monde : les conceptions de Confucius, les subtilités de la palabre africaine, les différences entre école française et écoles américaines ou canadiennes de médiation, immense richesse des traditions du Moyen-Orient, diversité des lois et des pratiques…et je constate le fait, assez unique, que la médiation réunit des personnes venues de tous horizons professionnels autour du même idéal de justice.

Tout à l'heure, la CIMJ les réunira, pour contribuer à « produire de la confiance », selon l'expression de Bruno Deffains. Et c'est un fait rare, voire exceptionnel, que des magistrats se rassemblent, et – qui plus est en affluant du monde entier – pour travailler avec tous les acteurs de la société civile, juristes et non-juristes.

Bien des pas ont été franchis depuis 40 ans, depuis que la médiation moderne est née du double mouvement de la créativité de la société civile, de l'initiative des magistrats.

* * *

Alors, bien sûr, comme nous sommes convaincus des bienfaits de la médiation dont nous sommes les témoins, nous sommes impatients ! Mais c'est l'œuvre d'une génération au moins que nous entreprenons. Et pour affronter ensemble un enjeu d'une telle ampleur, je pouvais faire moins que de faire appel aux plus grands philosophes. Ceux qui ont dit, comme Hegel, que « *rien de grand ne se fait sans passion…* », et ajouté, comme Alain, « … *ni sans patience* » ! Mais aussi cette autre phrase d'un immense philosophe, dans son grand ouvrage I can't accept not trying : « *Step by step, pas à pas, je ne connais pas d'autre moyen de réussir* ».

Et je voudrais enfin conforter cette parole du basketteur américain Michael Jordan par celle d'un autre philosophe, antique celui-ci, Confucius :

> *« le chemin de la sagesse se compose de mille pas… dont le premier est à la pointe de notre chaussure. »*

Alors, vous comprendrez combien je suis heureux de ne pas conclure, mais de faire avec vous le prochain pas du développement de la médiation,

la création
de la Conférence Internationale
de la Médiation
pour la Justice !
CIMJ

LA CONFÉRENCE INTERNATIONALE DE LA MÉDIATION POUR LA JUSTICE (CIMJ)

www.cimj.com

Béatrice BRENNEUR et Louise OTIS,
présidentes fondatrices de CIMJ

1 - Le 17 octobre 2009, au Palais du Luxembourg à Paris, 217 membres fondateurs, venus du monde entier, se sont retrouvés pour créer la Conférence internationale de la médiation pour la Justice (CIMJ), organisme dont la vocation est de regrouper des juges, universitaires et avocats, spécialistes de la médiation des cinq continents, dans le but de promouvoir une meilleure Justice, plus accessible et plus humaine.

CIMJ œuvre pour la promotion de la solution pacifiée des différends par la voie de la médiation, vocable générique désignant également la conciliation et la facilitation.

Les pays de tous les continents sont invités à promouvoir la médiation selon les règles, les modes et les coutumes qui leur sont propres. En regroupant les systèmes de médiation, la CIMJ agit comme vecteur d'*unité*, d'*harmonisation* et d'*assistance*. Le partage des expériences et des cultures permet à chacun de s'enrichir grâce à la diversité des traditions régionales.

2 - Par des symposiums et assemblées annuelles ou biannuelles, sessions de formation et conférences, CIMJ rassemble les médiateurs de tous les pays du monde et aide à diffuser la connaissance de pointe en médiation.

CIMJ a pour mission d'offrir annuellement des cours de formation et de perfectionnement en médiation et négociation à tous ses membres. L'enseignement sera dispensé par les universités les plus prestigieuses. Ainsi, en juillet 2010, CIMJ et Pepperdine University offriront, ensemble, une formation aux juges désireux d'acquérir les connaissances essentielles en médiation.

3 - CIMJ assiste directement ses membres pour la mise en place et le développement de la médiation judiciaire et extrajudiciaire. Qu'il s'agisse de conflits frontaliers, régionaux ou internes, ou de la mise en place de systèmes transitoires de justice au cas de désordres, d'insurrection ou de catastrophes écologiques, CIMJ a pour vocation d'intervenir rapidement, sur demande des pays en difficulté.

4 - CIMJ a pour ambition de créer le premier réseau international des acteurs de la médiation judiciaire (juges, avocats, universitaires et médiateurs internationaux).

Regroupant les médiateurs mondiaux choisis parmi les meilleurs, CIMJ est en mesure de prodiguer une assistance immédiate à la solution des différends transfrontières ou à des opérations de paix et de désarmement par la mise en place d'une médiation internationale, dans le cadre d'une Charte régissant les règles d'éthique.

PARTENARIAT

Les Premières assises internationales de la médiation judiciaire ont été réalisées avec le partenariat de :

- La cour d'appel de Paris
- La Cour d'appel du Québec
- Le Département de justice de Catalogne
- La chambre nationale des praticiens de la médiation (CPMN)
- L'institut de formation à la médiation et à la négociation (IFOMENE)
- Conseil National des Barreaux
- La Chambre Professionnelle de la Médiation et de la négociation (CPMN)
- L'Association Nationale de médiation de Bulgarie (NAM)
- La Fédération Nationale des Centres de Médiation (FNCM)

Et avec le concours financier de :

- La Commission Européenne
- Gemme France
- Le Ministère de la Justice de France
- L'Association Nationale des Médiateurs Européens (AME)
- Conférence canadienne de médiation judiciaire (CCMJ)
- Médiation net
- Lancaster House
- FIDAL
- STERN
- Mc Do
- Crédit immobilier de Saint-Étienne
- Banque Populaire Loire et Lyonnais
- Chambre des métiers de Saint-Étienne
- UIMM
- Associaçao de juizes pela cidadania, DINARMONIA
- Centre de médiation et d'arbitrage de Paris (CMAP)
- Rubens solicitors
- Cabinet Taffet
- Unité de formation (UDF)

Table des matières

L'HARMATTAN, ITALIA
Via Degli Artisti 15 ; 10124 Torino

L'HARMATTAN HONGRIE
Könyvesbolt ; Kossuth L. u. 14-16
1053 Budapest

L'HARMATTAN BURKINA FASO
Rue 15.167 Route du Pô Patte d'oie
12 BP 226
Ouagadougou 12
(00226) 76 59 79 86

ESPACE L'HARMATTAN KINSHASA
Faculté des Sciences Sociales,
Politiques et Administratives
BP243, KIN XI ; Université de Kinshasa

L'HARMATTAN GUINÉE
Almamya Rue KA 028
En face du restaurant le cèdre
OKB agency BP 3470 Conakry
(00224) 60 20 85 08
harmattanguinee@yahoo.fr

L'HARMATTAN CÔTE D'IVOIRE
M. Etien N'dah Ahmon
Résidence Karl / cité des arts
Abidjan-Cocody 03 BP 1588 Abidjan 03
(00225) 05 77 87 31

L'HARMATTAN MAURITANIE
Espace El Kettab du livre francophone
N° 472 avenue Palais des Congrès
BP 316 Nouakchott
(00222) 63 25 980

L'HARMATTAN CAMEROUN
Immeuble Olympia face à la Camair
BP 11486 Yaoundé
(237) 458.67.00/976.61.66
harmattancam@yahoo.fr

L'HARMATTAN SÉNÉGAL
« Villa Rose », rue de Diourbel X G, Point E
BP 45034 Dakar FANN
(00221) 33 825 98 58 / 77 242 25 08
senharmattan@gmail.com

632452 - Décembre 2015
Achevé d'imprimer par

1livre.com
du rêve à la réalité !

www.ingramcontent.com/pod-product-compliance
Lightning Source LLC
LaVergne TN
LVHW011439061026
849535LV00004BA/867